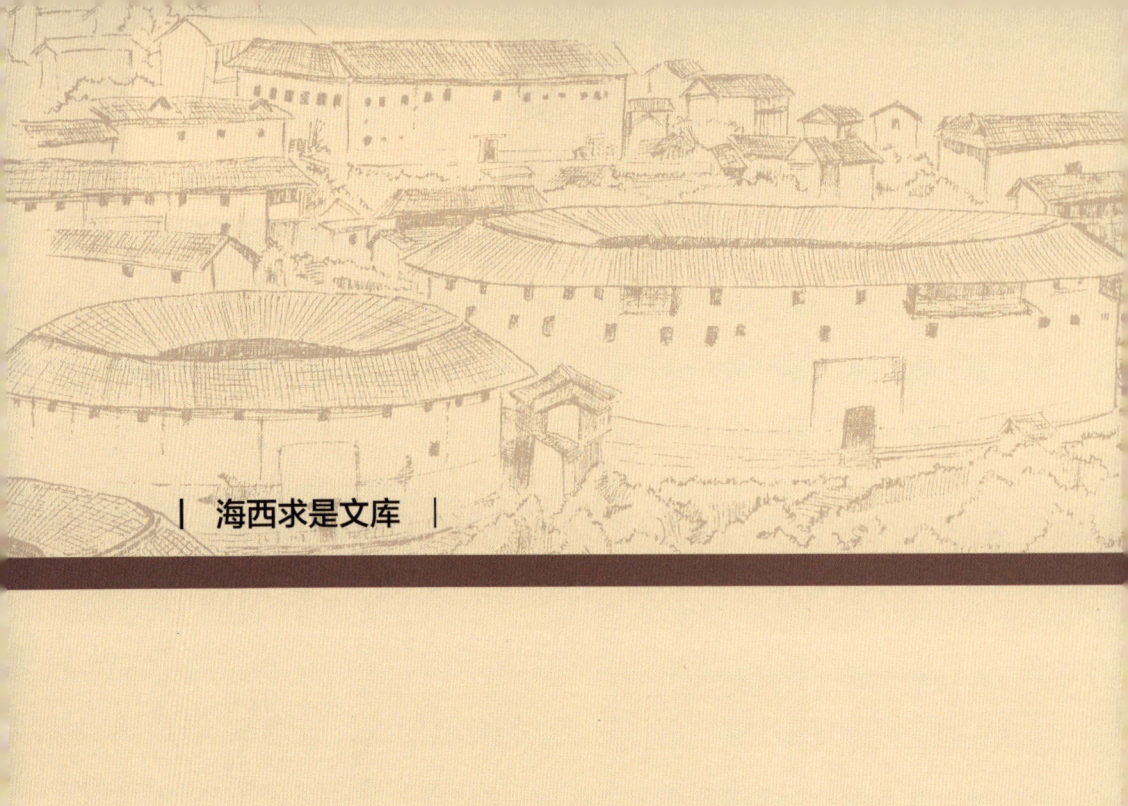

海西求是文库

中共福建省委党校、福建行政学院
《海西求是文库》编辑委员会

主　任： 胡忠昭

副主任： 姜　华　刘大可　徐小佶　魏良文　杜丕谦　温敬元
　　　　　林　红　顾越利　黄训美

委　员：（以姓氏笔画为序）
　　　　　马郁葱　王海英　叶志坚　田恒国　刘大可　许　宁
　　　　　杜丕谦　李海星　肖文涛　吴贵明　何建津　何福平
　　　　　陈丽华　陈辉庭　林　红　林　怡　林默彪　罗海成
　　　　　周　玉　胡　熠　胡忠昭　姜　华　顾越利　徐小佶
　　　　　郭为桂　郭若平　黄训美　曹敏华　程丽香　温敬元
　　　　　魏良文　魏绍珠

| 海西求是文库 |

交易费用、农户借贷与乡村振兴

江振娜 / 著

TRANSACTION COSTS, FARMER
BORROWING BEHAVIOR and
RURAL REVITALIZATION
——An Empirical Analysis Based on Fujian Province

社会科学文献出版社
SOCIAL SCIENCES ACADEMIC PRESS (CHINA)

总　序

　　党校和行政学院是一个可以接地气、望星空的舞台。在这个舞台上的学人，坚守和弘扬理论联系实际的求是学风。他们既要敏锐地感知脚下这块土地发出的回响和社会跳动的脉搏，又要懂得用理论的望远镜高瞻远瞩、运筹帷幄。他们潜心钻研理论，但书斋里装的是丰富鲜活的社会现实；他们着眼于实际，但言说中彰显的是理论逻辑的魅力；他们既"力求让思想成为现实"，又"力求让现实趋向思想"。

　　求是，既是学风、文风，也包含着责任和使命。他们追求理论与现实的联系，不是用理论为现实作注，而是为了丰富观察现实的角度、加深理解现实的深度、提升把握现实的高度，最终让解释世界的理论转变为推动现实进步的物质力量，以理论的方式参与历史的创造。

　　中共福建省委党校、福建行政学院地处台湾海峡西岸。这里的学人的学术追求和理论探索除了延续着秉承多年的求是学风，还寄托着一份更深的海峡情怀。多年来，他们殚精竭虑所取得的学术业绩，既体现了马克思主义及其中国化成果实事求是、与时俱进的理论品格，又体现了海峡西岸这一地域特色和独特视角。为了鼓励中共福建省委党校、福建行政学院的广大学人继续传承和弘扬求是学风，扶持精品力作，经校院委研究，决定编辑出版《海西求是文库》，以泽被科研先进，沾溉学术翘楚。

　　秉持"求是"精神，本文库坚持以学术为衡准，以创新为灵魂，要求入选著作能够发现新问题、运用新方法、使用新资料、提出新观点、进行新描述、形成新对策、构建新理论，并体现党校、行政学院学人坚持和发展中国特色社会主义的学术使命。

　　中国特色社会主义既无现成的书本作指导，也无现成的模式可遵循。

思想与实际结合，实践与理论互动，是继续开创中国特色社会主义新局面的必然选择。党校和行政学院是实践经验与理论规律的交换站、转换器。希望本文库的设立，能展示出中共福建省委党校和福建行政学院广大学人弘扬求是精神所取得的理论创新成果、决策咨询成果、课堂教学成果，以期成为党委政府的智库，又成为学术文化的武库。

马克思说："理论在一个国家实现的程度，总是取决于理论满足这个国家的需要的程度。"中共福建省委党校和福建行政学院的广大学人应树立"为天地立心、为生民立命、为往圣继绝学，为万世开太平"的人生境界和崇高使命，以学术为志业，以创新为己任，直面当代中国社会发展进步中所遇到的前所未有的现实问题、理论难题，直面福建实现科学发展跨越发展的种种现实课题，让现实因理论的指引而变得更美丽，让理论因观照现实而变得更美好，让生命因学术的魅力而变得更精彩。

中共福建省委党校 福建行政学院

《海西求是文库》编委会

摘　要

本书以福建省农户为研究对象，运用交易费用理论、借贷行为理论和农村金融发展理论，对农户借贷行为进行分析。本书通过对正规金融与非正规金融的构成、形式和运行机制的分析，比较了农户在正规金融与非正规金融借贷交易费用的差别；通过对农户、农业、农户借贷特性进行分析，探讨了交易费用对农户借贷行为的作用机理；在对福建省农户进行问卷调查的基础上，对福建省样本农户的特征和借贷行为的差异性进行了一般统计分析和描述；从农户的人力资本、实物资产、社会资本、地理位置和借贷交易费用五个方面，运用二项分布的 Probit 模型对影响农户贷款可获得性的因素进行了实证分析，运用一般统计方法对比了农户金融渠道选择的影响因素；运用 Tobit（Censored）模型从农户人力资本、实物资产、地理位置、社会资本、借贷历史和交易费用六个方面估计农户贷款资金规模的影响因素。在此基础上，本书测度了福建省农村信用社联合社的金融服务水平；归纳了福建农村信用社联合社在支持乡村振兴战略的实践中，结合福建各区域和产业发展特点所做的金融创新。本书也结合我国乡村振兴战略背景下农户融资需求的新变化，对涌现出的新融资模式进行了梳理。最后本书提出通过改善农户的人力资本、实物资产、社会资本状况，以及加强农村金融市场建设四个方面降低农户借贷过程中的交易费用，从而增强农户的融资能力。

关键词：农户；借贷行为；交易费用；农村金融

目录 Contents

1 引言 / 001

    1.1 研究背景和问题的提出 / 001

    1.2 研究目标及意义 / 003

    1.3 国内外研究文献综述 / 005

    1.4 研究方法和技术路线 / 024

    1.5 可能的创新之处 / 026

2 相关理论基础 / 027

    2.1 农户与农户借贷行为 / 027

    2.2 农户借贷行为理论 / 029

    2.3 农村金融发展理论 / 031

    2.4 信息不对称理论 / 035

    2.5 交易费用理论 / 036

3 农村正规金融与非正规金融借贷交易费用的比较研究 / 041

    3.1 农村借贷市场二元结构分析 / 041

    3.2 农村借贷市场供给主体的构成、形式与运行机制 / 043

3.3 农户在正规金融和非正规金融借贷交易费用的比较 / 046

3.4 小结 / 050

4 交易费用对农户借贷行为的作用机理研究 / 051

4.1 农户、农业、农户借贷特征分析 / 051

4.2 降低交易费用对农户借贷的重要性 / 056

4.3 交易费用对农户借贷行为的作用机理研究 / 058

4.4 小结 / 063

5 福建省农户借贷基本特征分析 / 064

5.1 调查样本地区分布情况 / 064

5.2 研究区域介绍 / 065

5.3 样本农户特征及其差异性 / 067

5.4 样本农户社会关系及其差异性 / 075

5.5 样本农户地理位置及其差异性 / 078

5.6 样本农户借贷的交易费用及其差异性 / 081

5.7 小结 / 084

6 福建省农户贷款可获得性影响因素分析 / 086

6.1 农户贷款可获得性描述性统计分析 / 086

6.2 农户贷款可获得性模型选择 / 095

6.3 农户贷款可获得性实证分析与检验 / 100

6.4 农户贷款可获得性实证结果与讨论 / 101

6.5 小结 / 103

7 福建省农户贷款渠道选择的比较分析 / 105

7.1 福建省农户贷款渠道选择的总体情况 / 105

7.2 福建省农户贷款渠道选择的描述性统计 / 106

7.3　小结 / 131

8　福建省农户贷款资金规模的影响因素分析 / 133

8.1　农户贷款资金规模的描述性统计分析 / 133

8.2　农户贷款资金规模模型设定与变量选择 / 136

8.3　农户贷款资金规模实证分析 / 141

8.4　小结 / 146

9　福建省农村信用社联合社金融服务水平测度及评价 / 147

9.1　文献综述 / 148

9.2　农村信用社联合社金融服务水平评价指标体系构建 / 150

9.3　实证分析结果 / 153

9.4　小结 / 157

10　福建省农村信用社联合社服务乡村振兴的实践探索 / 160

10.1　"智慧商圈+诚信建设"服务模式 / 161

10.2　"党建+金融助理"服务模式 / 163

10.3　农村产权抵押模式创新 / 165

10.4　小结 / 171

11　乡村振兴战略下农户融资创新研究 / 173

11.1　乡村振兴与农村金融的关系 / 173

11.2　乡村振兴战略下农村金融需求的新变化 / 175

11.3　乡村振兴战略下农村金融面临的问题 / 178

11.4　创新农户融资模式，助力乡村振兴 / 183

11.5　小结 / 193

12 降低交易费用提高农户融资能力的对策建议 / 196

    12.1 改善农户人力资本特征 / 196

    12.2 改善农户实物资产特征 / 199

    12.3 改善农户的社会资本特征 / 200

    12.4 加强农村金融市场建设 / 205

13 研究结论及展望 / 210

参考文献 / 213

附录 福建省农村金融服务调查问卷 / 226

图表目录

图 1-1　本书研究技术路线 / 025

图 4-1　交易费用对农户借贷行为的作用机理模型 / 059

表 5-1　调查样本分布区域 / 064

表 5-2　福建省各设区市农民家庭基本情况（2013）/ 066

表 5-3　受访农户户主性别统计 / 068

表 5-4　受访农户户主年龄统计 / 068

表 5-5　受访农户户主受教育程度统计 / 069

表 5-6　受访农户户主家庭成员中最高学历统计 / 069

表 5-7　受访农户从事的职业统计 / 069

表 5-8　受访农户从事农业生产活动类型统计 / 070

表 5-9　受访农户从事农业活动的年限统计 / 070

表 5-10　受访农户农业种植或养殖面积统计 / 071

表 5-11　受访农户中从事非农业生产活动农户类型统计 / 071

表 5-12　受访农户家禽、牲畜的价值统计 / 072

表 5-13　受访农户住房价值统计 / 072

表 5-14　受访农户其他自有资产统计 / 073

表 5-15　受访农户家庭人口统计 / 073

表 5-16　受访农户每年看病费用统计 / 074

表 5-17　受访农户家庭年纯收入统计 / 074

表 5-18　受访农户家庭经济收入主要来源统计 / 075

表 5-19　受访农户是否村干部统计 / 076

表 5-20　受访农户是否中共党员统计 / 076

表 5-21　受访农户是否加入农村资金互助组织统计 / 076

表 5-22　受访农户是否加入农民合作社统计 / 077

表 5-23　受访农户是否农村信用社联合社社员统计 / 077

表 5-24　受访农户是否有亲戚朋友在政府或银行部门工作统计 / 077

表 5-25　受访农户是否联保小组成员统计 / 078

表 5-26　受访农户村里是否有银行业务网点统计 / 078

表 5-27　受访农户从家到最近银行网点距离估计 / 079

表 5-28　受访农户从家到乡镇集市的距离统计 / 079

表 5-29　受访农户从家到最近的火车站的距离统计 / 080

表 5-30　受访农户从家到最近汽车站的距离统计 / 080

表 5-31　受访农户最近一次获得贷款的年利率统计 / 081

表 5-32　受访农户从申请贷款到获得贷款花费时间统计 / 082

表 5-33　受访农户从申请到获得贷款到银行的次数统计 / 082

表 5-34　受访农户去银行平均每趟花费时间统计 / 083

表 5-35　受访农户平均每笔贷款所花费的请客送礼费用统计 / 083

表 5-36　受访农户平均每笔贷款花费的交通费用统计 / 084

表 5-37　受访农户最近 3 年获得贷款的次数统计 / 084

表 6-1　受访农户贷款意愿调查统计 / 087

表 6-2　受访农户是否申请过贷款统计 / 087

表 6-3　受访农户有没有获得过贷款统计 / 087

表 6-4　受访农户获得贷款银行渠道统计 / 088

表 6-5　受访农户获得贷款是否有抵押统计 / 089

表 6-6　获得贷款的受访农户抵押物品统计 / 089

表 6-7　获得贷款的受访农户是否有联保或担保人统计 / 090

表 6-8　获得贷款的受访农户采用担保的方式 / 090

表 6-9　获得贷款的受访农户有没有中间人 / 090

表 6-10　获得贷款的受访农户是否联保贷款 / 091

表 6-11　受访农户不愿意参加联保贷款的原因统计／091

表 6-12　受访农户没有获得过贷款的原因统计／092

表 6-13　受访农户没有申请过贷款的原因／092

表 6-14　受访农户其他贷款渠道调查统计／093

表 6-15　受访农户家庭兼业类型与贷款情况／094

表 6-16　农户贷款可获得性变量的定义与说明／096

表 6-17　农户贷款可获得性变量的统计量描述／099

表 6-18　Probit 模型检验结果／100

表 6-19　显著变量与借贷可获得性相关情况／101

表 7-1　农户最近一笔贷款选择渠道／106

表 7-2　受访农户户主受教育程度与金融渠道选择／107

图 7-1　受访农户户主受教育程度与金融渠道选择／107

表 7-3　受访农户户主年龄与金融渠道选择／108

图 7-2　受访农户户主年龄与金融渠道选择／108

表 7-4　受访农户身体状况与金融渠道选择／109

图 7-3　受访农户身体状况与金融渠道选择／109

表 7-5　受访农户家庭人口数与金融渠道选择／109

图 7-4　受访农户家庭人口数与金融渠道选择／110

表 7-6　受访农户家庭兼业类型与金融渠道选择／110

图 7-5　受访农户家庭兼业类型与金融渠道选择／111

表 7-7　受访农户家庭纯收入与金融渠道选择／111

图 7-6　受访农户家庭纯收入与金融渠道选择／111

表 7-8　受访农户种植面积与金融渠道选择／112

图 7-7　受访农户种植面积与金融渠道选择／113

表 7-9　受访农户拥有的生产性固定资产价值与金融渠道选择／113

图 7-8　受访农户拥有的生产性固定资产价值与金融渠道选择／114

表 7-10　受访农户拥有的牲畜价值与金融渠道选择／114

图 7-9　受访农户拥有的牲畜价值与金融渠道选择／114

表 7-11　受访农户年末住房价值与金融渠道选择／115

图 7-10　受访农户年末住房价值与金融渠道选择 / 115

表 7-12　用什么做抵押物与金融渠道选择 / 116

图 7-11　用什么做抵押物与金融渠道选择 / 116

表 7-13　到最近的金融机构的距离与金融渠道选择 / 117

图 7-12　到最近的金融机构的距离与金融渠道选择 / 117

表 7-14　到中心镇的距离与金融渠道选择 / 118

图 7-13　到中心镇的距离与金融渠道选择 / 118

表 7-15　到火车站的距离与金融渠道选择 / 119

图 7-14　到火车站的距离与金融渠道选择 / 119

表 7-16　到汽车站的距离与金融渠道选择 / 120

图 7-15　到汽车站的距离与金融渠道选择 / 120

表 7-17　是否村干部与金融渠道选择 / 121

图 7-16　是否村干部与金融渠道选择 / 121

表 7-18　是否通过中间人与金融渠道选择 / 121

图 7-17　是否通过中间人与金融渠道选择 / 122

表 7-19　是否有抵押或担保人与金融渠道选择 / 122

图 7-18　是否有抵押或担保人与金融渠道选择 / 122

表 7-20　是否农信联社成员与金融渠道选择 / 123

图 7-19　是否农信联社成员与金融渠道选择 / 123

表 7-21　是否合作社成员与金融渠道选择 / 123

图 7-20　是否合作社成员与金融渠道选择 / 124

表 7-22　是否有亲戚朋友在政府或银行部门工作与金融渠道选择 / 124

图 7-21　是否有亲戚朋友在政府或银行部门工作与金融渠道选择 / 124

表 7-23　是否联保小组成员与金融渠道选择 / 125

图 7-22　是否联保小组成员与金融渠道选择 / 125

表 7-24　利率水平与金融渠道选择 / 126

图 7-23　利率水平与金融渠道选择 / 126

表 7-25　从申请到获得贷款洽谈的次数与金融渠道选择 / 127

图 7-24　从申请到获得贷款洽谈的次数与金融渠道选择 / 127

表 7-26　从申请到获得贷款所花费的时间与金融渠道选择 / 128

图 7-25　从申请到获得贷款所花费的时间与金融渠道选择 / 128

表 7-27　其他各项花费与金融渠道选择 / 129

图 7-26　其他各项花费与金融渠道选择 / 129

表 7-28　从申请到获得贷款所花的交通费用与金融渠道选择 / 130

图 7-27　从申请到获得贷款所花的交通费用与金融渠道选择 / 130

表 7-29　2017~2019 年获得贷款的次数与金融渠道选择 / 131

图 7-28　最近 3 年获得贷款的次数与金融渠道选择 / 131

表 8-1　受访农户有没有获得过贷款统计 / 134

表 8-2　农户最高一次获得贷款金额统计 / 134

表 8-3　农户已获贷款的最长期限统计 / 135

表 8-4　农户贷款用途统计 / 135

表 8-5　农户贷款用途统计 / 136

表 8-6　影响农户贷款资金规模的变量定义与说明 / 139

表 8-7　影响贷款资金规模的统计量描述表 / 141

表 8-8　交易费用影响农户贷款资金规模的估计结果 / 142

表 8-9　影响农户贷款资金规模的显著性指标 / 144

表 9-1　农村信用社联合社金融服务水平评价指标体系 / 150

表 9-2　2008~2012 年农村信用联社金融排斥指数评价指标的权重 / 153

表 9-3　2008~2012 年福建省九地市农信联社金融排斥指数的测度结果 / 154

图 9-1　2008~2012 年福建省九地市农信联社金融排斥变化趋势 / 155

表 9-4　2008~2012 年福建省九地市农信联社金融服务水平排名 / 156

表 9-5　六维度权重最大指标的金融排斥指数比较 / 157

1 引　言

1.1　研究背景和问题的提出

当前，我国农村发展有诸多经济发展目标，如提高农民收入、缩小城乡差距、增加就业、稳定农业生产等，而这些目标的实现无不受农村金融服务水平的制约。自 2004 年以来，连续 15 年的中央一号文件都强调要加快农村金融改革，提高农村金融服务水平。2019 年的中央一号文件更是明确提出要"切实降低'三农'信贷担保服务门槛，鼓励银行业金融机构加大对乡村振兴和脱贫攻坚中长期信贷支持力度"，要不断"实现普惠性涉农贷款增速总体高于各项贷款平均增速。推动农村商业银行、农村合作银行、农村信用社逐步回归本源，为本地'三农'服务"。农村金融服务已与农户生活紧密相连。大量文献表明，农户借贷不仅能够平稳农户的消费，增加农户收入，更为农户扩大农业生产规模、采用农业新技术提供资金支持（朱喜，2006）。如何改善农户尤其是低收入农户的信贷获得状况，成为农村金融理论研究的核心问题，而对这个问题的研究也将推进农村金融政策与实践的发展。

为了缓解农村贫困和促进农户收入增长，在传统农业信贷补贴理论的影响下，我国力求通过农村正规金融机构向农户提供低息贷款的方式改善农户金融服务，但效果欠佳。贫困目标群体得不到信贷资金的支持而使经济活动停滞,并导致收入进一步降低,从而其福利状况更加恶化。我国农村金融发展多年来的实践也表明,利息补贴政策是为了让更多的农户获得低息贷款,而结果却是更多的农户被排斥于正规借贷市场之外,这有悖于金融政策的初始目标。农户贷款难的根本原因在于农业生产的弱质性和风险性导致的低收益,以及我国农户分散、小规模经营的特点决定了他们对信贷资金的需求规模小,加上抵押物缺乏,造成其借贷的交易费用高,贷款风险大,难以符合正规金融机构规模经济的要求。

随着市场化的推进,我国农村规模化经营的农户不断增多,农业产业化程度不断加深,农产品专业化生产经营规模不断扩大,农村经济活动呈现多样化的发展趋势。农村经济活动的多样化导致农户间的差异变大,而农户的差异和分化又导致农户对资金的需求呈现多元化的特征。在借贷过程中,农户的差异性体现在来自产生标准信息包括表征自身信誉能力和还款能力等在内的资源禀赋的不同,也就是说农户向金融机构传递和表征其声誉信息的能力出现了差异性(Munoz,1994;Sanchez-Schwarz,1996)。而我国农村金融市场是正规金融借贷市场与非正规金融借贷市场并存的典型二元制结构。不同的金融供给主体在信息获取方式和合约实施机制方面也存在显著差异(Munoz,1994;Sanchez-Schwarz,1996;Joshi,2005)。这些差异决定不同金融供给主体对农户的信息搜集、监督和实施合约方面有不同的要求。所以,一种金融制度不可能满足所有地区和所有农户的金融需求。每一种具体的借贷方式都有其特定的服务范围和对象,只能在特定的经济环境中发挥作用(孙若梅,2006)。

由于农村借贷市场供求主体的差异和借贷市场供求双方信息的不对称,不同的金融供给主体与不同的农户进行交易时产生的交易费用也存在差异,而交易的成功取决于借贷过程中交易费用的多少。在其他因素保持不变的情况下,农户所拥有的资源禀赋特征允许其在较低的交易费用水平上进行信贷交易;与此同时,不同金融供给主体的借贷技术也允许其在较低的交易费用水平上对农户的信息进行审查、筛选。同时具备这两个条件,信贷交易才会成为现实。

因此,在交易费用存在的条件下,交易者总是选择预期成本(交易费用)最小化的制度安排(Williamson,1991)。本书从借款人(农户)的角度出发，着眼于交易费用对影响农户借贷行为的因素进行分析。研究的具体问题是：目前，我国农村金融市场农户与贷方之间的借贷类型有哪些？影响农户借贷行为的因素有哪些？交易费用是不是重要因素，如果是，如何影响农户贷款的可获得性？贷款渠道的选择及贷款规模是怎样的？运用特定的组织制度安排对这些因素施加影响能否达到节省农户与农村金融供给主体之间的交易费用，以实现增加农户贷款可获得性的目的？

对上述问题的研究有助于深入理解不同类型农户对农村金融供给主体选择的差异。在交易费用视角下解释农户借贷的行为方式，其研究成果可对政府有效地干预农村金融市场、建立更有效的农村金融制度提供较为科学的理论基础和翔实的实证依据。只有对农村金融市场的运行进行正确诊断，才能提供有效的政策，以保障农村金融市场的良性运行，从而促进农村经济的发展。

1.2 研究目标及意义

1.2.1 研究目标

本书选择福建省农户作为研究对象，借鉴制度经济学、金融发展理论、行为学的相关知识，运用交易费用理论的分析框架，探讨对农户借贷行为的影响因素。本书的目标在于试图找出影响农户借贷行为的因素，并从交易费用最小化的能力方面探讨可能采用的治理结构，通过降低农户交易费用，提高农村金融服务水平，在制度经济学理论框架下建立交易与治理结构的匹配，并通过实证研究予以确认。

本书的具体研究目标主要有以下几点。

第一，在已有的研究成果和预期理论创新基础上，通过对农村正规金融机构与非正规金融机构运行机制的比较，发现农村不同金融供给主体在节约交易费用上的比较优势。

第二，从农业、农户和农户借贷的特性出发，分析交易费用与农户借贷的关系，找出交易费用对农户借贷行为的作用机理和影响路径。

第三，在信息不对称与交易费用理论的基础上，从"理性经济人"

的基本假设出发，构建测度农户借贷交易费用的指标体系，通过运用Probit、Tobit等计量经济模型，找出影响农户贷款的可获得性、贷款渠道选择和贷款规模的关键因素，从实证分析的视角为改善农户融资能力提供支持。

第四，围绕如何降低农户借贷的交易费用、增强农户融资能力、提高农村金融服务水平，寻求农村金融市场组织和制度的创新，为其提供较为科学的理论基础和实证依据。

1.2.2 研究意义

1. 理论意义

第一，本书从交易费用的视角研究农户借贷行为，期望通过合理的制度安排来降低农户借贷的交易费用，这是一个较新的理论尝试。本书的研究实际上是改良当前农户借贷制度和农村借贷市场机制的尝试，而由此可能得到的是降低农户借贷运行成本和提高农户借贷效率的理论创新，也是对农户借贷理论研究的一个补充。

第二，在国家大力强化农村普惠金融的背景下，本书运用威廉姆森交易费用的研究范式，对农户借贷行为的影响因素进行分析，旨在提出降低交易费用、提高农户融资能力的政策措施，为扩大农村金融服务的覆盖面提供必要的理论与实证支持。这种研究为我们探求农户贷款难的深层次原因提供了新的方法和工具，拓宽了农村金融理论的研究维度。

2. 实践意义

第一，当前农村金融改革的重点问题之一就是农户贷款难的问题。而农户贷款难的重要根源就是借贷中面临较高的交易费用。以经济较发达的福建省的农户作为研究样本，了解交易费用对该区域农户借贷行为的影响特征，为创新农村正规金融机构的产品和服务提供决策基础，有助于缓解农户借贷难和农村金融机构发展难的"两难"问题，从而促进农村金融改革目标的实现。

第二，基于交易费用的视角对农户借贷行为开展研究，有助于在福建省建立广覆盖、低成本、服务高效的现代农村普惠金融体系，有助于激发农户参与经济活动的潜力，促进农村经济发展。

1.3 国内外研究文献综述

1.3.1 国内外农户借贷行为研究综述

国内外学者主要从以下几个方面对农户借贷行为展开探讨。

1. 农户借贷中的信贷约束问题。大部分学者认为农户借贷中的信贷约束比较普遍。研究者发现农户主要是从非正规金融机构借贷，其所占比例为70%以上（万江红等，2006；贺莎莎，2008），而从正规金融机构借贷的比例很低，在30%以下。农户相对比较单一的借贷渠道难以满足农户生产和生活的需求。

从学者的研究结果看，可以概括导致农村信贷约束的四个原因。第一个原因是金融抑制。农户受到信贷约束的主要原因是金融抑制。Mekinnon（1973）、林毅夫（2000）认为，农村金融体系发展缓慢是因为政府对农村金融活动干预过多，而农村金融体系的落后反过来又阻碍农村经济的发展。第二个原因是借贷市场的信息不对称。农村借贷双方之间存在严重的信息不对称，信息不对称导致过高的交易费用，这也是金融机构收紧农村信贷的重要原因（Hoff and Stiglitz，1990；朱喜、李子奈，2006；周立，2007）。第三个原因是农户缺乏抵押物。农户借贷普遍面临抵押担保物缺乏的问题（Kochar，1997；周立，2007），农村的住房、承包地等要成为合格的抵押担保物还需要较长时间。因而抵押物缺乏也是农户受到信贷约束的重要原因（Stiglitz and Weiss，1981）。第四个原因是农村正规金融机构提供信贷程序烦琐，农户的地理位置一般距离金融机构较远。有学者研究发现，农户受到名义信贷需求和有效信贷需求双重约束，而农户信贷约束是农户信贷需求、信贷供给及外部环境共同作用的结果。农户信贷需求受到约束有两个原因，一是受农户自身特征和家庭特征的影响，这些特征造成信息不对称，使得农村金融机构对农户实行信贷配给制度。二是金融机构的供给能力会受自身规模和内部经营管理及外部因素等方面的影响。有学者发现，农户收入差距扩大的一个重要原因是受到信贷约束。因此对农村实行金融倾斜政策有利于减缓农户收入差距扩大的趋势。有学者却认为，当前我国农村并没有存在很强的信贷约束，主要是农户信贷需求不强，农民收入较低和投资机会较少是导致农户信贷需求较少的主要原因。

2. 农户借贷与农户福利的关系。国外学者研究发现，农户借贷与农户福利的关系密切。通过估计孟加拉国几个正规金融小额信贷项目的经济效果和福利，发现借贷不仅可以提高农户的产出水平，而且能显著地改善农户的贫困状况。其主要可以通过四种途径：一是借贷可以促进农户通过增加投资来缓解贫困；二是借贷通过平稳消费来缓解农户生存压力；三是借贷可以避免农民收入大幅波动，从而保持其稳定的生活水平；四是借贷还有助于农民扩大社会交往，增加社会资本，提升自信心，增加自我激励。笔者还归纳了农户借贷的三个作用：一是可以帮助农户保持基本的消费水平，起到平稳消费的作用；二是通过帮助农户发展小微企业提高创收能力；三是发展农户借贷可以改善金融资源的配置效率，为培育良好的市场环境，以及为加速新技术的推广起到促进作用。还有的学者认为农户借贷不仅产生直接的收入影响，而且产生间接的收入影响，比如获得额外的教育和培训机会、提高个人自信心、增强家庭和社会关系等。有的学者发现，借贷可以提高农户控制风险的能力，他们同时认为获得借贷的农户会更愿意把资金用于生产性投资以获得更多的收益，这也会提高参与者尤其是妇女的自信心。还有学者发现农户借贷除了平稳消费、促进生产和投资的良性循环外，还可以提高食品安全。

农户借贷对农户福利的影响一直受到国内学术界的关注。主要有两种认识：一是认为农户借贷可以增进农户福利。李锐和李宁辉（2004）、朱喜（2006）研究发现，借贷对增加农户的纯收入及福利状况有很显著的影响。褚保金等（2009）也认为，增加对农户的贷款可以显著提高其收入水平。有研究表明农村正规金融和非正规金融借贷都能提高农户的收入水平，尤其对增加中等收入水平农户的收入效果更为明显；同时，社会关系越广泛，交易成本越低，越有利于农户借贷，并能提高农户借贷的消费福利效应。二是认为农户借贷对增进农户福利的作用不甚明显。易小兰、钟甫宁（2011）实证研究表明，放开农户贷款利率不会增进所有农民的福利。谢设清等（2002），钱永坤、张红兵（2007）调查研究发现，增加支农贷款对促进农户收入快速增长的宏观效果难以充分显现。其原因有农产品市场信息不充分，部分农产品价值难以得到有效实现；支农贷款投放相对较少；部分支农贷款投放不尽合理。也有一些学者研究认为，农户借贷对不同农户福利的效应是有差异的。

3. 农户借贷需求。伴随着农村经济的发展以及农户的分化，农户借贷需求呈现旺盛和多样化的发展趋势，而区域发展水平和层次的差异也会带来农户借贷需求的差异。有些学者研究认为，经济欠发达地区的农户比经济发达地区的农户有更强的借贷需求（张博等，2009）。但也有学者得出了相反的结论，李春（2005）通过观察比较浙江省 10 个村农户 16 年（1986~2002）的借贷行为变化，发现浙江省农户的借贷需求没有上升反而出现了下降的趋势。有学者在安徽省进行农户调查，发现农户信贷基本能得到满足，而农户信贷需求较低的原因是较低的收入和较少的投资机会。有研究表明，非正规金融可以提高农户信贷的可获得性。程杨、刘清华、吴锟（2014）认为，农户拥有的耕地面积、民间借贷历史、借贷金额对西部农户贷款需求有显著的正向影响，而农户家庭年收入、住房财产情况对借贷需求有负向影响。也有学者认为，农户的家庭特征尤其是家庭收入对贷款需求缺口有显著的正向影响。有学者基于广东省云浮市 524 户农户的调查样本分析得出，参与信用等级评定的农户更容易产生借贷需求，原因是农户认为信用评级能够为自己的借贷行为提供证明，从而有助于获得贷款。

4. 农户借贷的可获得性。如何提高农户贷款的可获得性，是学界和金融界一直在研究和探索的命题。国内外学者对影响农户贷款可获得性的因素做了较多的研究，主要集中在以下几个方面。

一是从农户拥有的人力资本因素来看，农户受教育水平（Ravi，2003；Akram et al.，2008；张弘、章元，2006）、户主担任干部情况（张树基，2006）、非农收入（李锐、李宁辉，2004）、生病天数（Akram et al.，2008）、家庭人口数量（何广文等，2005；熊学萍等，2007）、农户纯收入（黎翠梅、陈巧玲，2007；曾学文、张帅，2009）等对农户的借贷行为有显著影响。

二是从农户拥有的实物资产价值因素来看，农户的土地规模或农场面积（Ravi，2003；周小斌等，2004；宫建强、张兵，2008）、农户家庭财产（何广文等，2005；熊学萍等，2007）对农户贷款意愿有正向影响。

三是从农户距离金融机构的地理位置来看,农户家庭所在地与金融机构的距离(曾学文、张帅,2009)是影响农户借贷需求的重要因素。

四是从农户的借贷历史来看,有过成功借贷经历(何广文等,2005;熊学萍等,2007)、借款利率、借款期限(黎翠梅、陈巧玲,2007;曾学文、张帅,2009)等对农户的借贷需求影响较大。

五是社会资本有助于提高农户贷款的可获得性。在低收入农户贷款合约中引入社会资本,将有助于解决农户贷款难的问题(吴东武,2014;李岩等,2014)。社会资本也是正规金融机构考虑是否向农户提供贷款和贷款发放额度的重要指标。抵押在总体上降低了农户贷款可获得性,而声誉机制有助于增加农村地区的贷款。对客户信贷分层研究发现,抵押贷款适用于较富裕农户,而声誉机制贷款适用于中低收入者(范香梅、张晓云,2013)。基于现金流支持的新型农户信贷模式(祝国平、刘吉舫,2013)和农业供应链金融模式(胡国晖、郑萌,2013),能够比较有效地克服传统农户信贷模式的诸多弊端,对缓解农户金融抑制问题具有十分积极的作用。把农民专业合作社引入农户贷款担保范畴,也可以有效解决农户担保难题,拓宽农户融资渠道(冯春艳、吕德宏,2013)。正规金融机构由于受信息条件的制约,发放贷款时看重农户的家庭收入、抵押品价值、担保情况等要素;非正规金融机构对借贷农户的考察除了家庭收入等资产信息外,农户的社会资本、个人技能等也是考虑的重要因素(刘荣茂、陈丹临,2014)。分期还款机制和高利率会降低农户对小额信贷的需求,但高利率会增加互助资金向农户贷款的可能性(李金亚、李秉龙,2013)。农户联保贷款有利于提高农户贷款的可获得性(许月丽等,2014)。

5. 农户借贷资金规模。由于我国农业生产以家庭小规模经营为主,因而小额借贷成为农户借贷主要的需求规模(李晓明、何宗干,2006);但是随着农业产业化水平的提高和农户市场化意识的增强,农户的资金需求也在不断增加,农户的借贷规模呈现不断上升的趋势(李春,2005)。研究发现,农户从正规金融机构获得的借款规模远远高于从非正规金融借贷的平均规模(Zeller,1994)。王丽萍等(2007)通过对陕西农户的调查研究发现,非农化水平越高的农户,借贷水平和借贷规模也越大,越倾向于选择正规金融机构借贷。这个观点得到其他研究者的认同。李延敏(2008)

以全国农村固定观察点的农户调查资料为基础，对 17 类农户借贷行为进行分析，发现农户职业类型与农户借贷的资金规模密切相关。结果发现，借贷水平较高的私营农户、非农户和年纯收入 5 万元以上农户其借贷规模也同样较高，而借贷水平较低的纯农户及年纯收入低于 5000 元的农户的借贷规模也低。他认为农户借贷行为的差异主要表现为借贷规模的差异。程中海、罗芳（2013）发现，户主受教育年限和借贷利率共同影响着正规金融借贷与非正规金融借贷规模。程杨、刘清华等（2014）以中国西部地区农户为研究对象，发现农户自身拥有的耕地面积规模与农户借贷资金规模具有显著正相关性。童馨乐、褚保金、杨向阳（2011）发现，农户与农村专业合作组织同正规金融机构的关系对农户获得有效借贷机会以及实际借贷额度均具有显著影响。李菲雅（2014）利用 NGO（非政府组织）扶贫贷款调查数据，采用二元离散变量（Logit）模型，对受助前后农户借款额变动影响因素进行分析，发现农户房屋的价值对农户借款额度增减变动影响显著。蒋海燕（2014）以江苏省海门市四甲镇农户为研究对象，发现农户的文化程度会影响农户的借贷规模。张军（2013）认为，农户借贷的渠道影响着农户借贷规模。从农户借贷资金规模看，来自正规金融机构的借贷资金要远高于非正规金融机构。但是农村信用社联合社、农业银行和工商银行等正规金融机构倾向于发放大额贷款，给农户发放小额贷款比重相对较小。周月书、班丝蓼（2013）通过对江苏南京、徐州 235 户农户的问卷调查得知，农户从正规金融机构借款的金额显著高于非正规途径，农户从正规金融机构贷款的户均金额大约为非正规融资途径的 2 倍，说明农户在面临较大资金缺口时，偏好从正规金融机构借款。有学者从交易成本经济学进行分析，认为：资产的专用性很高，即借款者的资产规模较大时，交易面临的投机行为和道德风险就越小，因而借款者和银行的交易频率一般很高；而当资产的专用性较低，借款者的规模较小时，交易面临的投机行为和道德风险就越大，一般交易的利息也越大，交易频率也较低，贷款的成本也较高。

6. 农户借贷渠道选择。受农村金融市场二元格局的影响，农户的借款渠道亦呈现了明显的二元性。农户的借款渠道主要可以分为正规金融机构和非正规金融机构。国外学者研究认为，农户借贷渠道主要是非正规金融部门（Ghate, 1992; Ravi, 2003）。我国学者也有相同的看法，何广文

(1999)、霍学喜、屈小博、朱喜（2006）等研究认为，我国农户借贷的资金来自正规金融的比例比较低，大部分来自民间借贷。何广文（1999）在对农户调研中发现，60.96%的农户借贷都是来自民间借贷。有的学者对全国 29 个省份的农户调研结果表明，47.4%的农户都是从非正规金融机构获得资金。中国人民银行农户信贷情况问卷调查分析小组对 2007 年 10 省 20040 户的农户调查进行分析，发现农村正规金融覆盖率仅为 31.67%。有实证研究发现，农村正规金融机构向农户提供的贷款数额远远低于非正规金融，只占农户贷款总额 1/4 左右。因此，民间借贷成为正规金融的重要补充，也是弥补广大农户资金短缺的重要渠道（李春，2005；万江红、张远芝，2006）。

农户也会依据借款用途的不同而选择不同的放贷主体。一般而言：用于生产性用途倾向于选择向正规金融机构借贷，比如购买农机具等；而用于生活性开支则倾向于向非正规金融供给主体借贷（Ravi，2003）。但是，民间借贷的基础是关系型信用，具有隐性利息。研究者还发现，家庭的经济状况、人口特征、家庭结构对农户贷款渠道的选择有影响，法治意识较强且有特殊地位的农户则更容易获取正规金融机构的贷款（金烨、李宏彬，2009）。

对农户借贷渠道选择的影响因素的研究也是关注重点。大部分研究是从农户个体特征和社会资本特征两方面来展开。一是对选择正规金融机构贷款的影响因素分析。研究发现，农户文化程度、劳动力数量、生产经营规模、家庭收入水平、农户年龄、农户的抵押和担保情况等（刘荣茂、陈丹临，2014）对农户的正规渠道借贷具有显著的正向影响。与非正规渠道借贷行为相比，社会网络似乎对正规金融机构借贷行为的影响更大。获得信用评级的农户在需要贷款时会倾向于向正规金融机构贷款。农户的年龄、是否为信用社社员或与其有关系，对正规金融机构的放贷决策有正向显著的影响，财富水平（土地面积、房屋价值、生产性固定资产原值）越高，金融机构越愿意发放贷款，农户受到的信贷配给越大。可以说，具有较多标准信息禀赋（生产性固定资产、金融资产、家庭年收入、参加小组联保等）的农户，其获得正规金融机构贷款的概率较大。大部分农户认为个人良好的信用是从正规金融机构获得贷款的主要决定因素，然后是还款能力的影响。而"在信用社是否有可靠关系"并不是影响其能否获得正规金融机构贷款的主要因素（周月书、班丝蓼，2013）。二是对选择非正规金融贷款的影响因素分析。影响农户获得非正规金融渠道贷款的主要因素有农户的家庭收入、户主技能、户主声望、农户担任乡村干部情况以及农户的担保情况等（刘荣茂、陈丹临，2014）。而农户教育、医疗的支出，生活必需品支出对农户非正规借贷具有显著影响。信贷约束、低利息成本、风险、家庭经济和人口特征是吸引农户选择民间无息借贷的重要因素，但是这些因素对不同类型的民间借贷的影响不同。也有一些学者探讨了交易费用对农户借贷渠道的影响。通过对比农户从不同金融市场借贷的成本，发现农户在正规金融市场和民间金融市场借贷要承担不同的显性成本和隐性成本，这两种成本共同决定了农户的借贷方式。

7. 农户借贷利率。不同借贷渠道有不同的利率水平。正规金融机构的利率由于受国家金融主管部门利率上限的限制，因此只能在一定范围内浮动。而非正规金融市场的利率则受金融市场的调节，浮动较大。非正规金融市场利率主要分为无息借贷和有息借贷。多数研究结论认为，农村民间借贷主要为无息借贷，大多发生在亲朋好友之间。而有息借贷的利率就远高于正常的市场利率，属于高利贷。大部分农户对借贷利率相当敏感，承受能力也较弱，因为他们较少有高回报的项目。所以尽管民间借贷比重很高，但是高利贷的发生率并不高（霍学喜等，2005；李晓明、何宗干，2006）。而曹力群（2001）、李春（2005）等都认为在非正规金融借贷中，高利贷是非正规金融借贷的主要形式，而无息借款比重较低。即使很多民间借贷看起来是无息借贷，不存在利息的支付，但其实这种借贷是建立在血缘和私人感情基础上的，是以自己的信用和社会资本为抵押，具有隐性利息，借款者会觉得自己欠了"人情债"，这种"人情债"会在今后用其他方式来偿还。大部分农户还是希望借贷的利息越低越好，有研究调查发现，5%的利率水平是65%的农户所能承受的极限（万江红、张远芝，2006）。而有学者基于河北省农户的调研也发现，88.51%的农户期望年利率在5%以下。

8. 农户融资顺序选择问题。很多研究认为，农户选择民间借贷的首要因素是"方便及时"（李延敏，2008；张军，2013）。随着农户家庭收入的增长，农户对正规金融信贷的需求日益强烈（陈鹏、刘锡良，2011）。农村信用社联合社是农户优先考虑的正规金融机构，其次才是农业银行这些商业银行（张军，2013），农户获得贷款的决定因素是家庭还款能力。正规金融机构更倾向于对私营企业农户提供较大的支持力度，而对外出务工农户支持力度较小（李延敏，2008）。

有学者认为，农户融资顺序是由其所处的独特农业文化决定的，农户融资偏好先是选择内部融资、熟人借贷，然后再寻求互助合作、民间私人金融组织，最后才选择正规金融机构借贷。而有学者基于河北省农户的调查分析发现：农户融资的首先选择是正规金融机构的农村信用社联合社，占比为46.16%；其次是向亲朋好友借贷，占比为40.27%；再次是民间有息借贷，占比为13.12%；其他借贷方式占比为0.45%。有的学者认为，由于在正规金融机构借贷面临比较复杂的手续，农户对其路径依赖较弱。农户借贷首选亲戚邻居的占比为67.7%，选择朋友的占比为11.9%，选择正规金融机构的占比为20.4%。从对山东农户的研究看，农户在大额和中长期借贷融资中对亲戚邻居和朋友渠道存在路径依赖。从对农户渠道选择次序的研究结果来看，农户会优先考虑从亲朋好友处借款，并且主要是从富裕户那里借款。

9. 农户借贷资金用途。农户借贷的用途可以归纳为两大类，一类是生产性借贷，另一类是生活消费性借贷。Akram等（2008）发现，巴基斯坦农户的借贷首先的是满足农业生产对资金的需求，其次才是生活消费性需求。其顺序依次为：农业生产、购买农业物质、生活性消费、偿还其他借款，最后才是非农业生产。而国内一些学者研究的结果与上述大不相同。一些学者研究发现，农户生活消费性借贷的比例反而更高（李晓明、何宗干，2006）。而李春（2005）通过对浙江农户借贷目的的调查，发现该地区农户借贷主要是为了满足生产上的需求。由此可以看出，农户借贷的用途呈现较大的区域差异。王丽萍等（2007）基于陕西农户的调查分析发现，非农化水平越高的农户越倾向于生产性借贷，而非农化水平越低的农户越倾向于生活消费性借贷。万江红和张远芝（2006）发现，40%以上受访农户的借贷目的是用来购买生产资料，比如化肥、农药、农具等。有的研究则认为，农户融资用于生产性消费和用于生活性消费的比重差不多。也有学者从借款渠道来分析借贷用途的差异，并得出以下结论：农户生活消费性借贷倾向于从非正规金融机构获取资金，而生产性借贷倾向于从正规金融机构获取资金（朱喜，2006；何广文等，2018）。何广文等（2018）

对 2017 年 7 月中国农业大学经济管理学院开展的"中国农村普惠金融调查"数据库进行分析，发现农户正规金融借贷与非正规金融借贷存在明显的用途差异，农户的正规金融借贷 50% 以上都属于生产性借贷，而生活消费性借贷大多来自非正规金融借贷，应该说正规金融借贷对农户的生产经营起到了支持作用。

10. 农户的借贷期限。现有有关农户融资期限的研究主要以描述性为主，进行回归分析的文献较少。大多数研究者的研究显示，农户从正规金融机构的借贷期限一般在 6~12 个月，而从非正规金融的借贷没有明确的期限限制（熊学萍等，2007；贺莎莎，2008）。他们的研究发现，农户从农村信用社联合社借贷最短为 1 个月，最长为 36 个月，大部分农户获得的贷款期限为 1 年以下。有学者指出，农户从正规金融机构借贷与从非正规金融借贷的期限平均为 14 个月。有的学者对 2014~2017 年山东省普惠金融调研发现，农户意愿的贷款期限平均为 16 个月，近一半的农户希望借贷期限能在一年以上，而实际的调研表明，一半以上的农户对借贷期限不满意。农户借贷的交易费用会影响借贷的期限，借贷的交易费用越高，农户越是倾向于延长借贷期限，以分摊交易费用。

11. 农户借贷的影响因素。学术界对影响农户借贷的因素展开了较多的研究，主要集中在农户的个体特征、家庭经营特征、社会资本等方面。国外学者研究发现，借款人的性别对农户获得贷款有一定的影响。男性在正规金融机构借贷具有一定的优势，但在非正规金融借款却优势不明显。农户家庭成员生病天数会影响从非正规金融的借款，但是不会影响从正规金融机构的借贷。而 Akram et al.（2008）也发现，性别是影响农户借贷的一个重要因素，尤其是男性户主的受教育水平和临时收入水平会显著影响农户的借贷行为。Ravi（2003）认为，农户经营农场的面积、家庭全年的总收入和受教育水平，对获取正规金融机构贷款有正向影响。国内探讨农户借贷行为的影响因素除了考察农户个人特征、家庭地位特征外，还对农户借贷环节的抵押和担保、声誉等方面展开了深入研究（何广文，1999；周小斌等，2004；周天芸等，2005）。李锐、李宁辉（2004）通过分析农户借贷行为及其对农户收入和福利效果的影响，发现农户的受教育年限、土地规模、非农收入、农产品的价格、村庄的发展水平和竞争农户的特征对农户的借款数额有显著影响，而且研究发现农户的种植品种对借贷也有一定的影响，产粮区的农户不容易获得贷款。张弘、章元（2006）研究认为，影响农户获得银行贷款的主要因素是农户的人力资本和社会资本。张树基（2006）通过对浙江某市农户的调查，实证研究分析得出，农户是否担任干部情况对农户的借贷行为影响显著，而户主的政治面貌情况对农户的借贷行为没有显著影响。周小斌等（2004）实证分析发现，农户经营规模、农户生产投资及教育医疗等的支付倾向对农户借贷需求有正向的显著影响，而农户的收入和资产越多，对农户借贷需求反而有抵消作用，呈反向影响。何广文等（2005）、熊学萍等（2007）发现，农户的贷款意愿受农户有无成功借贷经历、家庭人口数量、农户家庭财产的影响，且呈正相关的关系，而储蓄越多，农户的贷款意愿就越低。宫建强和张兵（2008）发现借款有利于提高农户家庭收入，而农户的收入、自有资金、农户生产经营规模以及自身特征直接影响着农户的借贷需求。黎翠梅和陈巧玲（2007）、曾学文和张帅（2009）发现，除了农户家庭纯收入外，农户借贷的经历（如借款期限、借款利率）以及地理位置（与金融机构的距离）等因素对农户借贷需求有重要影响。严武、陈熹（2014）基于江西1294份农户的调查问卷，发现社会资本对农户的借贷行为有显著影响，尤其是口碑型和社团型社会资本会增加农户获贷的有效机会。马艳艳、林乐芬等（2015）通过对宁夏生态移民区农户的调查和实证分析，发现农户个人的年龄和文化程度，家庭劳动力数量、家庭农业生产能力、农户实际耕地面积等农户家庭特征，农户间和睦程度等农户社会资本，农户融资条件等变量对农户借贷行为选择有显著影响，而且不同区域农户的借贷行为存在比较显著的差异性。农户借贷需求还受区域的影响，农户的借贷需求存在较大区域差异，贫困地区农户的金融需求存在共性（霍学喜、屈小博，2005）。土地也是影响农户借贷需求的一个重要因素（黄惠春等，2010；黄林秀等，2015）。王萍、郭晓明（2018）对四川省的农户调查数据分析显示，农户的金融需求还受土地流转行为的影响，农地流转价格过快增长会抑制农户的金融需求，因此创新农村金融产品迫在眉睫。

12. 农户借贷行为的实证分析方法。对农户借贷行为的统计性描述已经不能够适应研究的需求，国内外学者也把计量数理模型运用到对农户借贷行为的研究中。运用 Probit 模型来分析影响农户借贷的意愿、借贷的可获得性以及借贷规模是国内外研究者普遍采用的方法（Zeller,

1994；何广文等，2005；熊学萍等，2007；蒋难，2009）。Akram 等（2008）使用 Heckman 两阶段模型估计农户信贷利率及其效果。Ravi（2003）构建了基于随机效用的均衡排序模型来分析印度农户的借贷行为。李锐、朱喜（2004）利用 3000 个农户的调研数据，采用 Biprobit 和 Match 两种模型分析了农户受到金融抑制的程度。韩俊等（2007）通过构建 Iqbal 模型来分析农户借贷利率的外生性、农户借贷发生率以及农户借贷需求规模等问题。周小斌等（2004）、罗芳和李平（2009）、宫建强和张兵（2008）等采用 Tobit 模型，而韩宁（2010）采用 Logit 和 Probit 模型结合的方式对农户借贷行为及农户借贷需求的影响因素进行探讨。褚保金、卢亚娟、张龙耀（2009）运用广义的 Logit 模型来分析影响农户借贷渠道选择的因素。黎翠梅和陈巧玲（2007）、曾学文和张帅（2009）运用多分类 Logistic 回归模型分析了农户借贷需求影响因素及其差异性的问题。李韬、罗剑朝、陈妍（2014）应用泊松门栏模型对影响农户获得正规金融机构贷款和获得贷款次数的因素做了研究。侯英、陈希敏（2014）基于我国 10 个省份的农户调查数据，构建了结构方程模型（SEM）对农户借贷行为及其潜在影响因素进行验证，发现农户声誉的影响效应是最强的。张晓琳、董继刚（2017）应用 Logistic 模型对山东省 2016 年 762 户农户的潜在信贷需求进行分析，发现绝大多数农户都有信贷需求，但是相当一部分农户没有发生实际借贷。张杰、李锐等（2017）通过构建 Tobit 回归模型进行实证分析，发现以亲缘和地缘为基础的社会网络，能够促进贫困农户的借贷行为。

1.3.2　国内外农村借贷市场交易费用研究综述

由于信息不对称，借贷中面临的高交易费用成为阻碍农户获得农村正规金融机构借贷的重要因素（Ladman，1981）。农户借贷过程中的交易费用问题也备受学者的关注，主要集中在以下几个方面。

1. 交易费用的分类。交易费用也被称为交易成本。最早提出交易费用概念的是科斯（Coase，1937）。科斯认为，任何现实的经济交易都会产生成本，这个成本就是交易费用。科斯（1960）把交易成本归纳为三个部分，即发现交易价格的成本、谈判和签订合同的成本以及保证合同履行的监督成本。阿罗（Arrow，1969）是第一个使用交易费用术语的学者，他认为交易费用就是"制度运行的成本"。North（1986）把交易费用分为市场交易费用和非市场交易费用。市场交易费用是指所有在市场流通环节发生的费用。非市场交易费用是指诸如排队等候的时间以及由于监督的不完全性所引发的无法通过市场交易来衡量的费用。North对交易费用的分类没有考虑制度建立时的初始费用。黄少安（1995）在科斯的研究基础上，把交易费用分为两类。一类是建立市场制度所需的交易费用，另一类是执行交易过程发生的交易费用。尼韦（Levi，1988）还提出了政治型交易费用。张五常（1999）把交易费用理解为识别、考核、测度费用，以及讨价还价和使用仲裁机构的费用。巴泽尔（Barzel，1989）把交易费用理解为转让、获取和保护产权有关的成本。柯武刚等（Kasper et al.，1991，1995）认为交易费用应该包括信息搜集成本、缔约成本、监督履约成本以及可能发生的处理违约成本。而Williamson（1971，1975，1985，1991）认可阿罗对交易费用的理解，并通过资产专用性、交易频率和不确定性三个维度来刻画和测度交易费用，并认为交易费用的存在受到三个方面的约束，一是有限的理性，二是机会主义，三是资产的特殊性。他还在前人的研究基础上把交易费用分成交易前的信息搜集费用、交易时的谈判费用、交易后的执行费用三类。

2. 交易费用的测度。影响交易费用的因素千差万别，很难量化，因而要对它进行测度面临许多困难。首先，交易活动与生产融合在一起，很难单独估计。其次，如果交易费用过高，会降低很多交易发生的可能。再次，在进行同一项交易时，拥有不同个人特征和社会资本特征的个人发生的交易费用也大不相同，一价定率不一定适用。Margaret（2000）也指出，交易费用与政府政策、制度及文化习俗的内在关联也增加了直接测度的难度。最后，学者对交易费用定义理解的不同，也增加了交易费用测度的难度（罗必良，2006）。Wallies and North（1986）采用绝对量来计算美国交易费用占资源消耗量的比重。Williamson（1985）采用序数比较的方式来测算交易费用。张五常（1998）也指出可采用基数测度和序数测度方法，可观察到的交易费用采用基数测度法，不可观测的交易费用采用序数测度方法。罗必良（2006）也认为比较的方法是研究交易费用测度的主要方向。还有一些学者采用间接测度方法来测度交易费用。比如从交易效率的视角进行测度,即测量交易费用与交易效率的反向变动关系。学者们还根据研究对象的不同,从信息成本、谈判成本、监督或执行成本三个方面,选取不同的指标来测度交易费用及其影响（Hobbs,1997;王桂霞等,2006;屈小博等,2007;应瑞瑶等,2009）。黄祖辉、张静等（2008）从交易特征（交易前的信息成本,交易时的谈判成本,交易后的执行成本、运输成本）和农户特征（农户种植面积、农户专用资产投资、农户人力资本与社会资本）两个方面来测度交易费用对农户选择不同契约方式的影响。姚文、祁春节（2011）从交易频率、信息搜寻成本、谈判成本和监督成本等方面分析了交易费用对农户鲜茶叶交易中垂直协作模式选择意愿的影响。李孔岳（2009）按照威廉姆森提出的三个维度,从实物资产专用性、行为不确定性、地理位置专用性、状态型人力资本专用性、政策不确定性、教育型人力资本专用性、信息不确定性等方面来测度农地流转中的交易费用。罗必良、李尚蒲（2010）也是按照威廉姆森交易费用的范式,从实物资产专用性、人力资本专用性、地理位置专用性、交易频率、农地的不确定性等方面来测度农地流转的交易费用,并增加了表征农户的社会地位及社会资本特性的控制变量及涉及政府行为对农地承包经营作用的控制变量。姚文、祁春节（2011）从交易频率、信息搜寻成本、谈判成本和监督成本等方面分析了交易成本对农户鲜茶叶交易中垂直协作模式选择意愿的影响。何一鸣、罗必良（2012）还把农地流转中的交易费用分为外生性与内生性两大类,认为规模性、风险性和专用性等资源特性是农地流转面临的外生性交易费用,而产权管制是面临的内生性交易费用。王芳（2012）认为利率可以用来衡量农户从正规金融市场借贷的直接交易费用,而借贷需要的时间、金钱费用是农户在非正规金融市场上借贷的无息借贷所需要考虑的交易费用。陈希敏、候英（2014）从农户与金融机构的距离、金融机构等待时间、金融机构行政费用三个方面来测度农户借贷的交易费用。

3. 正规金融机构与非正规金融机构交易费用的比较。Stieglitz and Weiss（1981）把发展中国家出现二元金融结构的原因归结为:信息不对称的金融市场条件下,不同金融供给主体在面对不同借款人时所产生的信息筛选、监督和实施合约等交易费用的差异。一些学者认为农村正规金融机构获得国家较多的利息补贴,因而低息或贴息的信贷较多,加上信贷偿还的强制性较弱，而正规金融信贷利率通常遵循规定利率的上限，因而，正规金融机构交易费用相对较高（Conning and Udry，2007）。一些学者通过比较正规金融和非正规金融的交易费用，认可此观点。Kochar（1992）通过对印度农户的研究，发现从亲朋好友获得无息借贷是印度农户在非正规金融市场的主要和首选借贷渠道。Chung（1995）、Carter（1996）和Mushinski（1999）都认为在不同借贷市场上存在交易费用的差别，正规金融机构较高的交易费用大大降低了农户选择正规渠道的积极性，而非正规金融相对更便宜，因而成为首要选择。Guirkinger（2008）基于秘鲁农户1997~2003年借贷数据的分析，发现尽管正规金融的利率远低于非正规金融，但是由于正规金融部门对农户借贷实施过多的审核标准，也使得正规金融机构借贷的交易费用高于非正规金融。他还通过数据分析得出农村正规金融的交易费用大概是非正规金融的4倍的结论。因此，对农户而言，选择非正规金融市场的借贷是比较明智的。林毅夫、孙希芳（2005）认为，非正规金融在获得借款者信息上拥有人缘、地缘的优势，而正规金融在信息获取方式和信贷决策方面处于信息劣势。王曙光（2012）基于信息经济学的视角，研究了农村非正式金融市场供给者和需求者的行为，认为非正式金融市场的存在，是供给者和需求者各自最大化其收益的结果。张翔（2000）认为，非正规金融市场兴起的原因是从正规金融机构获得贷款所付出的交易费用超过了体制内外资金的利率差价。他同时指出，正规金融与民间金融在产权与激励、政府管制与支持、信息成本、现金偏好、专业化与组织化程度等方面存在差别，这些引起交易费用的不同。邵传林（2011）认为，农村非正规金融是自发形成的，拥有以家庭为结点的社区网络，其内在治理机制具有较高的制度效率，不仅能够降低农户借贷的外生交易费用，还能够降低制度性的内生交易费用，对缓解农户贷款难发挥着重要作用，因此农村非正规金融可以与农村正规金融相互补充发挥作用。郑世忠（2008）通过比较，发现农户在正规金融和非正规金融借贷面临的交易费用差异很大。正规金融程序规范，再加上很多正规金融机构远离农村、农户缺乏正规金融机构要求的抵押物，正规金融对合同的签订、执行、监督成本及时间成本均较高。相反，非正规金融借贷虽然制度章程不够规范，但是由于它内生于熟人社会，在合同的签订和执行上有一套约定俗成的规则，再加上借贷手续简单灵活，因而交易费用较低。周月书、班丝蓼等（2013）基于江苏南京、徐州235户农户的问卷调查发现，农户选择正规金融机构贷款的主要成本是利息成本，而选择非正规金融机构贷款的主要成本是人情成本。彭向升、祝健（2014）通过对比发现，农户在正规金融市场和非正规金融市场借贷会面临不同的显性成本和隐性成本，而过高的隐性成本成为农户获取正规金融贷款的障碍，这也使得非正规金融对正规金融产生一定的替代效应。王静（2015）以陕西洛川果农为例展开分析，认为非正规金融的信贷配给现象比正规金融更严重，原因是决定非正规金融进行信贷的不是利息成本，而是非利息成本因素。

4. 信贷匹配与交易费用。当存在多种借贷技术不同的金融组织和资源特征相异的借款者时，农村金融市场呈现借贷关系匹配的特点（Hoff and Stieglitz, 1990; Munoz, 1994; Conning, 1995），这种匹配起因于农村金融市场中借贷交易异质主体的个人理性行为（Sanchez-Schwarz, 1996）。大量学者对农村金融市场借贷匹配进行过分析（Nagarajan, 1992; Sanchez-Schwarz, 1996; Ghatak, 1999），并认为不同的金融制度安排在筛选、监督和实施合约时的交易费用不同，在选择不同的金融制度借贷时借款者就会面临不同的交易费用，所以不同的金融制度安排必然与拥有不同信息资源的借款者相匹配。金融市场供求双方的借贷匹配是各方优化行为的结果，Sanchez-Schwarz（1996）认为，拥有较多标准信息的借款者匹配于正规金融部门的概率较高，而拥有较多特质信息的借款者更容易匹配于非正规金融部门，主要原因在于正规金融部门和非正规金融部门所采用的借贷技术、对借款者拥有信息量的差异。任芃兴、陈东平（2014）认为，在民间借贷市场，借款农户会选择贷款成本最低且花费社会资本最少的贷方来实现借贷匹配。张兵、刘丹、李祎雯（2014）认为，农户拥有越多的标准信息禀赋（比如固定和金融资产、家庭收入等），向正规金融机构借贷的交易成本就越低，获贷的概率也就更高。也就是说，正规金融机构与拥有较多标准信息禀赋的农户相匹配。

5. 联保贷款与交易费用。在学术文献中，联保贷款（Group Lending）也被称为小组贷款或团体贷款。Stieglitz（1990）认为，小组联保贷款的制度优势在于有助于降低借款人的道德风险和外部贷款人的监督成本。Impavido（1998）认为，在小组贷款中不能用实物担保时，社会惩罚将起到替代担保物的作用，使得解决信贷配给问题成为可能。Ghatak 和 Tassel（1999）指出，附有连带责任的小组贷款是解决逆向选择和道德风险最适宜的贷款类型。Wydick（1999）研究证实，通过引入内部监督机制可以帮助解决借款人的道德风险问题。Bhatt and Tang（2001）从制度的角度对团体小额贷款的交易费用进行了分析，并得出团体小额贷款实际效果不理想是由于发放过程中的交易费用过高。对影响交易费用的因素进行系统分析和理解并进行制度调整有利于提高团队小额贷款的效果。这也进一步说明不同的金融制度安排会导致交易费用的差异。因此，制度的选择对节约交易费用就变得尤为重要（Coase，1960）。自我国实施农户联保贷款制度后，国内学者对如何发挥农户联保贷款降低交易费用的作用进行分析。熊学萍（2005）构建了农户之间、农户与信用社之间的博弈模型，指出要让联保制度充分发挥绩效，需要让该制度做适当变通的同时辅以相关配套措施。江能等（2007）结合实际数据对联保贷款小组规模与联保贷款还款率、信贷机构信息发现能力之间的影响机制进行理论研究和实证模拟，认为联保贷款小组规模应以 4~6 户为宜。赵岩青等（2007）认为，农户联保贷款效果不理想的原因是借方、贷方、担保三方难以形成重复博弈机制，从而使得相关法律难以发挥有效的惩罚作用。江能等（2009）认为，应通过加强联保贷款客户筛选工作、增强违约威慑的可置信度等措施来降低联保贷款的违约风险。张婷（2009）认为，要让农户联保贷款得到可持续的发展，可以设计不同的贷款利率和贷款额度的组合菜单，使借款农户实现风险自我披露。谢世清等（2011）认为，有效的信誉成本是开展中小企业联保贷款的制度基础。崔艳娟、孙刚（2015）通过对辽宁农户的随机入户调查，发现较低的交易成本和较弱的社会关系使农户倾向于选择正规金融机构贷款。

6. 声誉与交易费用。农村借贷市场存在信息不对称，且农户又缺乏符合银行要求的抵押品，这成为农户难以获得正规金融机构贷款的一个重要原因。而非正规金融机构利用其明显的地缘和人缘优势来及时了解农户声誉或信用情况，从而降低农户借贷过程中由于信息不对称带来的高交易费用。张军、罗剑朝、韩建刚（2006）认为，可以通过声誉、道德约束、个人信任和社会规范增强交易双方的自履约机制，从而降低交易成本以提高双方的整体交易水平。官兵、朱凯（2007）认为，借助社区的信息优势开展有组织的金融活动,将有效降低借贷双方的信息不对称,降低交易费用,提高还贷激励,从而在改善中小客户融资难方面做出贡献。蒋永穆和纪志耿(2006)认为,金融机构惜贷的原因除了距离远外,还有一个重要的原因就是制度化的信任尚未建立,导致融资的交易费用较高。因此他提出了构建信任机制的四种方法,即在长期合作中、在团体贷款中、在抵押担保中以及在互联交易中建立信任。农村信任机制的建立为农户顺利融资创造条件。黄晓红(2009)认为,信誉具有信号传递的作用,贷方可以通过考察农户的信誉,来减少信息不对称带来的逆向选择以降低交易费用。在缺少抵押物的情况下,农户可以通过积累良好声誉而增加获得贷款的概率。

7. 抵押担保与交易费用。正规金融机构在发放贷款时通常都会要求借贷方提供抵押担保品,其目的是降低放贷的风险和交易费用。但对农户而言,由于相对比较贫困,要提供符合正规金融机构要求的抵押物相对较难(Hoff and Stiglitz, 1990; Conning, 1996)。因此,许多农户即使对正规金融机构有借贷需求,也会因为缺乏抵押物而被迫选择向非正规金融部门借贷(Adams and Fitchett, 1992; Binswanger et al., 1989)。比如在 Zeller (1994)的研究中,超过 1/3 的马达加斯加的正规金融机构要求有抵押物才给予贷款,而即使不需要抵押物的正规金融部门也要求提供借款人的信用记录和贷款证明人等作为贷款条件。谢玉梅(2006)认为约束农户借贷的主要因素有信息不对称、高交易费用、抵押资产缺乏流动性。卢新和万解秋(2007)认为,抵押担保物可以降低借款方的违约成本和放贷方的信息成本,从而能有效地降低道德风险,减少交易费用,提高放贷效率。周脉伏、徐进前(2004)认为,农户融资难跟农户缺乏抵押和担保、现有金融机构距离农户较远以及农户缺乏自履约机制有关,这些因素导致农户融资成本较高。他们提出让金融机构网点设置贴近农户,并积极利用人际信任和自履约机制,以解决农户抵押担保物缺乏这一硬约束条件,从而减少借贷双方的信息不对称以降低交易费用。陈玲芳等(2010)认为,林权抵押贷款方式的风险较大,从而导致银行的惜贷行为,原因是风险管理成本与抵押物处置成本的存在使得林权抵押贷款的借贷双方承担了高额的交易成本。中国人民银行成都分行营业管理部课题组(2011)通过分析成都农村资产抵押案例,发现农村产权制度的不完善使得农村资产抵押对节约交易费用的作用有限，因此深化农村产权制度改革，放宽对农村抵押融资不必要的限制是当务之急。兰庆高等（2013）调研发现，农村土地生存保障功能强、权力赎回难度大等使得金融机构筛选和监督农户的交易成本较高，这对农村用土地经营权作为抵押担保物有负面影响。惠献波（2013）也认为土地抵押贷款存在融资成本高、潜在需求低等问题。马微、陈希敏（2014）研究认为，农村正规金融机构对抵押担保的硬性要求会提高农户借贷的交易成本，从而降低农户获得贷款的机会。许月丽、伍凤华、张晓倩（2014）认为，新型农村金融机构的出现虽然没能显著地降低农户的违约成本，却可以有效地减少农户提供抵押物的比例，为增加农户贷款的可获得性提供帮助。

8. 农村经济合作社与交易费用。Nilsson（1999）认为，市场的运行是有成本的，而组织制度的建立有利于节约某些市场运行成本。当人们通过一个组织能够实现比市场外交易更低的风险和成本时，合作社就产生了（Hendrikse，2001），合作社在追求降低交易费用的博弈中会促进自身的发展完善。新制度经济学将农业合作社的产生发展归结于"降低交易费用的冲动"。苏斯彬（2004）认为农业合作社主要是从两个方面降低交易费用：一是通过合作社相对稳定的销售渠道来降低因为交易频率引起的高成本；二是通过大规模销售来降低交易的边际成本。黄丽萍（2008）认为，农村专业合作经济组织的发展是破解"三农"问题的必然，但它因需求不足而迟缓不前。从交易成本的角度看，农户对合作组织的需求与合作组织带来的交易成本的降低密切相关。但交易成本不仅取决合作组织外部交易成本的高低，还取决合作组织内部交易成本以及农户参与合作组织之前的初始交易费用的高低。农户户均经营规模小、农业市场化程度不高、合作组织生存环境的制度性缺陷等因素，导致了我国农村专业合作经济组织可节省的交易成本十分有限，从而抑制了农户对专业合作经济组织的需求。薛莉等（2012）认为台湾农业经营模式最大的优点就是通过合作型组织节约了要素投入环节、生产环节和市场销售环节等的交易费用。邵传林等（2013）发现，农村互助合作金融模式是建立在地缘、血缘和业缘基础上，能克服信息不对称问题，具有极低的交易费用。娄锋（2013）认为降低交易费用是合作社产生发展的结果而不是原因。陈东平、康泽清和田妍（2015）从"埃里克-鲁道夫"交易费用分析角度出发，发现内生型资金互助组织可以转嫁市场型和管理型交易成本,而外生型资金互助组织比内生型资金互助组织更有利于节约政策型交易成本。董晓林、朱敏杰和张晓燕(2016)从"共跻监督"视角分析发现,农村资金互助社能够有效缓解正规金融机构对农户借贷的数量配给,从而降低了农户的借贷成本和交易风险。但是,农村资金互助社扩大贷款规模,会提高资金管理成本,增加贷款的信用风险,进而降低农村资金互助社的运作效率(潘军昌、滕佳悦,2017;赵锦春、包宗顺,2017)。而且,由于信息不对称的存在,资金互助社容易受内部控制人的控制,为实现自身利益最大化,会侵占普通社员的利益,使得资金互助社发展方向脱离了合作金融的本质属性。因此,建立健全内外部监管体系,是确保农村资金互助社合作金融属性有效发挥作用的关键所在(陈东平、杨丹,2016)。

1.3.3 国内外研究评述

以上的研究成果为本文开展交易费用视角下农户的借贷行为的研究提供了理论和方法的借鉴。

1. 以上文献的分析表明,尽管已有学者从交易费用的角度,对我国农村金融市场二元结构并存的现象,以及农户获取正规金融机构贷款难的问题进行过分析,但是较少学者从农户、农业、农户借贷的特性出发探讨农户借贷与交易费用的关系,以及按照威廉姆森的交易费用研究范式来分析交易费用与农户借贷行为的作用机理。

2. 虽然很多学者对交易费用的测度方法进行过研究,但是不同层面、不同行业、不同行为的交易费用千差万别,难以归结为同一体系之中。更少有学者建立相应的指标体系或维度对农户借贷中的交易费用进行测度。与已往研究大多数孤立测度交易费用不同,本书从农户在借贷过程中发生的价格成本、谈判和决策成本、时间和交通成本、监督和履约成本等方面来测度农户借贷中发生的交易费用,注重从比较的视角研究交易费用,研究结论更具现实指导意义。

3. 以往学者探讨影响农户借贷行为的因素较多地集中在农户的个人特征、家庭特征、社会资本等方面,而对地理位置、借贷的历史,尤其是农户借贷的交易成本(如花费的时间、交通费用、洽谈的次数、贷款的次数等因素）研究较少，而且这些研究往往分散且缺乏系统性，不能整体考察农户贷款可获得性、贷款渠道选择、贷款的资金规模等方面的影响因素。

4. 已有的文献大多把农户作为一个整体来研究，没有充分考虑农户的异质性对农户借贷行为产生的影响，有些文献虽然考察了不同农户的借贷行为，但是没有考虑具有不同资源禀赋的借款人的贷款行为方式受交易费用影响的程度。

1.4 研究方法和技术路线

1.4.1 研究方法

本书采用理论研究和实证研究相结合、定量分析与定性分析相结合的方法，以前期相关研究积累的统计数据以及对农户的问卷调查为依据，开展交易费用对农户借贷行为的影响的深入分析。具体包括以下研究方法。

1. 理论研究法。通过对交易成本理论、行为理论等相关理论的分析，形成农户借贷交易费用测度的理论基础，探讨交易费用对农户借贷的作用机制。

2. 问卷调查法。通过对福建全省七地市农户进行抽样问卷调查与实地调查，搜集第一手资料数据，并进行深入分析，使样本更具有代表性。本书根据各地区的经济发展水平和农户分布特点，采用分层抽样法选取调查对象，同时走访当地农村信用社联合社、农村资金互助组织、小额贷款公司和村镇银行等农村金融机构，获取了大量第一手资料和相关数据。

3. 比较分析法。采用比较分析法在以下几方面进行比较研究：第一，比较了农村正规金融与非正规金融在交易费用上的差别。第二，比较了农户对正规金融和非正规金融借贷选择的影响因素。

4. 实证分析法。建立二元 Probit 模型展开福建省农户贷款可获得性影响因素分析。建立 Tobit 模型展开福建省农户借贷资金规模的影响因素分析。

1.4.2 技术路线

本书按照"收集资料—提出问题—理论分析—实证分析—解决问题"的基本逻辑进行研究。研究的基本逻辑思路是：前期准备—文献查询及文献分析—演绎归纳理论基础—对农户在不同金融供给主体的交易费用进行比较—分析交易费用对农户借贷行为的作用机理—建立模型分析交易费用视角下农户借贷行为的影响因素—降低农户借贷交易费用的政策建议（见图1-1）。

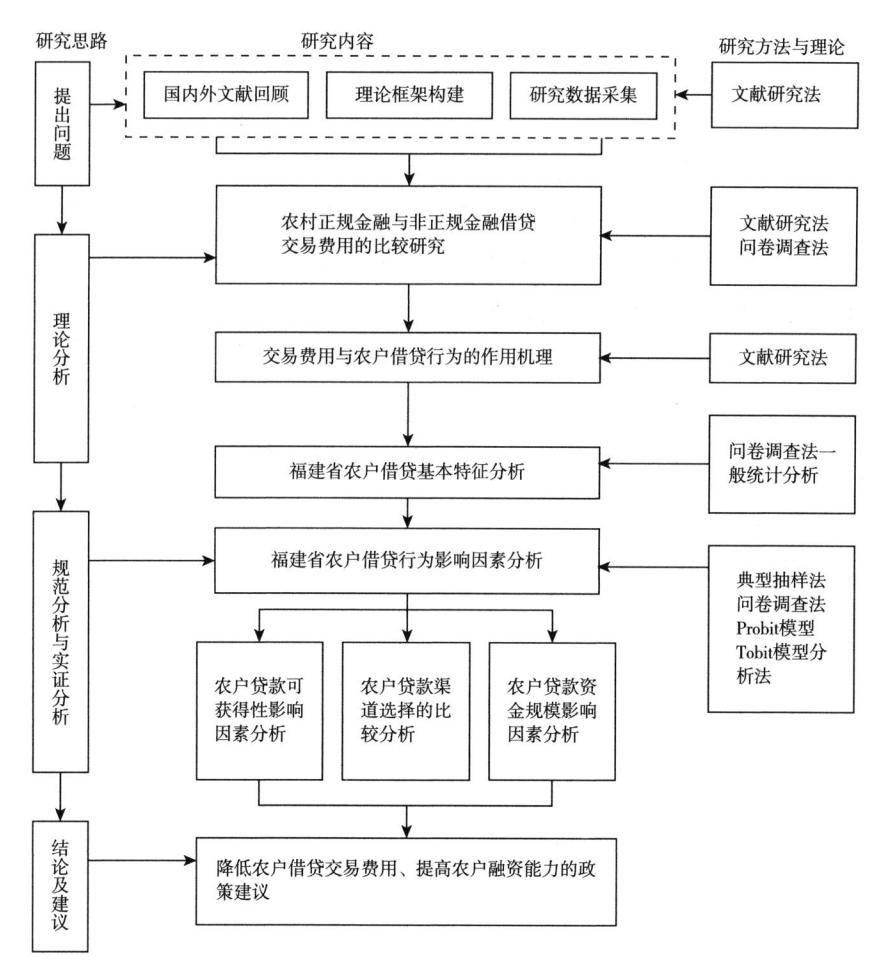

图1-1 本书研究技术路线

1.5　可能的创新之处

1. 交易费用对农户借贷行为的影响早有学者涉及，但是研究成果相对零散，对该问题进行系统深入的研究还不多见。本书从交易费用的视角探讨农户从正规金融机构贷款难的原因，并采用比较分析研究方法，总结了农户在正规金融和非正规金融借贷中信息搜集成本、议价和决策成本、交通和时间成本、利息成本及交易频率等交易费用上的差别，发现不同金融供给主体的约束机制。

2. 农户借贷过程中发生的交易费用是比较难测度的。本书从农户、农业和农户借贷的特征出发，运用威廉姆森的交易费用范式，从资产专用性、不确定性和交易频率三个方面探讨交易费用对农户借贷行为的作用机理，并站在农户的角度从谈判和决策成本、交通和时间成本、利息成本及交易频率四个方面对交易费用展开测度，揭示交易费用对农户借贷行为的影响路径。研究内容有一定的创新。

3. 本书突破以往仅从金融供给主体角度来降低交易费用的通常路径，而是从农户的人力资本、实物资产、社会资本、地理位置和交易费用特征出发，找出影响农户借贷的关键变量，并研究如何改变这些变量以降低农户借贷的交易费用，从而提高农户的融资水平，促进农村金融发展。这个研究视角相对较新。

2
相关理论基础

农户作为农村生产和生活最基本的单位,其借贷行为对农村经济的发展必然产生重要的作用和影响。借贷行为既是一种经济行为也是一种社会行为,基于交易费用视角下的农户借贷行为更是一种在农村金融市场的融资活动,因此本章主要介绍农户借贷行为理论、农村金融发展理论、信息不对称理论和交易费用理论。

2.1 农户与农户借贷行为

2.1.1 农户

《经济学百科词典》对农户的定义是"农户是以血缘和婚姻关系为基础而组成的农村家庭"。农户被认为是一个历史范畴,在生产力水平极其低下的原始社会,全体社会成员只有通过共同参与劳动、共同占有生产资料、共同分配劳动果实才能获得最低的生产和生活需要。而经过两次社会分工,生产力发展到一定水平之后,农户作为独立的生产和消费单位才得以出现(丘兴平,2004)。

对农户的划分大致有三种方式。第一种是按照农户的职业来划分,农户指的是以农业生产为主的农业户,用于区别以从事工业、运输业、商业等为主的非农业户。第二种是按照经济区位来划分,农户指的是居住在农村的家庭，用于区别城市户籍或城镇户。第三种是按照政治地位或身份来划分。农户被划分为没有享受到国家任何福利待遇的户，这种划分某种程度上表明农户的政治地位比较低下（史清华，1999）。这三种划分形式对农户特性的理解差异很大。

本书研究的农户是指居住在农村、户籍为农业户口并且在我国家庭承包责任制下以土地作为主要生产资料从事小规模生产经营的居民。随着农业现代化的发展，传统农户职业也出现了分化，农户从事的职业领域不仅包括农业，而且包括林业、畜牧业、渔业及手工业和个体工商业等。种植业的农户又进一步分化为粮农、菜农、棉农、茶农、果农等。农户也由以前从事单一的种养殖业向农业服务领域扩展。据《福建统计年鉴2015》公布的数据，至2014年底，福建省农业户籍人口为2429.73万，占福建省总人口的65.7%，这说明农户是福建省现代经济社会生活中的重要经济体。

2.1.2 农户借贷行为

农户借贷行为由来已久，早在一千多年前，北宋时期的"唐宋八大家"之一的欧阳修在《欧阳文忠公文集》外集卷九《原弊》中就记录了当时农户借贷的原因，主要是灾荒、赋税、婚丧嫁娶以及祭祀等。而且在古代就已经有了高利贷、民间互助贷款、政府的赈贷等多种借贷方式，并且可以用信用和抵押方式来获取贷款（李一鸣，2010）。由于农业生产的规模小、季节性和风险性强等特征，借贷成为农户经济生活中的重要内容。最早很大一部分农户参与借贷是出于生存的需要，迫于贫困，不得不靠借贷来维持生计。时至今日，借贷仍然是缓解农户生活性和生产性资金不足的重要方式。当前农户的借贷行为跟现阶段农村金融市场发展的特点密切相关。我国农村金融市场仍然是麦金农和肖（Mckinnon，1973；Shaw，1973）提出的二元金融结构，目前已基本形成了以农村信用社联合社为主导的正规金融机构供给和以民间借贷为主体的非正规金融供给并存的局面。

农户借贷行为作为农户经济行为的重要组成部分，主要包括农户在金融市场（分为农村正规金融市场和农村非正规金融市场）对各金融供给主体的认知、选择以及借贷过程中各种行为活动的总称。农户借贷行为有两种划分：一是按农户资金的流动方向将农户借贷行为分为融出资金的借贷行为和融入资金的借贷行为。二是从农村金融市场分化的角度将农户借贷行为分为在农村正规金融市场的借贷行为和在农村非正规金融市场的借贷行为。

本书主要是根据福建省农户的问卷调查资料,分析福建省农户在资金融入(贷款)问题上如何对正规农村金融市场和非正规农村金融市场做出选择,以及对其相应的行为的分析。本书研究的借贷行为主要界定为农户是否能够获得正规金融机构贷款(即贷款可获得性)、在正规金融和非正规金融之间如何做出选择(即贷款的渠道选择),以及获取正规金融机构贷款资金的规模这三个方面。

关于农户经济行为的研究理论,具有代表性的主要有组织生产学派、理性小农学派和黄宗智的历史学派。

2.2 农户借贷行为理论

2.2.1 组织生产学派

组织生产学派的代表人物 A. V. 恰亚诺夫(A. Chayanov),是俄国著名的农学家。他在其代表著作《农民经济组织》[①]中指出,在农业生产高度自给的社会中,农户的经济行为与资本主义社会的经济行为逻辑不同,农户生产产品的目的主要是满足家庭消费,因而他生产产品是为了追求家庭效用最大化而不是市场利润最大化。农户生产是以家庭为单位,主要劳动力也是家庭成员,由于是小规模经营,生产是非理性的,农户基本上不需要核算生产的成本收益。农户家庭作为一个生产单位不是按照效益最大化原则来组织生产,而是取决于自身消费满足与劳动辛苦之间的均衡。因此,恰亚诺夫认为鉴于小农经济运行机制的特殊性,不能硬性地让农业走现代市场经济发展道路,可以考虑用"合作化"发展道路来改造传统农业。经济人类学家 K. 波拉尼(K. Polanyi,2003)也认同这种观点,他认为用资本主义经济学理论来研究小农经济中农户的行为,是把功利的理性主义世界化和普遍化。

---

① 〔俄〕A. 恰亚诺夫:《农民经济组织》,萧正洪译,中央编译出版社,1996,第 60~86 页。

组织生产学派的观点启示我们，不同制度和不同国情下，农户的经济行为有所不同，在分析小型农户的经济行为时，要对其所处的制度和社会环境的特殊性进行深入分析，而不能简单地套用传统经济学的研究范式。

2.2.2 理性小农学派

组织生产学派认为农户生产行为是非理性的，而理性小农学派则持相反的观点，认为农户生产行为是理性的。理性小农学派早期的代表人物是美国经济学家西奥多．W. 舒尔茨（Theodore. W. Schultz）。他在代表作《传统农业的改造》①中论述了这种观点，他认为农户完全理性，他和现代资本主义社会的农场主是一样的，其目标也是追求利润最大化。只要激励农户的利润动机、创新行为，以及创造外部市场的条件能得到满足，农户也能对市场信号做出迅速而正确的反应。理性农户是拥有特定资源和特定技术的"资本主义企业"，他们对利润的追求和企业是一致的，即希望以最少的成本获得最大的利润回报。因而，经济学最优选择理论对理性农户也是适用的。舒尔茨所说的传统农业实际上是指仍然维持简单再生产的生产方式、经济长期停滞的小农经济。舒尔茨得出结论：农户其实和资本主义企业家性质一样，追求利润最大化是他的理性选择。因此，改造传统农业的路径就是要激发农户为追求利润而不断创新的积极性。在舒尔茨的研究基础上，理性小农学派的另一个代表人物波普金（Samuel Popkin）也对"农户经济行为"的"理性"范畴做了进一步的阐述。他认为小农是个理性的投资者，无论是在经济还是政治活动中，他都是为追求利润最大化而对长短期利益做出权衡。王曙光（2006）认为理性小农学派用资本主义利润最大化的观点去理解农户的理性行为有失偏颇，也不恰当。但是不可否认的是，该学派为研究农户经济行为打开了"理性"的视角。

2.2.3 历史学派

美国华裔学者黄宗智在 1985 年出版的《华北的小农经济与社会变

---

① 〔美〕舒尔茨：《改造传统农业》，李冬生译，商务印书馆，1987，第 6 页。

迁》①一书中，通过对中国农户问题的研究，提出了"拐杖逻辑"。他认为中国小农家庭有"两根拐杖"，一个是农业和家庭手工业收入，一个是外出务工收入。这两部分是农户维持生存的拐杖。当农业和家庭手工业收入不能维持家庭基本生计时，外出务工是农户获得补充收入必不可少的渠道。费孝通在《乡土中国》中也认为为了维持农户正常生活消费性需求，外出去企业做工是必不可少的。②后来费孝通在《小城镇，大问题》一书中提出要促进农村经济发展并解决农村剩余劳动力转移的问题，还是要大力发展乡村工业和小城镇建设。③

黄宗智（1986）还提出了"过密化"理论，按照这个理论，中国农村劳动力的过密增长，带来"单位工作日边际报酬的递减"，而把农村剩余的劳动力继续投入小农经济生产上只会带来"没有发展的增长"。他认为引起小农经济对劳动力投入水平影响很大的另一个原因是耕地不足带来的生存压力。在农村第二、三产业尚未发展而耕地又不足的情况下，农村大部分劳动力被迫投到有限的耕作上，造成人力浪费，农业效率低下。黄宗智的研究反映了我国20世纪农村的现状，而现在的中国农村经济和社会发生了巨大的变化，不同区域的农村历史文化、资源结构、经济发展水平都大不相同，同一地区的农户也呈现差异化的特征，因而在运用该理论时要考虑农户分化的特征。

2.3 农村金融发展理论

2.3.1 农业信贷补贴论

一大批发展中国家在20世纪50年代获得了民族独立，如何发展本国经济是这些国家面临的重要问题。发展经济学在这一背景下应运而生。当时的发展经济学认为发展工业化、城市化对实现资本积累具有重要作用，由于发展中国家的经济基础比较薄弱、市场经济体制尚未健全，因

---

① 〔美〕黄宗智：《华北的小农经济与社会变迁》，中华书局，1986，第6页。
② 费孝通：《乡土中国》，人民出版社，2008。
③ 费孝通：《小城镇，大问题》，江苏人民出版社，1984，第1~40页。

此需要强调政府和计划的重要性。那时候的经济发展大多以牺牲农村经济发展为代价，农村经济发展严重滞后于工业发展。在 20 世纪 80 年代之前，在农村金融理论中占主导地位的是农业信贷补贴论（Subsidized Credit Paradigm）。该理论认为，农业的特殊性，比如季节性、风险性、投资的长期性、低收益性等，再加上农民相对于城市居民储蓄能力较弱，使得商业银行为了自身的利润和资金安全并不把农业作为首要的融资对象，这也突出体现了商业银行"嫌贫爱富"的特性。农村如果仅靠自身的经济发展来获取所需建设资金是远远不够的。为了发展农村经济、提高农业生产、缓解农村贫困，政府有必要建立非营利性的专门金融机构来为农村提供政策性资金，以缓解农村农户的资金短缺问题。根据该理论，应该通过银行的农村支行和农业信用合作组织，对农业融资实行较低的利率政策，给农村长期提供大量的低息政策性资金，来缩小农业与第二、三产业的收入差距，增加农民收入。这样的措施也有助于减少农户从以高利贷为特征的非正规金融借贷获取贷款的概率，为农业的健康发展提供良好的金融环境。

在这种农村金融范式影响下，发展中国家农村金融市场一般都受到政府的干预，政府加大了对农业的资金补贴，对农业和农村的发展起到了一定的积极作用，但是这也导致了一些不良后果：一是政府衡量农村金融机构的业绩不是以财务为标准，而是以贷款额的增长为标准。这使得获得政府大量补贴的农村金融机构没有意愿去建立有效的监督体系来监督借款者的投资和偿债能力，借款者故意拖欠贷款的比例非常高。再加上农村金融机构管理中的低效率和低能力也使得拖欠率进一步上升。二是政府补贴和直接控制的信贷容易导致"寻租"现象。"寻租"现象的出现使得政府本应投向农业的资金被用于其他用途，一方面造成资金无效率的使用和浪费，有悖于支持农业发展的初衷；另一方面也造成金融领域腐败现象严重。三是较富有的农民成为低息贷款的主要受益人，而贫困的农民则被排斥在金融服务之外。低息贷款会使得信用需求被夸大，也会导致较富有农户对获得贷款的激励，从而破坏了信贷计划目标的实现。再加上贷款给贫困农户的交易费用会高于贷给富有农户的交易费用，因而贫困农户容易被排斥在正规金融服务之外。四是导致农村正规信贷机构缺少可持续发展的能力。由于农业信贷补贴政策是以政府补贴来扶持农业发展为目的，较少考虑农村金融机构自身的盈利能力。在市场竞争的环境下，这类农村金融机构无法按照市场需求来提供相应的金融产品和服务，久而久之与其他金融机构相比就缺乏市场的生存能力，导致竞争力下降。基于上述不良影响，该理论受到广泛批评，但是农村金融机构如何建立一个可持续发展的长效机制以扶持和服务"三农"的发展，是需要深入思考的问题。

2.3.2 农村金融市场论

20世纪70年代以来，凯恩斯主义主张政府干预经济的思想受到西方经济发展"滞胀"的困扰，政府的干预也无济于事，这时候新古典经济学开始重新抬头，其主张应该让市场经济自己去解决通货膨胀和经济增长问题，政府的干预是无效的。在这些理论的影响下，农村金融的主流观点也出现改变，主张政府放开利率管制，实行金融自由化政策。这时候产生了农村金融市场论。20世纪80年代以后，农业信贷补贴论逐渐被农村金融市场论（Rural Financial Systems Paradigm）取代。农村金融市场论的理论前提与农业信贷补贴论截然相反，该理论认为农村居民是具有储蓄能力的，所以政府没必要对农村提供资金支持，政府的干预只会带来负面作用。该理论反对政策性金融对农村的资金支持，并认为政府对农业实施的大量政府补贴和贴息低息政策不仅会限制市场发挥作用，而且会影响农村资金的优化配置。该理论建议取消农村利率限制，取消金融管制，政府不要直接干预信贷资金的流向，而让市场来决定利率水平，并认为在农村实行市场利率可以确保金融市场的公平竞争，以维护金融市场的良性发展和稳定。该理论还建议取消非正规金融。但是，取消农村信贷补贴就能保证发展中国家信贷体系高效能运转吗？贫困农户在利率自由化下能否获得正规金融的贷款呢？取消非正规金融就有利于正规金融发展吗？对这些问题农村金融市场理论并不能作出令人满意的回答。该理论未考虑到发展中国家农村经济具有地理分散性、区域差异性、产业化程度低、自然风险大等特点，农业的特殊性加上贫困人口比重大、农业基础设施相对落后，如果不对这些农户给予补贴，在农村金融市场理论指导下，大量农户尤其是贫困农户就容易被排斥在金融服务之外。另外，该理论也未认识到非正规金融对缓解农户资金短缺具有的重要作用。

2.3.3 不完全竞争市场理论

不完全竞争市场理论的代表人物是美国经济学家、诺贝尔经济学奖获得者斯蒂格利茨（Stiglitz）。他认为：发展中国家的金融市场是不完全竞争的市场，按照市场的运作机制，放款人（金融机构）无法掌握借款人的全部信息；而要克服和弥补市场失灵带来的问题，政府有必要对农村金融市场进行适当的干预，或是完善其体制结构，让借款人组织化以避免引发逆向选择和道德风险（Stiglitz，1981）。也就是说，要让农村金融市场发挥有效而积极的作用，仅靠市场机制作用是无法实现的。不完全竞争市场理论是农业信贷补贴论和农村金融市场论的综合。它为政府介入农村金融市场提供了理论基础，但又与农业信贷补贴论有所不同。不完全竞争市场理论提出，要通过政府对农村金融市场的干预来克服市场缺陷，必须要建立完善的体制机构。因此，首先要排除阻碍农村金融市场有效运行的障碍，着眼于农村金融机构的改革，破除金融机构获取政府优惠贷款的垄断局面，把优惠贷款和补贴向贫困农户倾斜，同时强化对农村金融机构从业人员的培训，在农村正规金融机构内部建立完善的会计、审计和管理信息系统。

不完全竞争市场理论的政策主张主要有：一是宏观经济的稳定是农村金融市场发展的前提条件。二是在农村金融市场尚未发育成熟之前，为促进农村金融机构的发展，政府可以给予其一定的特殊政策或从外部提供资金帮助其发展，前提是不能损害金融机构的储蓄动机。三是政策性金融向特定部门提供的低息贷款要建立在不损害银行最基本利润的基础上。四是金融机构可以采用融资与实物买卖相结合的方式确保贷款的回收。五是通过担保融资、使用权担保、联保贷款，以及组织互助合作社等办法可以有效改善借贷双方信息不对称性的问题。六是政府要对非正规金融进行适当的干预使其发挥积极作用。

以上的政策主张为我国农村金融改革提供了理论支持，并为我国出台一系列农村金融改革措施提供了方向性的指导。尤其是当前我国农村经济发展水平还比较低，对"三农"的扶持，更需要政策性金融和其他农村金融组织体系的大力支持。

2.4 信息不对称理论

2.4.1 逆向选择

逆向选择（adverse selection），指的是当市场上出现买卖双方信息不对称，处于劣势的一方无法做出理性判断，低质量的产品被大量出售而高质量的产品较少出售，市场失灵，进而导致市场效率降低的情况下，需要采取的选择。乔治·阿克劳夫和迈克尔·斯宾塞、约瑟夫·斯蒂格利茨（George A. Akerlof, A. Michael Spence, Joseph Eugene Stiglitz）共同分享了 2001 年诺贝尔经济学奖，他们的研究奠定了不完全信息市场分析的理论基础。阿克劳夫认为卖方能向买方推销低质量产品的原因是因为交易双方存在着信息不对称。斯宾塞向人们阐述了如何利用掌握的信息获取更多收益的相关理论。斯蒂格利茨则提出了处于信息劣势的一方如何进行市场调整的问题。阿克劳夫、斯宾塞和斯蒂格利茨的理论分析不仅对传统农业金融市场的研究，更对现代农村金融市场的研究，具有重要的启发和研究价值。

在农村金融市场，信息不对称是一个普遍现象。在农村，农户居住分散，银行审查和监督农户资质需要耗费较高的交易费用，造成金融机构对农户借贷实行配给，如何克服和减少信息不对称是推进农村金融服务的一个重要课题。

2.4.2 道德风险

道德风险是指当某一方的行为无法被观察到时，他可能在最大限度增加自身效用的同时做出不利于他人的行动。金融中的道德风险是指资金使用者从事高风险的投资活动从而违背了事先合同约定，进而有可能增加资金风险的行为。在农村金融市场，贷款供给者面临的道德风险不仅较大，而且非常普遍。当交易双方签订契约后，由于农村金融机构无法全面而有效地了解借款者的资信和活动信息，借贷方可能会利用自己的信息优势，采取损害放贷方利益的机会主义行为，比如不按约定的用途使用借贷资金，无法按期还款等。机会主义动机是导致借贷交易费用高的重要原因，也是道德风险产生的首要前提。为了解决农户借贷中的道德风险问题，Besley and Stiglitz（1995）认为，实行多人组合贷款是个有效的方法，通过小组成员之间的有效监督，来共同约束单个成员从事道德风险行为。

2.5 交易费用理论

2.5.1 交易费用理论的产生

交易费用理论是整个现代产权理论的基础。20世纪30年代，对传统经济学、法学和组织理论的挑战中产生了交易费用理论（Williamson，1985）。对传统经济学的挑战主要来自 John R. Commons（1934）以及 Ronald H. Coase（1937），Commons 重构了经济组织，并且选择了交易作为分析单元。① Coase 在1937年发表的论文《企业的性质》中引入了交易费用的概念，他认为企业和市场只是经济组织的两种形式，企业会权衡交易费用的多少来选择市场还是企业的组织形式。这一见解是深刻的，但是由于不具有可操作性，一直被"引而不用"。② 直到1971年，Williamson 的一篇论文《生产的纵向一体化：市场失灵的考察》，开始从纵向一体化入手考察市场失灵的因素，Coase 的文献才由概念化转到可操作性。Williamson 认为，专用性投资不周、契约的不完备、道德风险、外部性因素等将会导致战略误判，信息处理效应和制度失误是导致市场失灵的主要原因。Armen Alchian and Harold Demsetz（1972）撰写的《生产、信息成本和经济组织》也是较早论述关于交易费用的经典论文，他指出产生企业偷懒行为的原因是团队生产造成的监督和测度成本较高。Williamson（1983）在论文《可信的承诺：用抵押品支持交易》中提出，人们之所以轻信承诺，大

---

① 〔美〕奥利佛·威廉姆森、〔美〕斯科特·马斯滕编《交易成本经济学》，李自杰、蔡铭等译，人民出版社，2010。
② Coase, R. H., 1937, "The Nature of the Firm," *Economica* 4：386-405.

多由于认为当前法律体系是完善的且执行是低成本的。事实上，为了保证契约的履行，交易双方都需要可信的承诺，而这又增加了交费费用。由此可以看出原来的交易费用理论主要是讨论如何选择组织形式及契约是否完备等问题。Sanford Grossman 和 Oliver Hart（1986）在论文《所有权的成本和收益：纵向一体化和横向一体化理论》中主要探讨当契约不完备的情况下，剩余权利的配置问题。他们提出这样的疑问：小企业联合起来能办到的事情，为什么大企业做不了呢？Williamson（1985）认为问题在于当交易由市场组织转为企业组织时，权力关系会增加协调的交易成本，高效能的激励会转为低能的激励。以上对交易费用的论述主要是关注治理层面。而在测度方面，Williamson（1985）也做出了突出贡献。他认为交易费用的测度也就是可操作性方面，具体表现为应将制度的选择与一些可观测的交易属性联系起来。

Williamson 在 1985 年出版的《资本主义经济制度》一书中，对行为人的假定进行分析，并提出了交易费用的三个维度，并对交易费用的三个维度与不同的契约与治理结构之间的关系进行了细致的分析。

Williamson 对行为人的假定主要是指人的有限理性和机会主义倾向。人的有限理性，是指单个个体的行为人因为其有限的知识结构、时间、技能及可预见性，导致个人做出的决策是有限理性的。由于有限理性的存在，单个行为人无法及时和准确地对复杂的问题和突发的事件做出预知和恰当周详的反应。此外，因为每个人都具有这一局限性，因而也不可能存在这样的第三方，即用准确而低价的服务帮助交易者解决纠纷的无所不能的第三方。机会主义行为倾向，是指在信息不对称的情况下交易者不完全如实地告知自己的信息，导致相互间背信弃义、合同欺诈、逃避责任、规避法律、钻空子等损人利己的行为，也就是交易者为了尽可能获得更多利益而欺骗对方的行为。

Commons（1924，1934）把交易作为基本分析单位的观点得到了交易成本经济学的认同。这个认同使得交易费用具有了可操作的意义。Williamson（1985）把交易费用划分为三个维度，具体包括提供商品和服务时涉及的资产专用性、交易发生的频率和交易受影响的不确定性。这三个维度被认为是交易费用的三个性质，也是影响交易的主要因素。其中，与其他经济组织研究方法区别最鲜明、最重要的特征就是资产专用性维度。资产专用性是指资产的价值是与某项特定用途相结合的，如果该资产转为他用，其价值就会降低，也意味着面临较高的交易费用。资产专用性包含了地点专用性、物质资产专用性、人力资产专用性、品牌资产专用性、指定性专用资产和时间上的专用性六种形式。Williamson（1991）认为资产专用性提高了一切治理形式的交易费用，在交易成本经济学的研究中发挥着重要的作用。

资产专用性因为是支持某种特定交易的资产投入，这种资产投入只有用作特定交易时，交易费用最低，但是一旦要转为其他用途时，就面临着较高的交易费用。资产专用性要发挥作用就必须要与有限理性、机会主义和不确定性的存在结合起来。尽管如此，资产专用性被认为是交易费用的关键性分析基础和重要的解释范畴，这是因为资产专用性的存在及其很大程度上决定了可预见的交易费用的多少。

交易的不确定性不光包括环境的不确定性，还包括交易双方行为的不确定性。短期的不确定性对交易费用影响小，而长期的交易不确定性对交易费用影响大。交易的频率是指交易发生的次数，一般而言，交易发生的次数越多，治理结构的成本也就越低。

2.5.2 交易费用的分类

对交易费用的分类源于对交易费用内涵和外延的理解。几乎所有的学者在对交易费用进行分类时都基于交易过程这个出发点。Coase（1937）认为，交易费用包括交易准备时发现价格的费用、交易进行时的谈判和签约费用以及督促合约严格执行的费用。Arrow（1969）则把交易费用理解为"经济系统的运行费用"。Harold Demsetz（1968）认为交换所有权的成本便是交易费用。North（1984）认为契约成本就是交易费用。Wallis 和 North（1986）认为，交易费用是指进行交易时耗费的劳动、土地、资本和企业家才能等资源。张五常（1999，2000，2002）认为，交易费用不包括直接发生在物质生产过程中的费用，而是一切制度费用之和，具体包括信息费用、谈判费用、实施费用、界定产权费用、监督管理费用和改变制度安排的费用。Williamson 是公认在 Coase 之后对交易费用做出重要贡献的学者。他把交易费用分为"事前的"和"事后的"两类：事前的交易费用包括起草、谈判和执行费用；事后的交易费用包括错误应变费用、争吵费用、运转费用和约束费用等合约签约之后发生的成本（Williamson，1985）。Matthews（1986）认为交易费用其实也是一种机会成本，当寻找信息存在成本时，与交易有关的各种行为就会导致交易费用的产生。这些行为包括：寻找质量价格、交易对象及环境信息；为弄清买卖双方实际地位的谈判、订立合约、监督履约、防范侵权及其他。Eirik G. Furubotn，Rudolf Richter（2006）则把交易费用分为三大类，分别为市场型交易费用、管理型交易费用和政治型交易费用。从对上述观点的梳理中我们不难发现，学者大多借助交易的过程（交易前、交易中和交易后）来划分交易费用涵盖的条目。但是，不同的交易主体和不同的交易环境产生的交易费用总量也不尽相同，因而从交易个体的角度来考虑交易费用的差别才具有实践意义。

本书研究的交易费用是立足于农户的角度，指农户在借贷过程中发生的信息搜集成本、议价和决策成本、交通和时间成本、利率成本、交易频率等。

2.5.3 交易费用的测度

学界对交易费用的测量可以分成两类。

第一类是从宏观层面上测量交易费用。Wallis and North（1986）认为，那些引发市场商品和服务进行交易的交易部门对交易产生了直接影响。因此他们的兴趣在于测量交易部门的数量而不是交易费用的数量，对影响交易费用的主观成本（如搜寻和等待成本）关注较少。沃利斯和诺思认为交易部门包括这三个行业：一是使交易成为可能的交易行业，也被称为媒介，如金融、保险、房地产等。二是在转换行业中，用于购买投入、分配产出、处理信息和进行交易的转换行业，如业主、经营者、律师、会计、警察等。三是用于保护产权和使劳动分工成为可能的公共部门，如教育、运输、国防等部门。沃利斯和诺思通过估计这些交易部门占GDP的份额来估计交易费用，他们没有测算微观的交易费用。但是，沃利斯和诺思的研究对国民账户体系的完善起到一定的积极作用。Stone等（1996）通过比较巴西和智利两国的商业交易成本，发现巴西正式体系的交易费用更高，但是在考察巴西的某些竞争性部门时，发现一些私人制度可以减少交易费用。张五常（1998）则认为排除那些直接与物质生产有关的其他所有费用后其余都是交易费用。他认为经济较落后的国家交易费用所占收益的比重会较小，而一个富有国家的交易费用总额则会超过国民收入的一半。

第二类是来自微观领域的研究。Demsetz（1968）对使用有组织的金融市场的费用进行了测算和估计，发现经纪人的收费对交易费用的增加有很大的影响。Williamson（1979，1985）则用资产专用性、不确定性和交易频率来作为对交易费用的测算方法。他最重要的观点就是交易费用的多少严重地受产权制度结构特征的影响。Benham（1997）通过考察开罗公寓转让的交易费用，发现如果有房地产中介的参与，将增加较大比重的交易费用。他的观点与德姆塞茨比较相似。

3

农村正规金融与非正规金融借贷交易费用的比较研究

3.1 农村借贷市场二元结构分析

美国经济学家罗纳德·麦金农（R. I. Mckinnon）和爱德华·肖（E. S. Show）在20世纪70年代就首次提出，在发展中国家的金融体系中，普遍地存在着二元结构的特征。这个观点得到广泛的认同，我国也不例外。我国农村借贷市场的二元结构包括了两重含义：一是城市金融与农村金融二元对立并存。二是农村正规金融与非正规金融二元对立并存。

Akrara等（2008）对巴基斯坦农村进行研究，发现农村正规信贷机构虽然提供了70%以上的农户贷款，而非正规金融仍是农户融资的重要渠道。柯武刚、史漫飞（2000）认为制度可以分为内在制度和外在制度，外在制度是正式的，违反外在制度会遭受权威组织机构的惩罚。而内在制度是内生且非正式的，违反内在制度会受到成员间的非正式惩罚。这个理论也可以有效地解释农村金融市场的二元制结构。农村正规金融是外在制度，有着正式的权威性的组织机构，有着规范的运作机制和惩罚措施。农村非正规金融是内在制度，组织机构是非正式的，对违约者的惩罚也是内生的、约定俗成的非正式措施。正规金融和非正规金融虽然组织机制和惩罚措施各不相同，但是它们都在各自的领域发挥着特有的优势。

农村金融市场二元制结构的存在主要基于以下两种原因：第一种为政策原因。认为非正规金融的出现是政府对农村金融实施的利率最高限制，以及是由其他政策导致的。代表学说是金融抑制假说（Mckinnon，1973；Fry，1982，1988），该假说认为抑制农村金融体系发展并导致效率低下的主要原因是政府的过度干预。政府对农村实施最高的利率限制，极大地刺激了农村对资金的需求，但是人为的低利率也阻碍了农村资金的形成。一方面，农村对资金的过度需求，导致正规金融机构不得不采取非利率形式对有限的资金进行信贷配给，造成农村经营主体在申请信贷过程中面临过高的交易费用。另一方面，农村市场对资金的需求大于正规金融机构的供给，也刺激了非正规金融的发展。非正规金融不受利率的限制，虽然昂贵但是可以迅速及时地解决农户的资金需求问题，因而在农村也大有市场。第二种为成本差异。代表是新结构主义学派，其认为发展中国家二元金融结构形成的原因是农村金融市场借贷双方信息不对称导致不同金融供给主体在筛选、监督和实施合约成本方面存在差异，而这种差异就导致了农村金融市场的分割，产生二元金融机构。代表人物 Stiglitz and Weiss（1981）研究发现，发展中国家农村金融市场的信息不对称导致的道德风险和逆向选择会引起市场失灵，使得金融资产风险组合受利率水平的影响。

由于农村经济发展相对落后，出于经济效益的考虑，正规金融机构对农村的信贷供给远远小于对城市的供给，从而造成农户信贷的可及性较低。城市发展的高收益性，也对农村剩余资金形成一种虹吸效应，造成大量农村资金流入城市。农村资金加剧外流，一方面，使得农村地区资金缺口更大，农户信贷的可及性更为降低，农村经济发展更为缓慢，城乡之间的差距也越来越大；另一方面，农村正规金融机构信贷可及性低也刺激了非正规金融的发展，这在一定程度上缓解了农村资金短缺的困境。加上农业的弱质性、高风险性、生产的低效性导致农户贷款违约较高，正规金融机构对农户贷款实行信贷约束，使得很多农户只能向非正规金融机构寻求贷款。这也是农村金融市场存在二元性的原因（Von Pischke，1983；Gonzalez Vega，1984）。

3.2 农村借贷市场供给主体的构成、形式与运行机制

3.2.1 农村借贷市场供给主体的构成和形式

农村借贷市场供给主体主要包括正规金融机构和非正规金融机构。正规金融机构（Formal Finance）是指受一般法律约束并接受专门的银行监管机构监管的金融机构。我国的农村正规金融机构主要有：中国农业银行、中国农业发展银行、合作制性质的农村信用社联合社、股份合作制的农村合作银行、股份制的农村商业银行、中国邮政储蓄银行、村镇银行和小额贷款公司等形式。

非正规金融（Informal Finance）是相对于正规金融而言的，又称民间金融、非正式金融等。它来自农村市场自发形成的民间信用，非正规金融指受一般法律和商业法律约束但不接受专门的银行业监管机构监管的机构。我国农村非正规金融主要包括合会、典当行、私人钱庄、钱柜、互助会、民间票据及近年出现的民间担保机构等形式。非正规金融的提供者可以是私人放贷者，与农户从事互联性交易的商人、企业，也可以是农民自发组织的合作机构，形式多样。非正规金融为缓解我国农村资金短缺、解决农村资金流通问题发挥了一定的作用，是正规金融的补充。

正规金融主要是以银行等金融中介机构为主导并实行市场化运作的金融制度安排，一般而言，正规金融机构相对来说具有专业性强和高素质的人才队伍，组织结构系统完善，资金实力雄厚有保障，并具有良好的信用资质。正规金融机构具有借贷程序规范、借贷规模较大、借贷时间长的优势。农村正规金融受国家政策的扶持，虽然可以向农户提供较低的利率，但是由于信贷配给严，审批烦琐，金融服务效率较低，对农村金融需求的满足率也较低。而非正规金融扎根于民间，是在社会关系基础上发生的借贷关系。非正规金融在组织机构的系统性和完备性上不如正规金融，但是由于审核程序简单、操作方便快捷、对农户信息了解迅速准确等优势，在农村具有较大的市场。但由于非正规金融未获得国家的保护和支持，并受

本身规模的限制，非正规金融一般只向农户提供零星小额贷款，通常利率也较高。较高的利率成本也会带来较高的经营风险。

3.2.2 农村借贷市场供给主体的运行机制

3.2.2.1 正规金融的运行机制

正规金融相比非正规金融而言，没有地缘、人缘或血缘的优势，对借贷人的信息不了解，因而正规金融机构和借贷农户之间存在信息不对称问题。贷款人对借款人的收入状况、资信和还款能力等都不了解，这种信息上的劣势使得正规金融需要对借款农户的财务状况、抵押担保能力等进行严格审核，才能降低由于信息不对称产生的逆向选择与道德风险问题，减少资金放贷风险。申请贷款的操作程序相对比较复杂，合同内容也非常周详并需要提供抵押担保品，合同的执行主要依靠法律的约束，所以利用正规金融的交易成本相对较高。

在约束机制方面，正规金融主要通过国家法律法规的权威性和强制性、组织机构的规范性来保障信贷契约的实施。正规金融良好发展的前提是国家法律对契约执行的强制性和权威性的保障。由于正规金融机构受国家法律的保护及政府的支持，具有良好的声誉形象，农户在同等情况下愿意向正规金融机构申请借款。正规金融机构在实施农村信贷时面临着严重的信息不对称的问题，所以无法全面掌握借贷者的信用、经济实力和发展潜力，更无法有效监督资金使用情况。在这样的前提条件下，如果实施风险型借贷者可接受的利率水平，则保守型的借贷者会被高利率挤出市场，从而银行只能把资金贷给高风险的借贷者，从而增加了借贷的风险。如果正规金融机构实施的是风险型和保守型借贷者都可接受的利率，则金融机构面临着较多的市场需求，只能实施信贷配给。在信息不对称的前提下，为了规避风险，正规金融机构只能选择在较高的利率水平上实行信贷配给，这也造成正规金融对农户的信贷满足率较低。

3.2.2.2 非正规金融的运行机制

研究发现，尽管非正规金融完成借贷的程序是口头的、无抵押担保等不具备法律强制力的方式,但是多数研究发现非正规金融的贷款偿还率往往比正规金融高出很多。原因是非正规金融内部存在的自我约束和社会约束机制为借款者还贷提供了激励(Aryeetey and Udry,1995)。

(一)自我约束机制

农户在非正规金融的借贷具有自我约束机制。一是熟人社会的自我约束。非正规金融是根植在农村的本乡本土,借贷在宗亲、邻居好友之间进行,相互间高度熟悉,借款者出于对未来能否再次获得借款的担心,再加上如果违约,其行为会在熟人社会中扩散,形象和信用会大打折扣,所以借贷者考虑到较高的潜在违约成本,不会选择恶意拖欠贷款。二是关联性合约的外在约束。非正规金融为了减少违约的风险,也会在借贷合约中把农户的土地、资产和市场交易情况纳入,形成一种形式的担保。这种担保形式一方面可以了解农户的还贷能力,另一方面对农户违约形成外在约束,降低了违约的不确定性。

(二)社会约束机制

在非正规金融运行过程中,血缘和地缘关系形成的社会资本是农户的无形资产。农户的借贷行为也会受到社会资本的约束。社会资本降低了非正规金融借贷的信息不对称,使借贷双方之间的信息更加透明,大大地减少了逆向选择和违约的道德风险。可以说,在非正规金融借贷市场,社会资本在某种程度上起到了抵押品的作用,而且社会资本把借贷双方关联在一起,还起到一种互助互帮、保障农村社会稳定的作用(江曙霞、秦国楼,2000)。

可以看出非正规金融具有三个比较明显的优势。一是可以根据贷款成本实施灵活的利率。二是内生于本乡本壤先天具有信息灵敏的优势。三是抵押担保形式灵活,既接受熟人担保,又接受农产品、劳动、实物等的抵押。当然,跟正规金融相比,非正规金融也具有两个弊端。一是约束机制是非正式的,不具有强制性。非正规金融主要是靠道德、声誉和信任等非正式规则来约束农户行为,不具有法律的强制性和权威性。违约者只会受到道德和伦理的谴责,对放贷者来说权益无法得到保障。二是非正规金融能够提供的借贷金额和范围有限。非正规金融只能利用它在本乡本村的信息优势给该区域的农户提供信贷，超出这个范围，由于不了解其他农户的信息，放贷的可能性较小。再加上资金规模的有限性，能够给农户提供的资金额度也有限，一般与正规金融机构相比，贷款金额较小。

3.3　农户在正规金融和非正规金融借贷交易费用的比较

交易费用也有广义和狭义之分。广义的交易费用涵盖达成交易的有形和无形的费用。市场的交易费用通常被理解为狭义的交易费用，比如市场搜索、谈判以及履约费用等。阿罗（Arrow，1969）是第一个使用交易费用术语的学者，他认为交易费用就是"制度运行的成本"。威廉姆森（1975）认同阿罗的观点，并认为交易费用的存在受到三个方面的约束：一是有限的理性，二是机会主义，三是资产的特殊性。他还在前人的研究基础上把交易费用分成交易前的信息搜集费用、交易时的议价和决策费用和交易后的监督违约费用三类。在本章中我们主要是按照威廉姆森的概念来理解交易费用并展开分析。农户和金融机构在借贷交易中发生的交易费用存在截然不同的差别，我们的研究是基于农户的问卷调查而开展的，因此在本章中我们只研究农户在借贷过程中发生的交易费用。我们把农户借贷的交易费用分为信息搜集成本、谈判和决策成本、交通和时间成本、利息成本及交易频率等。

3.3.1　信息搜集成本

在进行交易之前，必须要寻找有意愿进行交易的一方，这就需要花费时间和精力去搜寻。信息搜寻的费用就包括搜集、筛选、使用和评估信息的时间和资金。

农户要搜寻农村金融机构的经营状况、信用等级、金融产品和金融服务要耗费较高的成本。主要原因有，一是我国农村地域广阔，农民居住相对比较分散，造成地理搜寻成本较高。二是农户受自身文化水平的限制，缺乏金融意识，对银行的金融产品和服务的理解能力有限，与金融机构不能有效地进行信息交流与互换，这些都加大了农户对正规金融机构信息搜集成本。三是为了降低信息不对称带来的经营风险，正规金融机构设计出非常严格的贷款条件和审核程序来确认农户的信息，这也增加了农户选择金融机构借贷的信息搜集成本。

在信息不对称条件下的信贷市场中，非正规金融具有先天的信息内化优势。非正规金融是按照以熟人社会为基础的圈层结构来开展信贷活动的。熟人社会是以血缘、地缘、业缘等社会关系形成的社会网络，通常在聊天、干活等平常生活中就完成了相互间的信息传递。由于信息的内化，农户对非正规金融放贷人的经营状况、信用情况、利息情况等信息掌握得比较充分，因而在借贷过程中能够做出比较正确的判断。再加上向非正规金融借贷的主要是自己熟悉的对象，比较有把握在较短的时间内获得资金，也极大地避免了信息不对称引发的道德风险和逆向选择。所以，在非正规金融借贷过程中就大大降低了农户在借贷之前进行的信息搜集和信息获取成本。

3.3.2 谈判和决策成本

谈判和决策成本是交易双方准备签约前对合约条款进行谈判、协商及决策所耗费的费用。在信息不对称的情况下，交易双方容易出现谈判无效率的结果，如果合约过于复杂，必要时还需要支付昂贵的法律咨询费用和团队决策费用。

我国农村正规金融机构出于降低贷款风险的考虑，一方面，设置了较为严格的贷款审批条件、较长的审核周期，并要求提供符合商业规范的抵押资产和担保条件。正规金融运作需要监督部门、审核部门、业务部门、后续服务部门等多部门的密切配合，借贷方式正规但是相对烦琐，借贷的金额、期限、抵押条件都必须严格按照正规合约的方式来进行。一个借贷交易要经过多部门、多人之手才能完成，因而对大部分农户来说获得正规金融机构的贷款仍然是不大便利，需要多次往返与银行交流沟通才能获取，这无疑会增加农户借贷的谈判和决策费用。另一方面，尽管实行较低的利率，但是由于实行信贷配给政策，要在正规金融机构获取贷款可能需要农户拥有较强的人际关系，有时候还会增加额外的请客送礼费用，这也大大增加了农户的谈判和决策费用。

非正规金融虽然形式多样，但有一个共同的特点，那就是按照市场规则进行交易，组织的控制权与收益权是一致的，这种完整的产权制度保障了交易活动的高效透明。在农村非正规金融借贷的谈判和决策费用主要是体现在抵押品、利率、还款期限等的确定。非正规金融借贷方式操作简单、灵活便捷，借贷的金额、期限、抵押担保的方式都可以自由协商，因而运行成本较低，为满足农户多样化的借贷需求提供了便利的条件。非正规金融对农户的抵押担保形式比较灵活，只要是农户的资产都可以作为抵押，比如土地、房产、宅基地等。甚至很多情况下，由于借贷方对农户的信用和还款能力信息充分了解，免去了抵押担保形式。农户的社会资本在某种程度上也可以成为抵押品，并且可以大大提高决策速度，降低谈判和决策的成本。

3.3.3 交通和时间成本

在我国，受经济发展水平的限制，正规金融机构在农村的网点还无法实现全覆盖。还有些地区的农户居住得极为分散。农户到金融网点的距离影响着农户的交通和时间成本。如果距离较远，则农户办理金融业务所耗费的交通和时间成本就较高。相比之下，非正规金融在这方面的成本就很低。非正规金融的业务范围主要是在本乡本村，放贷人和农户同属一地，达成交易几乎不需要耗费交通成本。而且耗费的时间成本也很少，双方只需要在茶余饭后等空闲时间就可达成共识。农户借贷需求包括生活性借贷和生产性借贷。生活性借贷通常为婚丧嫁娶、教育经费、医疗费用等，农户对生活性资金借贷的金额相对比较少，时间比较短，通过非正规金融可以在很短的时间内获得需要的资金。农户生产性借贷主要是投入农副产业的生产和工商业用途，通常在资金的使用上也具有很强的时效性，而向正规金融借贷，往往要提交较多的材料，面临较烦琐的申请和审批手续，等待的时间成本较长。因此，在节约交通和时间成本方面，向非正规金融借贷具有较大的优势。

3.3.4 利息成本

由于我国一直对"三农"实行倾斜的金融政策，农户贷款的利率不能由市场自发决定，而是在金融主管部门的调控下于一定范围内浮动。因而农户从正规金融机构的贷款利率是相对比较低的。较低的利率水平导致农户对正规金融产生过高的借贷需求。农户过高的借贷需求无法在正规金融机构得到完全满足，只能接受非正规金融的较高利息成本。这也是正规金融服务缺失条件下的被迫选择。

非正规金融市场的借贷利率可以分为无息利率和有息利率两种类型。无息利率通常发生在亲朋好友之间，无息借贷看似没有利息成本，实际上这种形式是以人情等隐性成本作为回报的，借款者会在日后也无息借款给对方或以其他实物形式来回报所欠的人情。有息借贷又可分为合法的有息借贷和违法的高利贷两种情形。按照法律规定，超出银行同类贷款利率4倍就属于高利贷，不受法律保护。高利贷形式不在本书的探讨范围内。根据相关研究统计，非正规金融的有息借贷利率会普遍高于正规金融机构的贷款利率。但是非正规金融的有息利率会受该领域贷出者的垄断程度、借入者对贷款的需求弹性、正规信贷市场的信贷供给以及正规信贷市场的利率水平的影响。而且农村经济主体不可避免的季节风险和市场风险，也会使非正规金融机构实施利率来保障自身的资金安全。

3.3.5 交易频率

农户向金融机构借贷的交易频率对交易费用有间接影响。借贷的交易频率越高，交易费用越低，反之亦然。对于大多数农户而言，从正规金融机构贷款意味着较烦琐的申贷手续、合格的抵押担保物、一定的人脉关系、较远的距离等。这些相对苛刻的条件使得农户获得正规金融贷款的概率相对较低，借贷双方难以形成长期稳定的合作关系，因而交易具有明显的短期性。这种短期性在某种程度上激励了违约行为，并且越违约越是贷款难，陷入恶性循环。

非正规金融的信贷活动被内置于相互的社会活动之中，一旦违约会遭遇更大的惩罚并被孤立在社区活动之外。这样的内生惩罚机制对农户的借贷行为有一定的自我约束性。所以，非正规金融借贷的履约率相对比较高，这样也使得借贷活动可以不断延续。从上述分析可以看出，农户向非正规金融借贷的频率远高于正规金融，非正规金融对农村发展具有不可替代的作用。

3.4 小结

　　以上通过比较农户在正规金融和非正规金融借贷中的交易费用，可以看出，农户在正规金融借贷虽然拥有较低的利率优势，但是受正规金融机构贷款程序、服务手续、网点设置等方面的约束，产生了较高的信息搜集成本、谈判和决策成本、交通和时间成本等。而非正规金融除了以互助为目的的无息借贷外，借贷利率水平普遍高于正规金融贷款利率。但是由于非正规金融手续简单，抵押担保灵活，基本上对农户难以产生其他的交易费用。可以看出，农户借贷产生的交易费用的高低对农户贷款渠道的选择会产生较大的影响。如果农户想获得正规金融较低的借贷利率，那么就必须想办法降低借贷过程中高昂的交易费用，比如通过提供合适的抵押担保品、请客送礼或寻租等方式。如果农户不能接受较高的交易费用，那只能被动地选择非正规金融借贷，承受较高的利息成本。

　　从以上对农村金融市场供给主体交易费用差异的比较，我们可以发现不同的金融组织形式由于有着不同的约束机制，在借贷中对农户产生的交易费用也各不相同。因此，如何把农户自身的要素禀赋情况和特定的组织制度安排结合，从而降低借贷中的交易费用，以提高农户的融资能力和水平，这是个仍需要探索的课题。

4

交易费用对农户借贷行为的作用机理研究

4.1 农户、农业、农户借贷特征分析

4.1.1 农户特征

农村各类经济主体的利益都与农村经济发展密切相关。其中，农村经济结构中最基本的经济单位和最直接的参与主体就是农户，而农村金融安排支持农村经济发展的效果与农户的行为特征有着直接关系。

1. 家庭是农户最主要的生产单位

农户作为农村最基本的经济组织单位，其开展的生产、经营、消费和储蓄活动通常是以家庭为单位来进行的，家庭的传统和规则支配着小农经济的运作。随着农村经济的发展，农户在进行生产决策时，除了满足自身需求的同时，还要获取更大的收益，这就需要安排满足市场需求的生产活动，并积极参与市场交换。农户具有特殊的性质，其作为生产和消费单位的统一体是不可分割的。农户作为生产单位时，其家庭就是一个企业，农户家庭成员之间的共同利益是他们在生产经营活动中必须遵循的共同目标和行为准则。农户作为消费单位时，其生产经营活动就要首先满足家庭成员的消费需求。因而，农户的行为不仅是个体消费行为，而且是有组织的

群体消费行为。

2. 土地是农户最重要的生产要素

土地对于农民而言是一种生存保障，是衣食之源。在数千年的农业发展中，土地传递着农民对传统文化和情感的寄托。即使在农民收入多元化的今天，相当多的农民仍然对土地有着经济、精神上的依赖。因此，农民用土地来抵押融资也相当谨慎，这也是应对当前农村社会保障体系缺失的自我保护措施。

3. 人际关系是农户最重要的依赖

小农家庭制度是我国农户的主要形式。与其相伴随而存在的是熟人关系和圈层关系。这种关系广泛作用和交织于农村小农家庭之间，并成为农村非正规金融存在和发展的基础。

根据费孝通（1947）的观点，农村社会网络是以小农家庭为基础，然后凭借血缘关系向外扩展，再按人际交往的亲疏远近继续向外延伸的"圈层结构"。这种"圈层结构"是农村民间借贷赖以生存和发展的基础。① 为了自身的生存安全，当农户的农业收入不能维持生存时，农户首先考虑的是增加非农收入，当农户的非农收入不能满足其生活和生产的需要时，就会寻求信贷支持。由于正规金融利率水平相对较低，农户在寻求信贷的过程中，优先希望能够争取农村正规金融机构贷款。由于种种约束的限制，获得农村正规金融服务的农户比例是很有限的。在这种情况下，就希望能寻求熟人之间的民间信贷，最后万不得已才会去考虑借高利贷。因此，农户获得信贷支持的主要渠道还是依托"圈层结构"关系而形成的民间借贷。农村社区之间人与人之间的信任关系有助于提高契约的实现，降低借贷的交易成本，从而改变农户受到的信贷约束。

4. 阶段性是农户消费的重要特征

随着现代化和市场化对农村的影响，农户也相应地面临着比以往更大的生活压力。一般而言，农户在不同时期的生活压力或是消费安排会有所不同，会有一个特定的消费高峰以及消费低谷（储蓄）。通过对农村的调查，发现农户最主要的消费负担就是子女教育、婚嫁、住房、医疗和养老。随着市场经济的发展，对教育的要求越来越高，教育成本也不断提

---

① 费孝通：《乡土中国》，商务印书馆，2019，第 23~30 页。

高,而农户提升收入的能力却没有相应提高,子女教育费用成为农户一项大额的经济负担。婚嫁和住房作为农村家庭文化的传承和重要的情感投资,也是农户重要的开支。让农户感到沉重压力的还有医疗养老负担。随着城镇化的发展,农村人口向城市加速流动,使得传统的家庭养老模式面临挑战,加上尚不够健全的农村医疗保障体系,使得农户一旦生重病,就容易陷入返贫的困境。农户要面对这么多的消费开支,就必须有尽可能多的储蓄,这使得农户用于生产再投资的资金非常有限,因而农户要通过扩大生产提高自己的收入变得更加困难。所以,大多数农户在消费高峰期主要寻求外部的信贷支出。

5. 规模较小是农户经营的重要特点

农户整体收入水平偏低是我国"三农"问题的集中表现。农民收入水平偏低的根源在于农业生产效率低下,而较低的农业生产效率与当前农民采用的生产经营方式有密切关系。当前,我国农民采用的生产经营方式仍然是家庭承包经营制。家庭承包经营体制在一定程度上激发了我国农民的生产积极性,解决了广大农民的生存问题,但是这种"小而全""小而兼"的经营方式,无法从根本上解决农户致富的问题,反而将广大农户引向多样化、小规模、粗放式经营。根据第二次全国土地调查数据,2009 年我国人均耕地面积下降到 1.52 亩,明显低于世界人均耕地 3.38 亩的水平。我国人均耕地面积少而且细碎化严重,使得我国农户的经营难以形成规模效应。

4.1.2 农业特征

由于农业的脆弱性,农业生产面临较高的市场和自然风险。农业的风险性主要是由农业的特性决定的。

1. 农业的系统性风险高

农业生产具有其特性。农业生产的过程是利用土地及其他生产资料,把自然界的资源转化成人类基本再生产所需原料的劳动过程。农业生产的对象主要是农作物,农作物的生长发育对自然条件有很强的依赖性,并且生产的周期性较长。农业生产的周期性加大了农户经营的生产和自然风险。气候和自然灾害会影响农作物的收成,进而影响农作物的价格。而农产品作为人们生活的必需品,需求的弹性较小,当消费者收入提高时对农产品的需求量也不会有较大的改变。这些系统性风险也使得农户的农业收入不具有稳定性，同时由于回收生产成本的周期较长，这也增加了借贷的风险。

2. 农产品的鲜活易腐性

农产品的生物学特性，如易腐、易损等，使得农产品流通具有较强的技术性。而且农产品的售卖要求新鲜，因而具有不耐储存的性质，这也加大了农产品生产和销售的风险。

3. 农业的信息化程度较低

大多数农户农业生产以自给为主，因而生产具有随意性和分散性。生产的分散性，使得单个农户在没有政府提供相应的农业信息化服务和指导的前提下，进入市场往往缺乏必要的信息来源而不能对市场做出正确判断。另外，单个农户的产品的规模和产品市场开拓能力有限，在市场中处于被动接受市场价格的地位，因此承受市场风险的压力较大。而农产品的买方市场大都具有较高素质和相当的组织化程度，因此专业农产品市场具有买方垄断的性质。农户若不能很好地组织起来，即使实现了大规模专业化生产，也难以抵御巨大的市场风险。

4. 农业的专业化程度较低

我国农业正处于从传统农业向现代农业转变的过渡时期，但是离现代农业还有较大差距，突出表现在农业专业化程度较低，技术进步不明显。较低的专业化水平使得农村的人力、物力、财力、信息和其他的资源不能达到最优配置，造成农业生产效率较低，农户抗风险能力较弱，且生产的农产品成本较高，不具有明显的价格优势，因而在市场上处于被动的地位。

4.1.3 农户借贷特征

农户借贷的特征跟农户和农业的基本特征密切相关。一般来讲，农户资金需求具有如下特征。

1. 农户贷款需求以小额贷款为主

我国农户收入水平整体偏低，加上以家庭为单位的经济特征决定了农户贷款需求以小额为主。对于金融机构而言，小额贷款的收益率较低，需要耗费更多的执行和监督费用。相比而言，小额贷款比大额贷款的每笔交易费用更高。而且农户地理上分布太过分散，造成金融机构对农户贷款的去向监控难度大，贷款的地理成本高。

2. 农户贷款需求具有季节性特点

农户的生产性贷款与农业生产周期保持一致，具有季节性特征，原因是农业生产对象具有特定的生产周期和生物属性。在农作物生产期，农户需要购买各种农用物资以保障农作物的生产，因而对资金的需求比较大。而在农作物的休耕期，农户对资金的需求就相对减少。由于农业生产的周期相对较长，少则几个月，多则几年才能收成；农户要回收投入资金，必须等到一个生产周期结束后才行。因而，无论是从正规金融机构还是非正规金融机构借贷，农户都希望贷款的期限足以适应农业生产的特点和农业生产周期的需要，这样，农户才能最大可能地发挥贷款资金的作用。农户消费安排的阶段性也决定了农户消费性贷款也具有季节性。当农户的子女处于上大学时期，农户的教育消费需求就较高。当农户处于婚嫁和建房时期，对资金的需求也就越大。

3. 农户借贷用途区分不明确

农户作为生产与消费的综合体，除了要满足农业生产对资金的需求，还要满足日常生活和临时急需对资金的需求。农户受经济活动特点和知识水平的限制，对自己的财务信息不太了解，长期以来没有将生产性和生活性资金加以区分利用的意识，这就导致部分农户并不一定能保证把借到的资金用于原来预想的用途。这就使得贷款的资金没有发挥其应有的作用，也增大了农户偿还贷款的风险。

4. 农户借贷缺乏正规金融机构认可的抵押品

农户缺乏正规金融机构认可的抵押品是当前农户借贷面临的一个重要障碍。农村的土地、房产、农用设备的产权特征和经济用途，决定它们难以符合正规金融的要求而被排除在抵押品之外。农村的土地是集体所有制，农民只有使用权没有所有权，因而无法自由地流转。农村土地在某种程度上还具有社会保障的作用，因此用土地作为抵押物还需要一些制度和观念上的突破。农村的住房要作为合格的抵押品，也面临几个障碍：一是没有实现商品化。二是农村房产的区位价值太低，保值增值的前景较小。三是农村尚未建立一个住房交易的二级市场。农用设备由于具有资产的专用性且价值较低，也不是理想的抵押物。总的来说，农村的很多资源由于没有所有权而无法自由流通，因此无法通过市场机制来变现收益。

4.2 降低交易费用对农户借贷的重要性

从以上论述中，我们可以看出农户、农业的特征直接影响农户借贷的特征。而农户借贷的特征又直接影响农户借贷过程中的交易费用。农户的小额借贷需求特征增加了金融机构监督和执行成本；农户借贷的季节性、借贷用途不分的两个特征增加了金融机构监督和履约成本；农户缺乏合格的抵押物特征增加了金融机构的信息搜集成本以及谈判决策成本。在这种情况下，金融机构为了降低放贷的风险，必然制定严格的审批和监督机制，这又加重了农户贷款难的问题。

农户向正规金融借贷所支付的成本不仅有利息，还包括借贷时填写表格、准备相关材料的时间成本和交通成本，以及为了获得贷款额外支付的非正常成本等。农村地域广阔，金融机构在农村的网点布局相对来说集中在农村经济和交通较发达的地区，大部分农户要获得贷款，需要花费较高的交通成本。农村正规金融机构复杂烦琐的借贷手续对受教育程度普遍偏低的农民来说，时间成本较高。而且由于正规金融机构实行信贷配给，农民要获得正规金融机构贷款还可能要花费请客、送礼等非正常成本。对农民来说，一方面要承受农业经济发展的脆弱性带来的低经济收入，另一方面要承受较高的借贷成本，这两者交织在一起，只会降低农户借贷的积极性。因此，降低农户借贷的交易费用对农户具有重要的作用。

第一，降低信息沟通的交易费用，可以畅通农户和银行之间的信息渠道，减少交易双方的信息不对称。农户可以及时了解金融机构针对"三农"出台的金融政策和金融产品，根据自己的需求获取相关的金融服务。而银行也可以迅速了解农户的生产经营状况、家庭收入情况及相关的信用等级，为有效地发放贷款作出及时的反应。这样，银行对"三农"的支持措施才能有效到位，从而推动农业、农村和农民的发展。

第二，降低借贷中的交易费用，可以促使借贷流程便利化，减少农户借贷的时间成本。农户借贷的时间成本主要体现在申请贷款的过程中，手续烦琐，审批时间较长，农户得多次往返。由于农户相对银行而言大多数是小客户，若是能够针对农户这样的特殊客户群，制定一套简便快捷的贷款手续，提高办事效率和办事流程，不仅有助于银行降低人力和时间成本，提高收益率，而且能满足了农户的借贷需求，农户及时把贷款资金用于生产和消费上，有利于创造更高的生产率。

第三，降低借贷中的交易费用，可以促进金融网点布局的科学化，减少农户借贷的地理成本。一些正规金融机构为了提高经营效率，把在农村的很多金融网点进行撤并，使得一些偏远地区的农村处于金融网点的空白区，或是距离金融机构太远。获取金融服务的地理成本也使得很多农户望而却步，放弃从正规金融机构贷款，而是转向民间贷款。因此，科学合理地规划金融网点的分布，积极创新互联网金融在农村的运用，降低农户贷款的地理成本，也是提高农户贷款可获得性的一个重要方面。

第四，降低借贷中的交易费用，可以促使借贷流程规范化，减少农户借贷的隐性成本。农户借贷是否成功，某种程度与他所拥有的社会资本有一定关系。有一定职位的村干部，或是有熟人在金融机构工作的农户获得贷款的比重相对较高。这对同样申请贷款的农户相对不公平。因此，通过制定规范、透明、简便的申贷制度，来减少农户借贷过程的寻租行为，从而降低农户借贷中的交易费用，有利于更多的农户获得正规机构的贷款。

第五，降低借贷中的交易费用，可以促进组织制度创新，减少农户借贷的不确定性。农户借贷的不确定性主要源于农户抵押担保物的缺乏，农业的保险制度不够完善。因而，要减少农户借贷的不确定性，就需要根据农村、农业、农户的实际情况，来探索可行的抵押担保物，为农户借贷创造便利条件。农户借贷的不确定性跟农业项目的高风险特点密不可分，要降低农业的高风险对农户造成的损失，除了提高农业技术，更要加强农村金融保险的服务力度，让更多的农业项目可以投保农业险，减轻银行对农户贷款的后顾之忧。一些比较贫困且缺乏抵押物的农户，可以联合起来实行联保贷款，运用良好的信用资产来获得银行贷款。运行良好的农业合作社，可以通过组织的力量，采用"订单+农户"的形式为农户提供担保，让更多的农户获得贷款。这种组织制度的创新，也为农户降低借贷中的交易费用，减少借贷的不确定性，获得更多的贷款创造条件。

4.3 交易费用对农户借贷行为的作用机理研究

4.3.1 影响交易费用的因素分析

按照威廉姆森（1985）的观点，交易费用的存在主要受三方面维度的影响，即资产专用性、借贷的不确定性和交易频率。他在《资本主义经济制度》一书中，对行为人的假定及交易的三个维度进行了梳理，他对行为人的假定包括人的有限理性和机会主义倾向。由于有限理性的存在，个体无法预见突发事件，也不能总对突发事件做出周到和详细的反应。而机会主义行为倾向是指交易者为了获得更大的交易利润会有利用对手的弱点而进行投机的意愿和行为。威廉姆森认为交易费用的三个关键维度包括：资产专用性、交易受影响的不确定性及交易发生的频率。

资产专用性是指在不牺牲产品价值的条件下，资产被配置给其他使用者或者被用于其他用途的程度。也就是说某些资产只能用于特定用途，而被用作其他用途时，会变成没有价值的资产，其交易费用会大大增加。威廉姆森（1991）将资产专用性划分为六类。（1）地点专用性，例如一系列地点彼此位置接近，能节省库存和运输成本。（2）物质资产专用性，例如用于生产零部件的专用模具；（3）产生的人力资本的专用性；（4）品牌资产专用性；（5）时间上的专用性；（6）指定性专用资产，例如一般工厂应特定顾客要求进行的单独投资。

威廉姆森指出了交易费用面临两种形式的不确定性，一是交易环境的不确定性，是指客观环境的复杂性是当事人无法全面认知的，也就是说当事人的理性是受限制的。二是行为的不确定性，是指当事人为了自身利益，对相关信息的有意隐瞒带来的不确定性，即个体差异计量存在困难。[1]

交易频率指在某段时期的交易次数。任何规制机构的确立和运行都有成本，这些成本在多大程度上能被产生的利益补偿，取决于这种规制结构

---

[1] 罗必良、李尚蒲：《农地流转的交易费用：威廉姆森分析范式及广东的证据》，《农业经济问题》2010年第12期，第33页。

中发生的交易频率。比如，经常发生的交易或者多次发生的交易带来的交易费用比一次性发生的交易所带来的交易费用更低；交易费用的大小会受交易发生频率的影响。

4.3.2 交易费用对农户借贷行为的作用机理

交易费用对农户借贷行为的作用机理是一个三层次结构，其中交易费用是关键因子层，是直接影响农户借贷可获得性和渠道选择的关键要素。同时，交易费用又受资产专用性、借贷的不确定性及交易频率等介质层要素的影响。而农户、农业、农户借贷特征属于最基础层影响因素，这些因素通过作用于介质层因素而间接影响农户借贷的交易费用，从而影响农户借贷的可获得性和渠道选择。

交易费用对农户借贷行为的作用机理模型，如图4-1所示。

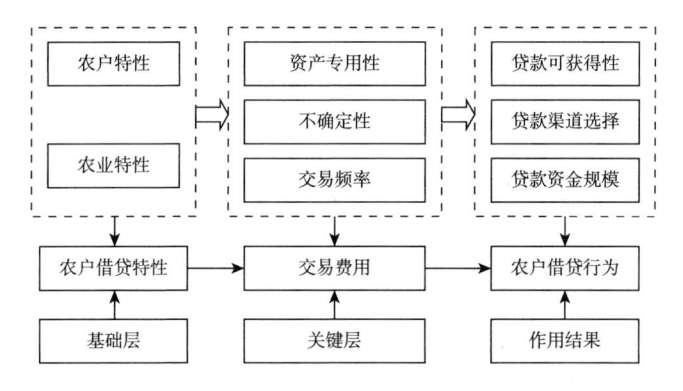

图4-1 交易费用对农户借贷行为的作用机理模型

4.3.2.1 基础层因素影响分析

基础层因素包括农户和农业的特征。农户和农业特征是影响农户借贷交易费用的重要因素之一。以家庭作为生产和消费统一体的农户，家庭经营的生产方式加上小规模的土地经营，使得生产的专业化程度较低。而较低的农业信息化和专业化程度也进一步制约了农户家庭经营的生产方式。农户对熟人社会强烈依赖的特征，直接影响农户借贷的顺序，导致农户借贷倾向于互帮互助的民间借贷。农户生产性消费和生活性消费安排都具有阶段性，这使得农户借贷需求也具有周期性的特征，而这种周期性也导致农户借贷期限较长。农业生产的周期性和农产品的易腐变质特征使得农户从事农业生产具有较大的风险，再加上较低的专业化生产带来的市场风险，导致农户借贷过程中处于不利的地位。银行不愿意把资金贷给从事高风险的农业生产的农户。与此同时，农户对土地的依赖，又使得用土地作为贷款抵押担保物面临观念突破的障碍，而农户又相对缺乏其他合格的抵押物。这种情况下，银行对农户惜贷也是在所难免。

4.3.2.2 关键因子层影响分析

农户借贷的可获得性、渠道选择和资金规模从根本上是受借贷过程中交易费用的三个维度的影响。

1. 资产的专用性

农户借贷主要关注三个方面：实物资产专用性、人力资本专用性、地理位置专用性。

（1）实物资产专用性。主要包括生产型的实物资产比如农户的耕地或种植面积、拥有的生产性固定资产价值，以及生活型实物资产，比如年末住房价值、拥有的牲畜价值等。一般而言，农户人均耕地面积、种植面积越大，种植年限越长，意味着农户务农经验越丰富，转行从事其他职业的可能性越小，或者说农户从事农业规模化和专业化的可能性比较大。农业的规模化和专业化生产要求的高资产专用性降低了农户进入市场的交易费用，增加了农户获得更多利润的可能性，从而提高了农户借贷的可获得性。拥有的生产性固定资产价值比如拥有的农用机械设备、牲畜数量、年末住房价值越大，说明该农户的经济实力越强，可用于借贷抵押的资产越多，因而借贷的交易费用越低，获得贷款的可能性越大。由此也可以看出，农户的实物资产专用性可以从两个方面来理解。一是农户的实物资产的价值越大，专用性越强，因而从事农业专业化和规模化生产的可能性越大，获得正规金融机构贷款的可能性也越大。二是农户的实物资产的价值越大，意味着农户贷款拥有可供抵押的物品的价值也越大，金融机构给其提供贷款的风险性也越小，因而贷款的条件也越宽松，农户贷款面临的交易费用也就越低，因而也容易获得正规金融机构的贷款，其贷款的资金规模也越大。

（2）人力资本专用性。人力资本专用性包括：一是通用型人力资本（可用受教育程度或年限表达）。二是经验型人力资本（可用务农经验或务农年限表达）。三是状态型人力资本，主要是指身体健康状况。[①] 通用型人力资本，比如户主受教育程度越高，越倾向于从事非农产业，非农产业的收入也越高，贷款的交易费用也越低，获得贷款的可能性越大。户主年龄越大，其劳动供给强度越小，获取贷款的交易费用就越高。从事非农职业及有从事其他副业的农户相对纯农户而言，容易赚取越多的收入，也越容易获取贷款。农户家庭年纯收入越高，其获取贷款的交易费用越低，获得贷款的概率也越高。一般而言，如果农户家庭中壮年劳动力人口越多，也越容易获得贷款。而如果农户家庭人口中大部分属于老人和小孩的话，那该家庭的经济负担较重，也越不容易从银行获得贷款。状态型人力资本，如农民的身体状况，也直接影响到农户借贷的交易费用。相对而言，身体健康的农户家庭负担较轻，劳动生产效率也越高，越容易获得正规金融机构的贷款。

实行了大规模专业化生产的农户，为了更好地提高生产效率和降低市场风险，会主动接受更多的相关专业知识的学习和培训，也会积累更丰富的生产经验。但是，这些专业知识和经验又会使其形成路径依赖，成为农户转型其他行业的障碍（罗必良等，2008）。而且，实行了专业化生产的农户比传统的小生产农户具有更强的人力资产专用性。而当农户生产经营达到一定规模时，必然会加大实物资产和人力资本的投资以增强抵御经营风险的能力。随着实物资产专用性与人力资本专用性的不断增强，也意味着农户专业化生产市场风险将可能由不同的利益主体分担。农户承担的风险越小，金融机构给其提供贷款的风险也越小，因而贷款的条件也越宽松，农户贷款面临的交易费用也就越低。农户借贷交易费用越低意味着农户在正规金融机构获得贷款的可能性越大，而生产型借贷也越容易获得较大规模的贷款。

（3）地理位置专用性。农村相对于城市，交通基础设施落后是其经济

---

① 罗必良、李尚蒲：《农地流转的交易费用：威廉姆森分析范式及广东的证据》，《农业经济问题》2010年第12期，第32页。

发展建设的一大瓶颈。农村正规金融机构通常优先考虑在交通沿线、经济发达地区的农村交通较便利的乡镇布点。一般来说，农户距离金融机构的地理位置越便利，农户越容易获取相关的金融服务信息，申请贷款的意愿也越强烈，相对距离金融机构较远的农户而言，申请银行贷款的交通成本也越低，获得贷款的概率也更高。中心镇、火车站、汽车站是农村交通网络密集的区域，如果农户距离这些枢纽中心越近，也意味着农户越容易近距离地接触金融网点，申请到贷款的交易费用也越低。

2. 借贷的不确定性

农户借贷的不确定性一方面与农户拥有的社会资本有关，另一方面与银行对农户借贷制定的条件有关。借贷有没有通过中间人，有没有抵押或担保人，金融机构有没有熟人，是否加入合作社或联保小组等这些不确定性变量与农户的社会资本密切相关。农户的社会资本越多，借贷的交易费用就越小，获得贷款的可能性越大，反之亦然。银行对农户借贷提出的要求，比如农户用什么作为抵押物、借款的期限、利率水平、贷款资金用途也会增加农户获得贷款的不确定性。有抵押物说明农户还贷的能力强，因而获得银行贷款的可能性就大。借款的期限越长，银行面临的还贷风险就越大，就越不愿意放贷。贷款的利率越低，说明还款的利息越少，愿意申请贷款的农户也越多，但是银行考虑资金回收的风险性，反而会有惜贷行为，农户要获得贷款反而不容易。一般而言，把贷款用于生产性用途的农户比用于生活性用途的农户，获取较高利润的可能性更大，也更给予银行放贷的信心。

3. 交易频率

这里交易频率主要是指农户借贷发生的次数。某项交易是否有必要建立一个专门的规制结构，除了考虑资产专用性和不确定性外，还应考虑交易的频率。[①] 农户借贷的交易频率跟金融机构提供的金融服务质量和效率有密切关系，比如，从申请到获得贷款所花的时间和金钱成本、从申请到获得贷款洽谈的次数以及一些隐性费用。农户在借贷过程中花费的人力成本、时间成本、交通成本和隐性费用越少，农户申请借贷的频率也会更

---

① 罗必良、李尚蒲：《农地流转的交易费用：威廉姆森分析范式及广东的证据》，《农业经济问题》2010 年第 12 期，第 32 页。

高，因而获得贷款的交易频率也会增加。相反，如果农户在借贷过程中，需要耗费大量的时间和资金，就会减少申贷的次数。一般来说，资产专用性越强，不确定性较高，交易频率越高，建立专门规制结构就越具有经济性。在同样的交易环境中，借贷交易频率越高的农户再次获得贷款的可能性越大。农户借贷交易频率越高，金融机构对农户的信用情况和偿还能力越了解，因而有利于节约借贷的交易费用。无论是寻求正规金融借贷还是寻求非正规金融借贷，每增加一次借贷都有助于降低未来借贷的交易成本。而随着农户借贷的需求和频率增加，正规金融机构的金融服务水平无法及时满足这些需求时，农户自然而然会通过中介组织寻求民间的其他借贷方式。

4.4 小结

从以上论述中，我们可以看出农村金融从根本上产生于农村生产经营活动对资金的融通需求，而农村生产经营活动的金融需求主要表现为农户的金融需求。农户、农业和农户借贷的特征决定了农户在借贷过程中不可避免地面临着较高的交易费用。交易频率、资产专用性和不确定性共同构成了交易费用产生的主要原因。拥有较多人力资本和实物资产的农户容易形成专业化生产模式，这必然引发较高的借贷交易频率以及资产专用性；地理位置也会影响着农户借贷的交易频率。而包括农业的市场条件和自然因素在内的不确定性也间接地提高了借贷的交易费用。在三方面的综合作用下，出于降低交易费用的动机，农户必然会选择交易费用最低，最方便的借贷渠道来获得借贷资金。因此，在我国经济加速转型升级的背景下，只有深刻把握农户、农业的内涵和特性才能把握农户借贷的需求变化，也只有把握农户借贷需求的特征及变化趋势，才能把握农村金融制度安排的关键和突破口，这也是农村金融制度创新的依据。

5
福建省农户借贷基本特征分析

5.1 调查样本地区分布情况

本研究的问卷调查是以福建省农户为对象,按照地区经济发展水平和农户收入的高、中、低水平选取样本,采取入户调查的方式,开展关于农户借贷情况的农村社会调查。一次性发放问卷700份,实际收回504份,其中有效问卷500份,问卷有效率为99.2%。数据采集时间为2014年。调查涉及福建省的闽西、闽东、闽南、闽北。闽西地区有三明的宁化县、尤溪县、大田县、邵武县、三明市三元区,龙岩的上杭县、漳平市及永定县。闽南地区有厦门的翔安区,泉州的晋江市、德化县、惠安县、台商投资区,漳州的云霄县、龙海县、漳浦县、南靖县、长泰县、龙海区、龙文区。闽北地区有南平的建阳市、建瓯市、武夷山市。闽东地区有福州地区的长乐市、永泰县、罗源县、福州市仓山区。本问卷共涉及7个地市27个县市区,249个行政村,具体样本分布见表5-1。

表 5-1 调查样本分布区域

地市	县市区(个)	村(个)
厦门	1	7
福州	4	37

续表

地市	县市区（个）	村（个）
泉州	4	40
漳州	7	47
南平	3	17
三明	5	64
龙岩	3	37
合计	27	249

资料来源：根据调查资料整理。

问卷设计主要包括五个部分：一是农户和农户家庭的相关情况，主要是对调查农户的年龄、文化程度、健康状况、职业、种植面积和年限以及家庭的年纯收入与固定资产状况做全面的了解；二是农户的社会关系情况，主要是了解农户的社会身份和加入的社团组织情况；三是当地金融网点设置情况，主要是了解农户家庭住址距离金融机构的距离以及交通便利程度；四是农户贷款意愿和贷款需求情况，主要是了解农户的贷款意愿、贷款需求、贷款渠道、贷款用途等；五是农户获得贷款的相关成本情况，主要是了解农户的贷款金额、期限、获得贷款所花费的时间和交通成本、利息成本和获得贷款的频率等。

5.2 研究区域介绍

福建省位于中国东南沿海，东北与浙江省毗邻，西、西北与江西省接界，西南与广东省相连，东隔台湾海峡与台湾岛相望，陆域面积12.4万平方公里，辖1个副省级城市、8个地级市和平潭综合实验区。

福建依山傍海，九成陆地面积为丘陵地带，被称为"八山一水一分田"。福建省全省森林覆盖率全国第一，高达65.95%；福建海岸曲折，陆地海岸线长达3751.5千米。

截至2014年末，全省常住人口3806万人，比上年末增加32万人，其中城镇常住人口2352万人，占总人口比重为61.8%，比上年末提高1.03个百分点。农村人口为1454万人，占总人口比重为38.2%。2014

年福建省全年实现地区生产总值 24055.76 亿元，比上年增长 9.9%。其中：第一产业增加值 2014.91 亿元，增长 4.4%；第二产业增加值 12515.36 亿元，增长 11.7%；第三产业增加值 9525.49 亿元，增长 8.3%。人均地区生产总值 63472 元，比上年增长 9.1%。第一产业增加值占地区生产总值的比重为 8.4%，第二产业增加值比重为 52.0%，第三产业增加值比重为 39.6%。2014 年福建省农业产业化持续推进，428 家省级以上重点龙头企业销售收入 2131.68 亿元，比上年增长 1.4%，带动农户 386.71 万户。

2013 年福建省农民人均纯收入为 11184.5 元，比上年增长 12.2%，高出 2013 年全国农民纯收入 2288.3 元。福建省农民纯收入在全国属于中上水平。在福建省九地市中：厦门市农民人均纯收入最高，达到 15008 元；其次是泉州市，为 13316 元；再次为福州市 12910 元；南平市农民的人均纯收入最低，为 10031 元（见表 5-2）。

表 5-2　福建省各设区市农民家庭基本情况（2013）

地区	平均每户常住人口（人）	平均每人纯收入（元）	平均每人生活消费支出（元）	平均每人生产费用支出（元）
福州市	3.70	12910	9311	1019
厦门市	3.47	15008	11228	1932
莆田市	4.56	11600	8509	1052
三明市	4.03	10532	7517	2308
泉州市	4.04	13316	9526	1059
漳州市	3.88	11639	8267	3534
南平市	3.56	10031	7142	2434
龙岩市	4.00	10578	7425	3364
宁德市	3.92	10039	6863	1982

资料来源：根据调查资料整理。

从农业生产结构上来看，福建省从东到西，依次被规划为沿海蓝色农业产业带、闽东南高优农业产业带、闽西北绿色农业产业带三条特色农业产业带。沿海渔业经济区重点发展海洋养殖、近海捕捞、远洋捕捞和新型海洋渔业，建设产业结构合理、生态环境优良、竞争优势明显的现代海洋渔业产业带。闽东南平原地区重点发展园艺化、设施化、工厂化生产，发展生态绿色农业、创意休闲农业、高科技农业，建设市场竞争优势明显、产业外向度高的农业产业带。闽西北山区重点发展生态农业和绿色农业，加快区域化、专业化、标准化生产，提高农业综合经济效益，建设区域优势突出、基础设施配套、生态环境良好、产品质量安全的绿色农业产业带。

5.3 样本农户特征及其差异性

随着工业化和城镇化的推进，农村也发生了深刻转型，农户也出现了多元化的趋势。有传统农户、专业化经营规模农户，也有兼业农户。他们受市场化的影响不同，对资金的需求量也有较大的差异，资金周转的快慢也各不相同。户主作为农户家庭的主要决策者和影响者，对农户的各项生产经营和支出以及家庭劳动力及就业领域的分配具有重要作用。我们主要从户主的年龄、性别、文化程度、从事的职业、经营的年限、家里的固定资产、收入、健康等方面展开分析，通过对福建农户特征差异性分析，来了解不同收入水平和生产类型的农户对资金需求的层次性，进而为制定有指导性的金融政策提供依据。

5.3.1 户主特征及其差异性

受访户主中，女性户主72户，男性户主428户，分别占受访农户总数的14.4%和85.6%（见表5-3）。受访户主年龄在25岁及以下、26~35岁、36~45岁、46~60岁、60岁以上的分别有10户、78户、188户、190户、34户，分别占受访农户的比例为2%、15.5%、37.5%、38.2%和6.8%（见表5-4）。可以看出，福建省农村家庭仍然是男性占主体地位。户主年龄以36~60岁为主，占比75.8%。35岁及以下年轻户主占比17.5%。

表 5-3　受访农户户主性别统计

性别	户数（户）	所占比例（%）
男	428	85.6
女	72	14.4
合计	500	100

资料来源：根据调查资料整理。

表 5-4　受访农户户主年龄统计

户主年龄	户数（户）	所占比例（%）
25 岁及以下	10	2.0
26~35 岁	78	15.5
36~45 岁	188	37.5
46~60 岁	190	38.2
60 岁以上	34	6.8
合计	500	100

资料来源：根据调查资料整理。

5.3.2　学历状况及其差异性

户主学历和农户家庭成员最高学历反映了该农户家庭的文化素质和接受新事物的能力。一般而言，家庭成员学历越高的家庭通常利用金融知识来提高家庭收入的能力也越强。户主受教育在小学及以下的有 64 户，初中的有 208 户，高中或中专学历的有 155 户，大专及以上学历的有 73 户，分别占受访农户的比例为 12.8%、41.6%、31.0%和 14.6%（见表 5-5）。农户家庭成员中最高学历为小学及以下的有 13 户，初中学历有 112 户，高中或中专学历的有 155 户，大专及以上学历的有 220 户，分别占受访农户的比例为 2.6%、22.4%、31%及 44%（见表 5-6）。可知，福建省户主的文化水平总体不高，以初高中生为主，占比为 72.6%。但是农户家庭中家庭成员最高学历为大专及以上的占比 44%，说明农户家庭中受过高等教育的成员在不断增多。

表 5-5　受访农户户主受教育程度统计

户主受教育程度	户数（户）	所占比例（%）
小学及以下	64	12.8
初中	208	41.6
高中或中专	155	31.0
大专及以上	73	14.6
合计	500	100

资料来源：根据调查资料整理。

表 5-6　受访农户户主家庭成员中最高学历统计

成员中最高学历	户数（户）	所占比例（%）
小学及以下	13	2.6
初中	112	22.4
高中或中专	155	31
大专及以上	220	44
合计	500	100

资料来源：根据调查资料整理。

5.3.3　生产状况及其差异性

受访农户中主要从事农业生产的有313户，占比为62.5%，主要从事非农业生产的有187户，占比为37.5%（见表5-7）。可见，福建省农户的职业还是以农业生产为主。

表 5-7　受访农户从事的职业统计

从事的职业	户数（户）	所占比例（%）
农业生产	313	62.5
非农业生产	187	37.5
合计	500	100

资料来源：根据调查资料整理。

在主要从事农业生产的农户中：从事农作物种植的有160户，占比51%；从事畜牧生产的有29户，占比9.4%；从事渔业的有12户，占比

3.9%；从事林业的有 30 户，占比 9.6%；从事其他农业活动的有 61 户，占比 19.4%；从事混合农业生产活动的有 21 户，占比 6.7%（见表 5-8）。说明从事农业生产的农户还是以农作物种植为主。

表 5-8　受访农户从事农业生产活动类型统计

从事农业生产活动类型	户数（户）	所占比例（%）
农作物种植	160	51
畜牧	29	9.4
渔业	12	3.9
林业	30	9.6
其他	61	19.4
混合农业生产活动	21	6.7
合计	313	100

资料来源：根据调查资料整理。

从事农业活动的年限为 1 年及以下的农户有 121 户，占比 38.7%；2~5 年的有 33 户，占比 10.7%；5~10 年的有 50 户，占比 15.8%；10~20 年的有 54 户，占比 17.2%；20 年以上的有 55 户，占比 17.6%（见表 5-9）。

表 5-9　受访农户从事农业活动的年限统计

从事农业活动的年限	户数（户）	所占比例（%）
1 年及以下	121	38.7
2~5 年	33	10.7
5~10 年	50	15.8
10~20 年	54	17.2
20 年以上	55	17.6
合计	313	100

资料来源：根据调查资料整理。

农业种植或养殖面积为 1 亩以下的农户有 131 户，占比 41.7%；1~3 亩的有 40 户，占比 12.8%；3~5 亩的有 56 户，占比 17.8%；5~10 亩的有 44 户，占比 14.1%；10~20 亩的有 22 户，占比 6.9%；20 亩以上的有 20 户，占比 6.7%（见表 5-10）。从这些数据也可以看出，人均土地资源紧缺仍是福建农业发展的一个制约因素。

表 5-10 受访农户农业种植或养殖面积统计

农业种植或养殖面积	户数（户）	所占比例（%）
1 亩以下	131	41.7
1~3 亩	40	12.8
3~5 亩	56	17.8
5~10 亩	44	14.1
10~20 亩	22	6.9
20 亩以上	20	6.7
合计	313	100

资料来源：根据调查资料整理。

在主要从事非农业生产的农户中，主要从事采矿业的5户，从事制造业的9户，从事电力、燃气、水生产及供应业的6户，从事建筑业的20户，从事交通运输、仓储及邮政业的14户，从事批发零售业的23户，从事住宿餐饮业的17户，从事居民服务及其他服务业的23户，从事其他行业的56户，选择没有的有5户，从事多种非农业生产经营活动的农户有9户，分别占从事非农业生产农户的2.9%、5%、2.9%、10.6%、7.3%、12.6%、9%、12%、30%、3%和4.7%（见表5-11）。

表 5-11 受访农户中从事非农业生产活动农户类型统计

从事非农业生产活动类型	户数（户）	所占比例（%）
采矿业	5	2.9
制造业	9	5
电力、燃气、水生产及供应业	6	2.9
建筑业	20	10.6
交通运输、仓储及邮政业	14	7.3
批发零售业	23	12.6
住宿餐饮业	17	9
居民服务及其他服务业	23	12
其他行业	56	30
没有	5	3
混合	9	4.7
合计	187	100

资料来源：根据调查资料整理。

5.3.4 固定资产价值及其差异性

受访农户中饲养家禽、牲畜的农户有 403 户,占总受访农户比例的 80.6%。价值在 1000 元以下的有 225 户,价值在 1000~5000 元的有 90 户,5000~10000 元的有 56 户,10000 元以上的有 32 户,分别占比为 55.9%、22.4%、13.8% 和 7.9%(见表 5-12)。可以看出大部分农户饲养家禽和牲畜的规模都较小,而且主要是为了满足家庭内部的消费。

表 5-12 受访农户家禽、牲畜的价值统计

家禽、牲畜的价值	户数(户)	所占比例(%)
1000 元以下	225	55.9
1000~5000 元	90	22.4
5000~10000 元	56	13.8
10000 元以上	32	7.9
合计	403	100

资料来源:根据调查资料整理。

关于农户住房价值的调查,受访农户中有 488 户填写了此项,占比 97.6%。住房价值在 5 万元以下的有 74 户,占比 15.1%;住房价值在 5 万~10 万元的农户有 138 户,占比 28.3%;住房价值在 10 万~20 万元的农户有 113 户,占比 23.2%;住房价值在 20 万元以上的有 163 户,占比 33.4%(见表 5-13)。可以看出福建农户非常注重住房投资,房屋的价值普遍比较高。

表 5-13 受访农户住房价值统计

住房价值	户数(户)	所占比例(%)
5 万元以下	74	15.1
5 万~10 万元	138	28.3
10 万~20 万元	113	23.2
20 万元以上	163	33.4
合计	488	100

资料来源:根据调查资料整理。

关于受访农户其他自有资产（不包括住房），如家电、农用机械设备、厂房、汽车等的价值的调查：在 5000 元以下的有 87 户，占比 17.4%；5000~10000 元的有 149 户，占比 29.8%；10000~50000 元的有 133 户，占比 26.5%；50000 元以上的有 131 户，占比 26.3%。可见福建农户拥有的自有资产价值普遍偏高（见表 5-14）。

表 5-14 受访农户其他自有资产统计

其他自有资产价值	户数（户）	所占比例（%）
5000 元以下	87	17.4
5000~10000 元	149	29.8
10000~50000 元	133	26.5
50000 元以上	131	26.3
合计	500	100

资料来源：根据调查资料整理。

5.3.5 家庭特征及其差异性

受访农户家庭人口为 3 人及以下的有 142 户，4~5 人的有 289 户，6~8 人的有 42 户，8 人以上的有 27 户，分别占受访农户的比例为 28.5%、57.7%、8.3% 及 5.5%（见表 5-15）。可以看出福建省农村家庭以 3~5 人为主，占了一半以上。

表 5-15 受访农户家庭人口统计

家庭人口	户数（户）	所占比例（%）
3 人及以下	142	28.5
4~5 人	289	57.7
6~8 人	42	8.3
8 人以上	27	5.5
合计	500	100

资料来源：根据调查资料整理。

农户每年看病费用这项指标设计主要是考察农户的健康状况。看病花费越多,说明健康状况越差,家庭的负担也越重。共有465户填写了此项,占总问卷的93%。其中:农户家庭每年看病花费在1000元以下的有146户,占比31.4%;每年花费在1000~2000元的有145户,占比31.2%;2000~5000元的有130户,占比27.9%;5000元以上的有44户,占比9.5%(见表5-16)。

表5-16 受访农户每年看病费用统计

农户每年看病费用	户数(户)	所占比例(%)
1000元以下	146	31.4
1000~2000元	145	31.2
2000~5000元	130	27.9
5000元以上	44	9.5
合计	465	100

资料来源:根据调查资料整理。

参与农户家庭年纯收入调查的农户有488户,占总问卷的97.6%。其中:农户家庭年纯收入为2万元以下的有84户,占比17.1%;家庭年纯收入在2万~5万元的农户有200户,占比41.1%;家庭年纯收入在5万~10万元的农户有135户,占比27.7%;家庭年纯收入在10万元以上的有69户,占比为14.1%(见表5-17)。我们可以看出,福建农户家庭年纯收入普遍在2万~10万元,比例占68.8%,收入普遍较高。

表5-17 受访农户家庭年纯收入统计

农户家庭年纯收入	户数(户)	所占比例(%)
2万元以下	84	17.1
2万~5万元	200	41.1
5万~10万元	135	27.7
10万元以上	69	14.1
合计	488	100

资料来源:根据调查资料整理。

参与农户家庭经济收入的主要来源调查的农户有479户,占总问卷的比例为95.8%。从问卷调查数据来看,当前农户家庭收入来源呈现多元化趋势，农业种养殖收入已经不是农户收入的唯一来源。其中：收入主要来源于种植养殖收入的有 141 户，占比 29.4%；收入主要来源于外出打工收入的有 113 户，占比为 23.6%；收入主要来源于工资性收入的有 78 户，占比 16.2%；收入主要来源于个体工商户营业收入的有 84 户，占比 17.5%；收入主要来源于其他收入的有 26 户，占比 5.4%。还有 7.9% 的农户收入主要来自以上各种混合收入（见表 5-18），其中：来自种植养殖收入和外出打工收入的占 3.1%，来自外出打工收入和工资性收入的占 1.3%，来自种植养殖收入和个体工商户营业收入的占 1%，来自种植养殖收入和工资性收入的占 0.6%，来自外出打工收入和个体工商户营业收入的占 0.4%，来自工资性收入和个体工商户营业收入的占 0.5%，来自种植养殖收入、外出打工收入和工资性收入的农户家庭占 1%。可以看出，种养殖收入、外出打工收入、工资性收入和个体经营收入已成为农户家庭收入的主要来源。

表 5-18　受访农户家庭经济收入主要来源统计

农户家庭经济收入主要来源	户数（户）	所占比例（%）
种植养殖收入	141	29.4
外出打工收入	113	23.6
工资性收入	78	16.2
个体工商户营业收入	84	17.5
其他收入	26	5.4
各种混合收入	37	7.9
合计	479	100

资料来源：根据调查资料整理。

5.4　样本农户社会关系及其差异性

参与是否村干部的问卷调查的农户有 483 户，占总问卷的比例为 96.6%。其中：是村干部的有 141 户，占比 29.2%；不是村干部的有 342 户，占比 70.8%（见表 5-19）。

表 5-19　受访农户是否村干部统计

是否村干部	户数（户）	所占比例（%）
是	141	29.2
否	342	70.8
合计	483	100

资料来源：根据调查资料整理。

参与是否中共党员的问卷调查的农户有 485 户，占总问卷的比例为 97%。其中：回答是的有 216 户，占比 44.5%；回答否的有 269 户，占比 55.5%（见表 5-20）。

表 5-20　受访农户是否中共党员统计

是否中共党员	户数（户）	所占比例（%）
是	216	44.5
否	269	55.5
合计	485	100

资料来源：根据调查资料整理。

参与是否加入农村资金互助组织的问卷调查的农户有 474 户，占总问卷的比例为 94.8%。回答加入的有 83 户，占比 17.5%；回答没有加入的有 391 户，占比 82.5%。可以看出福建农户加入农村资金互助组织的比例较低，农村资金互助组织在福建农村的发展还比较落后（见表 5-21）。

表 5-21　受访农户是否加入农村资金互助组织统计

是否加入农村资金互助组织	户数（户）	所占比例（%）
是	83	17.5
否	391	82.5
合计	474	100

资料来源：根据调查资料整理。

参与是否加入农民合作社的问卷调查的有 475 户，占总问卷的比例为 95%。回答加入的有 88 户，占比 18.5%；回答没有加入的有 387 户，占比 81.5%。可以看出福建农户较少加入农民合作社，也可以看出福建农户的组织化程度较低（见表 5-22）。

表 5-22 受访农户是否加入农民合作社统计

是否加入农民合作社	户数（户）	所占比例（%）
是	88	18.5
否	387	81.5
合计	475	100

资料来源：根据调查资料整理。

参与是否农村信用社联合社社员的问卷调查的农户有 468 户，占总问卷的 93.6%。回答是的有 130 户，占比 27.8%；回答否的有 338 户，占比 72.2%（见表 5-23）。

表 5-23 受访农户是否农村信用社联合社社员统计

是否农村信用社联合社社员	户数（户）	所占比例（%）
是	130	27.8
否	338	72.2
合计	468	100

资料来源：根据调查资料整理。

针对是否有亲戚朋友在政府或银行部门工作的调查，参与农户有 480 户，占总问卷的比例为 96%。回答有的农户有 123 户，占比 25.6%；回答没有的农户有 357 户，占比 74.4%（见表 5-24）。

表 5-24 受访农户是否有亲戚朋友在政府或银行部门工作统计

是否有亲戚朋友在政府或银行部门工作	户数（户）	所占比例（%）
有	123	25.6
没有	357	74.4
合计	480	100

资料来源：根据调查资料整理。

针对是否联保小组成员的调查，只有 386 户参与调查，占总问卷的比例为 77.2%。其中回答是的有 115 户，占比 29.8%；回答否的有 271 户，占比 70.2%。数据表明联保小组贷款在福建农村尚不多见（见表 5-25）。

表 5-25 受访农户是否联保小组成员统计

是否联保小组成员	户数（户）	所占比例（%）
是	115	29.8
否	271	70.2
合计	386	100

资料来源：根据调查资料整理。

5.5 样本农户地理位置及其差异性

对农户地理位置的调查反映了农户接受市场化和金融信息的便利程度。农户家庭所在地如果交通便捷，相对更容易获取相关的金融信息，也更容易及时接触到金融服务。针对村里是否有银行业务网点这个问题，受访农户中，有484户参与了回答，占总问卷的96.8%。村里有银行业务网点的有240户，占回答该问题农户的49.6%；回答没有网点的有244户，占比50.4%（见表5-26）。

表 5-26 受访农户村里是否有银行业务网点统计

村里是否有银行业务网点	户数（户）	所占比例（%）
有	240	49.6
没有	244	50.4
合计	484	100

资料来源：根据调查资料整理。

针对从家到最近银行网点距离的调查，有488户参与了回答，占总问卷的97.6%。问卷调查显示：有22.3%的农户从家到最近的银行网点的距离在1公里以内，18.2%的农户从家到最近的银行网点的距离在1~2公里，23.7%的农户从家到最近的银行网点的距离在2~5公里，22.7%的农户从家到最近的银行网点的距离在5~10公里，13.1%的农户从家到最近的银行网点的距离在10公里以上（见表5-27）。

表 5-27　受访农户从家到最近银行网点距离估计

从家到最近银行网点的距离	户数（户）	所占比例（%）
1 公里以内	109	22.3
1~2 公里	89	18.2
2~5 公里	115	23.7
5~10 公里	111	22.7
10 公里以上	64	13.1
合计	488	100

资料来源：根据调查资料整理。

针对从家到乡镇集市距离的调查，有 487 户参与了回答，占总问卷的 97.4%。从家到乡镇集市的距离为 1 公里以内的农户占 16.3%，有 79 户；从家到乡镇集市的距离为 1~2 公里的农户占 18.0%，有 88 户；从家到乡镇集市的距离为 2~5 公里的农户为 24.3%，有 118 户；从家到乡镇集市的距离为 5~10 公里的农户为 25.7%，有 125 户；从家到乡镇集市的距离为 10 公里以上的农户为 15.7%，有 77 户。问卷调查中有 65.7% 的农户的家庭距离乡镇集市 2 公里以上（见表 5-28）。

表 5-28　受访农户从家到乡镇集市的距离统计

从家到乡镇集市上的距离	户数（户）	所占比例（%）
1 公里以内	79	16.3
1~2 公里	88	18.0
2~5 公里	118	24.3
5~10 公里	125	25.7
10 公里以上	77	15.7
合计	487	100

资料来源：根据调查资料整理。

针对从家到最近的火车站的距离的调查，有 472 户农户参与了回答，占总问卷的 94.4%。选择从家到最近的火车站距离为 1 公里以内的农户有 12 户，占比 2.5%；选择从家到最近的火车站距离为 1~2 公里的农户有 11 户，占比 2.3%；选择从家到最近的火车站距离为 2~5 公里的农户有 35

户，占比 7.5%；选择从家到最近的火车站距离为 5~10 公里的农户有 48 户，占比 10.2%；选择从家到最近的火车站距离为 10 公里以上的农户有 366 户，占比 77.5%（见表 5-29）。

表 5-29 受访农户从家到最近的火车站的距离统计

从家到最近的火车站的距离	户数（户）	所占比例（%）
1 公里以内	12	2.5
1~2 公里	11	2.3
2~5 公里	35	7.5
5~10 公里	48	10.2
10 公里以上	366	77.5
合计	472	100

资料来源：根据调查资料整理。

针对从家到最近的汽车站的距离的调查，有 478 户农户参与了回答，占总问卷的 95.6%。选择从家到最近的汽车站距离为 1 公里以内的农户有 70 户，占比 14.6%；选择从家到最近的汽车站距离为 1~2 公里的农户有 53 户，占比 11.1%；选择从家到最近的汽车站距离为 2~5 公里的农户有 80 户，占比 16.7%；选择从家到最近的汽车站距离为 5~10 公里的农户有 62 户，占比 13%；选择从家到最近的汽车站距离为 10 公里以上的农户有 213 户，占比 44.6%（见表 5-30）。

表 5-30 受访农户从家到最近汽车站的距离统计

从家到最近的汽车站距离	户数（户）	所占比例（%）
1 公里以内	70	14.6
1~2 公里	53	11.1
2~5 公里	80	16.7
5~10 公里	62	13
10 公里以上	213	44.6
合计	478	100

资料来源：根据调查资料整理。

5.6 样本农户借贷的交易费用及其差异性

农户在借贷中面临的交易费用主要是从农户借贷的利息成本、议价和决策成本、交通和时间成本、交易频率这四方面来衡量。我们用农户最近一次获得贷款的年利率来衡量利息成本，用农户从申请贷款到获得贷款花费的时间、农户从申请到获得贷款到银行的次数和用平均每笔贷款所花费的请客送礼费用来衡量议价和决策成本，用农户去银行平均每趟花费的时间、农户平均每笔贷款花费的交通费用来衡量交通和时间成本，用农户最近3年获得贷款的次数来衡量交易频率。

农户最近一次获得贷款的年利率在5%及以下的有68户，占比24.8%；年利率为5%~7%的有54户，占比20.1%；年利率为7%~10%的有107户，占比39.8%；年利率为10%~15%的有38户，占比14.6%；年利率为15%以上的有3户，占比0.6%（见表5-31）。

表 5-31　受访农户最近一次获得贷款的年利率统计

最近一次获得贷款的年利率	户数（户）	所占比例（%）
5%及以下	68	24.8
5%~7%	54	20.1
7%~10%	107	39.8
10%~15%	38	14.6
15%以上	3	0.6
合计	270	100

资料来源：根据调查资料整理。

农户从申请贷款到获得贷款共花费时间在7天以内的有77户，占比28.5%；时间在7~15天的有79户，占比29.1%；时间在15~30天的有60户，占比22.3%；时间1~3个月的有38户，占比14.2%；时间在3~6个月的有10户，占比3.6%；时间在半年以上的有6户，占比2.3%（见表5-32）。

表 5-32 受访农户从申请贷款到获得贷款花费时间统计

从申请贷款到获得贷款花费的时间	户数（户）	所占比例（%）
7 天以内	77	28.5
7~15 天	79	29.1
15~30 天	60	22.3
1~3 个月	38	14.2
3~6 个月	10	3.6
半年以上	6	2.3
合计	270	100

资料来源：根据调查资料整理。

农户从申请到获得贷款：去银行去过 1 趟的有 24 户，占比 9%；去过 2 趟的有 76 户，占比 28.2%；去过 3 趟的有 95 户，占比 35.3%；去过 4 趟的有 40 户，占比 14.9%；去过 5 趟的有 26 户，占比 9.4%；去过 6 趟及以上的有 9 户，占比 3.2%（见表 5-33）。

表 5-33 受访农户从申请到获得贷款到银行的次数统计

从申请到获得贷款到银行的次数	户数（户）	所占比例（%）
1 趟	24	9
2 趟	76	28.2
3 趟	95	35.3
4 趟	40	14.9
5 趟	26	9.4
6 趟及以上	9	3.2
合计	270	100

资料来源：根据调查资料整理。

农户去银行平均每趟花的时间：花费半个小时以内的有 68 户，占比 25.2%；花费 0.5~1 小时的有 102 户，占比 37.8%；花费 1~2 小时的有 60 户，占比 22.2%；花费 2~3 小时的有 22 户，占比 8%；花费 3~4 小时的有 11 户，占比 4.2%；花费 4 小时以上的有 7 户，占比 2.6%（见表 5-34）。

表 5-34 受访农户去银行平均每趟花费时间统计

去银行平均每趟花费时间	户数（户）	所占比例（%）
半个小时以内	68	25.2
0.5~1 小时	102	37.8
1~2 小时	60	22.2
2~3 小时	22	8.0
3~4 小时	11	4.2
4 小时以上	7	2.6
合计	270	100

资料来源：根据调查资料整理。

农户平均每笔贷款所花费的请客送礼费用：花费为 0 元的有 180 户，占比 66.7%；花费 100 元以内的有 24 户，占比 9%；花费 100~300 元的有 21 户，占比 7.8%；花费 300~500 元的有 21 户，占比 7.8%；花费 500~1000 元的有 13 户，占比 4.8%；花费 1000 元以上的有 11 户，占比 3.9%（见表 5-35）。

表 5-35 受访农户平均每笔贷款所花费的请客送礼费用统计

平均每笔贷款所花费的请客送礼费用	户数（户）	所占比例（%）
0 元	180	66.7
0~100 元	24	9
100~300 元	21	7.8
300~500 元	21	7.8
500~1000 元	13	4.8
1000 元以上	11	3.9
合计	270	100

资料来源：根据调查资料整理。

农户平均每笔贷款花费的交通费用：花费 0 元的有 54 户，占比 20.1%；花费 10 元以内的有 39 户，占比 14.6%；花费 10~20 元的有 61 户，占比 22.7%；花费 20~30 元的有 46 户，占比 16.8%；花费 30~40 元的有 17 户，占比 6.1%；花费 40~50 元的有 12 户，占比 4.5%；花费 50 元以上的有 41 户，占比 15.2%。调查数据显示，农户申请贷款花费的交通费用大部分在 20 元以内，占比 57.4%。也可以看出，如果农户距离金融机构太远，需要花费的交通费用越多，会对农户借贷需求有着抑制作用（见表 5-36）。

表 5-36　受访农户平均每笔贷款花费的交通费用统计

平均每笔贷款所花费的交通费用	户数（户）	所占比例（%）
0 元	54	20.1
0~10 元	39	14.6
10~20 元	61	22.7
20~30 元	46	16.8
30~40 元	17	6.1
40~50 元	12	4.5
50 元以上	41	15.2
合计	270	100

资料来源：根据调查资料整理。

农户最近 3 年获得贷款的次数为 1 次的有 231 户，占比 85.6%；获得 2 次的有 31 户，占比 11.5%；获得 3 次的有 5 户，占比 1.8%；获得 3 次以上的有 3 户，占比 1.1%。可以看出大多农户最近 3 年只获得过一次贷款（见表 5-37）。

表 5-37　受访农户最近 3 年获得贷款的次数统计

最近三年获得贷款的次数	户数（户）	所占比例（%）
1 次	231	85.6
2 次	31	11.5
3 次	5	1.8
3 次以上	3	1.1
合计	270	100

资料来源：根据调查资料整理。

5.7　小结

总体显示，福建省农户的借贷行为存在着以下特征。

1. 农户的个人和家庭特征方面：福建省农户主要以男性为主，年龄主要集中在 36~60 岁，占比超过 3/4。福建省农户家庭人口普遍在 3~5 人，大多数受过初高中教育。从事传统的种养殖业的农户比重在逐渐下降，而从事非农业生产的农户比重在增加。福建省农户的家庭年收入普遍偏高，收入来源呈现多元化趋势，外出打工和工资性收入在农户收入中的比重逐渐增加。

2. 农户的社会资本方面：问卷调查的数据显示，福建省农户参加农村资金互助组织、农民合作社及联保小组等社团性组织的比例比较低，而且农户利用社团性组织实行联保贷款的比例更低。由此可以看出福建省虽然作为沿海较发达的省份，但是农民合作经济组织的发展尚处于起步阶段，其发展的层次、水平及合作的功能严重滞后于当前农村经济的发展。

3. 当地金融网点设置方面：从问卷调查来看，福建省农村金融基础设施建设还相对落后，没有银行业务网点的村庄占了一半以上，而且其距离银行业务网点、乡镇集市和交通枢纽普遍较远，这成为农户获取农村金融服务的一大瓶颈。

4. 农户借贷的交易费用方面：农户在正规金融机构贷款的利率大多集中在 10% 以下；获得贷款花费的时间较长，大多要花费 1 个月以内的时间；获得贷款平均要去银行 2~3 趟，每趟花费的时间在 2 小时以内；每趟花费的交通费用较低，这可能跟农户步行或自己骑车有关。福建省正规金融机构借贷程序比较规范，农户为此花费的请客、送礼等额外费用较少。农户在正规金融机构获贷的频率不太高，大部分才获得过一次贷款。

6

福建省农户贷款可获得性影响因素分析

扩大农村的金融服务，尤其是提高农户借贷的可获得性，是当前党中央、国务院全面深化农村金融体制改革的重要内容。但是，交易费用已经成为阻碍农户参与农村正规金融市场的重要因素。在国家大力推行构建普惠型金融体系的背景下，降低交易费用，提高农户借贷的可获得性，扩大农村金融服务的覆盖面，有助于提高农民收入、繁荣农村经济。本书在学界研究基础上，利用威廉姆森对交易费用的划分，立足农户的角度，选取利息成本、议价和决策成本、交通和时间成本、交易频率四个方面构建了涵盖交易费用变量的农户借贷行为的影响因素分析框架，并运用计量模型检验这些因素对农户贷款可获得性的影响程度，为降低交易费用提高农户借贷可获得性提出一些可行建议。

6.1 农户贷款可获得性描述性统计分析

这里的贷款可获得性指的是向正规金融机构获得的贷款，从非正规金融渠道贷款未包含在内。

6.1.1 贷款意愿

参与是否想贷款问卷调查的农户有489户，占总问卷的比例为97.8%。

想贷款的农户有 337 户,占回答该问题农户的 68.9%。不想贷款的农户有 152 户,占回答该问题农户的 31.1%(见表 6-1)。可以看出福建农户有较强的贷款意愿。

表 6-1 受访农户贷款意愿调查统计

是否想贷款	户数(户)	所占比例(%)
想	337	68.9
不想	152	31.1
合计	489	100

资料来源:根据调查资料整理。

参与是否申请过贷款问卷调查的农户有 489 户,占总问卷的比例为 97.8%。申请过贷款的有 292 户,占受访农户的 59.7%;没有申请过贷款的有 197 户,占受访农户的 40.3%(见表 6-2)。我们发现福建农户的申贷比例远低于贷款意愿。

表 6-2 受访农户是否申请过贷款统计

是否申请过贷款	户数(户)	所占比例(%)
有	292	59.7
没有	197	40.3
合计	489	100

资料来源:根据调查资料整理。

参与有没有获得过贷款问卷调查的农户有 483 户,占总问卷的比例为 96.6%。获得过正规金融机构贷款的农户有 270 户,占受访农户的 55.9%;没有获得过贷款的农户有 213 户,占受访农户的 44.1%(见表 6-3)。可见福建农户没有申请过贷款,也没有获得贷款的比例还比较高。

表 6-3 受访农户有没有获得过贷款统计

有没有获得过贷款	户数(户)	所占比例(%)
有	270	55.9
没有	213	44.1
合计	483	100

资料来源:根据调查资料整理。

6.1.2 贷款的银行渠道

在农户获得贷款的银行渠道调查中：有 187 户农户是获得农村信用社联合社的贷款，占获得贷款农户的 69.2%；而获得其他各家银行贷款的比例为 30.8%。有效问卷中：获得中国工商银行贷款的农户有 13 户，占比 4.9%；获得中国农业银行贷款的农户有 24 户，占比 8.8%；获得中国银行贷款的农户有 4 户，占比 1.6%；获得中国建设银行贷款的农户有 11 户，占比 4%；获得中国邮储银行贷款的农户有 21 户，占比 7.4%；获得村镇银行贷款的农户有 3 家，占比 1.4%；获得其他贷款公司贷款的农户 2 户，占比 0.8%；获得其他银行贷款的农户有 5 家，占比 1.9%（见表 6-4）。可以看出，农村信用社联合社仍然是福建农户首选的正规金融机构，其他商业银行支农的力度还不够，尤其是村镇银行、贷款公司等新兴农村金融机构占比很低，这也间接说明农村正规金融市场的竞争性不够，缺乏服务"三农"的激励机制。

表 6-4 受访农户获得贷款银行渠道统计

获得哪家银行贷款	户数（户）	所占比例（%）
农村信用社联合社	187	69.2
中国工商银行	13	4.9
中国农业银行	24	8.8
中国银行	4	1.6
中国建设银行	11	4
中国邮储银行	21	7.4
村镇银行	3	1.4
贷款公司	2	0.8
其他银行	5	1.9
合计	270	100

资料来源：根据调查资料整理。

6.1.3 抵押担保方式

在获得贷款的农户中：有 160 户选择获得贷款有抵押，占比 59.3%；

有110户选择没有抵押，占比40.7%（见表6-5）。

表6-5 受访农户获得贷款是否有抵押统计

是否有抵押	户数（户）	所占比例（%）
有	160	59.3
没有	110	40.7
合计	270	100

资料来源：根据调查资料整理。

用家庭财产中的大件做抵押的农户有12户，占比7.8%；用牲畜做抵押的有11户，占比6.8%；用房屋做抵押的有83户，占比52%；用土地做抵押的有9户，占比5.9%；用现金存折做抵押的有8户，占比4.9%；用林地做抵押的有12户，占比7.8%；用其他做抵押的有25户，占比14.8%；而用订单做抵押的为0户，占比0（见表6-6）。福建省在创新农户抵押模式上采取订单抵押的方式较少，而房屋抵押的占比较高。原因是福建省很多富裕起来的农民在城镇购买商品房，采取的是房屋抵押方式。

表6-6 获得贷款的受访农户抵押物品统计

用什么做抵押	户数（户）	所占比例（%）
家庭财产中的大件	12	7.8
牲畜	11	6.8
房屋	83	52
土地	9	5.9
现金存折	8	4.9
林地	12	7.8
订单	0	0
其他	25	14.8
合计	160	100

资料来源：根据调查资料整理。

获得贷款的农户中有联保或担保人的占59.2%，没有联保或担保人的占40.8%（见表6-7）。

表 6-7　获得贷款的受访农户是否有联保或担保人统计

有无联保或担保人	户数（户）	所占比例（%）
有	160	59.2
没有	110	40.8
合计	270	100

资料来源：根据调查资料整理。

在有联保或担保人的贷款农户中，采用个人担保的占92.3%，采用企业担保的只占7.7%（见表6-8）。可见利用企业为农户做担保获得贷款还有很大的空间。

表 6-8　获得贷款的受访农户采用担保的方式

采用何种担保形式	户数（户）	所占比例（%）
个人担保	148	92.3
企业担保	12	7.7
合计	160	100

资料来源：根据调查资料整理。

获得贷款通过中间人的农户只占25.6%，没有通过中间人的占了74.4%（见表6-9）。可见，在正规金融机构贷款，有没有中间人影响不是很大。

表 6-9　获得贷款的受访农户有没有中间人

是否通过中间人	户数（户）	所占比例（%）
是	69	25.6
否	201	74.4
合计	270	100

资料来源：根据调查资料整理。

获得联保贷款的农户只占22.6%，没有获得联保贷款的占77.4%，可见福建省农户利用联保方式获得贷款的比例还比较低（见表6-10）。

表 6-10　获得贷款的受访农户是否联保贷款

是否联保贷款	户数（户）	所占比例（%）
是	61	22.6
否	209	77.4
合计	270	100

资料来源：根据调查资料整理。

针对想贷款的 337 户农户，又展开了不愿意参加联保贷款的原因调查。有 85 户认为选择联保小组太难组织，耽误贷款时间，占回答该问题农户比例的 25.2%；选择担心联保小组不讲信用连累自己的有 110 户，占比 32.6%；选择单独申请贷款比较容易，没必要参加的有 66 户，占比 19.6%；选择其他原因的有 76 户，占比 22.6%（见表 6-11）。我们发现，如何在联保小组成员之间建立信任机制并且有效组织是农户关心的问题。

表 6-11　受访农户不愿意参加联保贷款的原因统计

不愿意参加联保贷款的原因	户数（户）	所占比例（%）
联保小组太难组织，耽误贷款时间	85	25.2
担心联保小组不讲信用连累自己	110	32.6
单独申请贷款比较容易，没必要参加	66	19.6
其他原因	76	22.6
合计	337	100

资料来源：根据调查资料整理。

6.1.4　未获贷的原因

农户没有获得过贷款的原因调查结果为：认为金融机构太远的有 11 户，占比 5%；认为表格多手续多太麻烦的有 33 户，占比 15.7%；认为缺少联保或担保人的有 24 户，占比 11.4%；认为缺少抵押质押品的有 13 户，占比 6%；认为金融机构没有熟人的有 12 户，占比 5.7%；认为得不到相关金融信息的有 13 户，占比 6%；不喜欢借钱怕压力太大的有 38 户，占比 17.8%；认为借了钱怕还不上的有 25 户，占比 11.8%；认为利率太高的有 27 户，占比 12.8%；其他原因的有 17 户，占比 7.8%（见表 6-12）。受访农户没能获得贷款的原因中"不喜欢借钱怕压力太大""借了怕还不上""利率太高"这三个原因加起来占比高达42.4%，从中可以看出：首先福建农户的融资意识总体比较保守，金融知识比较缺乏；其次是银行手续多太麻烦；最后是缺乏担保人。

表6-12 受访农户没有获得过贷款的原因统计

没有获得过贷款的原因	户数（户）	所占比例（%）
金融机构太远	11	5
表格多，手续多，太麻烦	33	15.7
缺少联保或担保人	24	11.4
缺少抵押质押品	13	6
金融机构没有熟人	12	5.7
得不到相关金融信息	13	6
不喜欢借钱怕压力太大	38	17.8
借了怕还不上	25	11.8
利率太高	27	12.8
其他原因	17	7.8
合计	213	100

资料来源：根据调查资料整理。

针对农户没有申请或没有继续申请贷款的原因：选择自有资金已经满足的有41户，占比20.8%；选择没有好的项目的有111户，占比56.2%；选择还有贷款没有归还的有18户，占比9.2%；选择已有其他融资渠道的有27户，占比13.8%（见表6-13）。可见，增加农户新的投资机会和投资项目，是提高农户贷款意愿的重要方面。

表6-13 受访农户没有申请过贷款的原因

没有申请过贷款的原因	户数（户）	所占比例（%）
自有资金已经满足	41	20.8
没有好的项目	111	56.2
还有贷款没有归还	18	9.2
已有其他融资渠道	27	13.8
合计	197	100

资料来源：根据调查资料整理。

6.1.5 其他贷款渠道选择

如果不从银行贷款,农户会从其他哪种渠道获得贷款?有 439 户农户参与了此项调查,占总问卷的 87.8%。选择从亲朋好友借款的农户有 284 户,所占比例为 64.7%;选择从工商业主借款的农户有 20 户,占比 4.6%;选择从资金互助社借款的农户有 65 户,所占比例为 14.7%;选择从地下钱庄借款的农户有 6 户,占比 1.3%;选择从私人放贷人借款的农户有 40 户,占比 9.1%;选择从典当铺借款的农户有 4 户,占比 0.9%;还有 20 户选择其他渠道,占比 4.7%(见表 6-14)。可见,除了正规金融机构,向亲朋好友借款是福建农户首选的借款方式。

表 6-14 受访农户其他贷款渠道调查统计

农户其他贷款渠道	户数(户)	所占比例(%)
亲朋好友	284	64.7
工商业主	20	4.6
资金互助社	65	14.7
地下钱庄	6	1.3
私人放贷人	40	9.1
典当铺	4	0.9
其他	20	4.7
合计	439	100

资料来源:根据调查资料整理。

6.1.6 获贷家庭兼业类型

农户职业的分化对贷款的可获得性有一定的影响。从农户家庭兼业类型来看:获得贷款的农户中属于纯农业户的有 98 户,占比 36.3%;属于农业兼业户的有 55 户,占比 20.4%;属于非农业兼业户的有 45 户,占比 16.7%;属于非农业户的有 61 户,占比 22.6%;属于其他类型的农户获得贷款的有 11 户,占比 4.0%。未获得贷款的农户中:属于纯农业户的有 58

户，占比27.2%；属于农业兼业户的有82户，占比38.5%；属于非农业兼业户的有41户，占比19.3%；属于非农业户的有25户，占比11.7%；属于其他类型的农户有7户，占比3.3%。从该次问卷调查来看，纯农业户在已获得贷款的农户家庭中的比例最高，达到36.3%。其次是非农业户，占比22.6%，再次是农业兼业户，最后是非农业兼业户（见表6-15）。这也说明：政府为了鼓励农户从事农业生产，对纯农业户的金融倾斜政策比较明显；而非农业户的经济和经营实力较强，也相对容易获取贷款。

表6-15 受访农户家庭兼业类型与贷款情况

农户家庭兼业类型	贷款情况				样本数（份）
	获得		未获得		
	户数（户）	比例（%）	户数（户）	比例（%）	
纯农业户	98	36.3	58	27.2	156
农业兼业户	55	20.4	82	38.5	137
非农业兼业户	45	16.7	41	19.3	86
非农业户	61	22.6	25	11.7	86
其他	11	4	7	3.3	18
总计	270	100	213	100	483

资料来源：根据调查资料整理。

以上描述性统计分析显示，福建省农户没有获得过正规金融机构贷款的比重还比较高，达到44.1%。农村信用社联合社是农户获得正规金融贷款的重要渠道，除此之外，从亲朋好友处借款也是他们的首要选择。福建省农户通过联保方式来获得贷款的比重较低，原因是对联保贷款方式不了解，不太信任，并且嫌麻烦。大部分农户获得多次贷款的概率较低。福建省农户贷款用途以生产性借款为主，生活性借款的比重较低。不喜欢借钱，怕压力太大、贷款手续复杂、贷款利息成本较高、借了怕还不上等仍然是制约农户获得贷款的重要因素。但是具体哪些因素成为影响农户贷款可获得性的关键变量，需要通过实证检验分析得出。

6.2 农户贷款可获得性模型选择

本书立足农户自身,从农户的人力资本特征、实物资产特征、地理位置特征、社会资本特征以及借贷的交易费用五个方面来揭示影响农户贷款可获得性的因素。

6.2.1 变量选择与说明

一是农户的人力资本特征。农户人力资本特征能够向放贷人表明其文化水平、身体状况和家庭情况,反映出还款能力和自身声誉的差异。农户所拥有的这些资源禀赋特征越符合正规金融机构的信息审查要求,那么借贷的交易费用就会越低,借贷交易越容易实现。本书选取 X1(户主受教育程度)、X2(户主年龄)、X3(家庭劳动力人口)、X4(农户身体状况)、X5(主要从事的职业)、X6(家庭兼业类型)、X7(农户家庭年纯收入)7 个指标衡量。

二是农户的实物资产特征。农户实物资产是农户拥有的实物资产价值,反映农户的经济实力。农户经济实力越强,还款的能力越强,获得贷款的可能性越大。本书选取 X8(种养殖年限)、X9(种养殖规模)、X10(拥有的生产性固定资产价值)、X11(拥有的牲畜价值)、X12(年末住房价值)、X13(是否有抵押)6 个指标来衡量。

三是农户的地理位置特征。农户距离金融机构越近,了解金融机构的金融信息也越便利,申请贷款的概率也越高。农户使用交通枢纽越便捷,也间接说明农户所处的地段经济相对繁荣,具有获取金融资讯和申贷的便利。本书选取 X14(到最近的金融机构的距离)、X15(到中心镇的距离)、X16(到火车站的距离)、X17(到汽车站的距离)4 个指标来衡量。

四是农户的社会资本特征。农村是个熟人社会,农户的社会资本反映了农户的社会身份、社会关系网络和个人信用状况。一般来说,拥有的社会资本越多,表明该农户的信用度越高,也越容易获取银行的信任,越容易获得贷款。本书选取 X18(是否村干部)、X19(是否通过中间人)、X20(是否有联保或担保人)、X21(是否农信联社社员)、X22(是否有亲戚朋友在政府或银行部门工作)、X23(是否联保小组成员)6个指标来衡量。

五是农户借贷的交易费用。农户在借贷过程中发生的交易费用只能从利息成本、议价和决策成本、交通和时间成本、交易频率等方面来衡量。选取 X24(利率水平)来衡量农户借贷的利息成本;选取 X25(从申请到获得贷款所花的时间)和 X28(从申请到获得贷款所花的交通费用)来衡量农户借贷所花费的时间和交通成本;选取 X26(从申请到获得贷款洽谈的次数)和 X27(其他各项花费)来衡量农户借贷的议价和决策成本;选取 X29(2017~2019 年获得贷款的次数)来衡量农户借贷的交易频率。

在介绍具体分析模型之前,首先对模型中涉及的以上变量进行定义(见表 6-16)。

表 6-16 农户贷款可获得性变量的定义与说明

变量类型	变量名称	变量定义
被解释变量	获得贷款情况(Y)	0=未获得;1=获得
人力资本	受教育程度(X1)	1=小学及以下;2=初中;3=高中或中专;4=大专及以上
	年龄(X2)	岁数
	家庭劳动力人口(X3)	人数
	农户身体状况(X4)	1=1000 元以下;2=1000~2000 元;3=2000~5000 元;4=5000 元以上
	主要从事职业(X5)	1=从事农业生产;2=从事非农生产
	家庭兼业类型(X6)	1=纯农业户;2=农业兼业户;3=非农业兼业户;4=非农业户;5=其他
	农户家庭年纯收入(X7)	1=2 万元以下;2=2 万~5 万元;3=5 万~10 万元;4=10 万元以上
实物资产	种养殖年限(X8)	年
	种养殖规模(X9)	1=0~1 亩;2=1~3 亩;3=3~5 亩;4=5~10 亩;5=10~20 亩;6=20 亩以上
	拥有的生产性固定资产价值(X10)	1=5000 元以下;2=5000~10000 元;3=10000~50000 元;4=50000 元以上
	拥有的牲畜价值(X11)	1=1000 元以下;2=1000~5000 元;3=5000~10000 元;4=10000 元以上
	年末住房价值(X12)	1=5 万元以下;2=5 万~10 万元;3=10 万~20 万元;4=20 万元以上
	是否有抵押(X13)	0=否;1=是

续表

变量类型	变量名称	变量定义
地理位置	到最近的金融机构的距离（X14）	公里
	到中心镇的距离（X15）	公里
	到火车站的距离（X16）	公里
	到汽车站的距离（X17）	公里
社会资本	是否村干部（X18）	0＝否；1＝是
	是否通过中间人（X19）	0＝否；1＝是
	是否有联保或担保人（X20）	0＝否；1＝是
	是否农信联社社员（X21）	0＝否；1＝是
	是否有亲戚朋友在政府或银行部门工作（X22）	0＝否；1＝是
	是否联保小组成员（X23）	0＝否；1＝是
交易费用	利率水平（X24）	1＝5%以下；2＝5%～7%；3＝7%～10%；4＝10%～15%；5＝15%以上
	从申请到获得贷款所花的时间（X25）	1＝7天以内；2＝7～15天；3＝15～30天；4＝1～3个月；5＝3～6个月；6＝半年以上
	从申请到获得贷款洽谈的次数（X26）	1＝1次；2＝2次；3＝3次；4＝4次；5＝5次；6＝6次及以上
	其他各项花费（X27）	1＝0元；2＝0～100元；3＝100～300元；4＝300～500元；5＝500～1000元；6＝1000元以上
	从申请到获得贷款所花的交通费用（X28）	1＝0元；2＝0～100元；3＝100～300元；4＝300～500元；5＝500～1000元；6＝1000元以上
	2017～2019年获得贷款的次数（X29）	1＝0次；2＝1次；3＝2次；4＝3次；5＝3次以上

资料来源：根据调查资料整理。

6.2.2 研究假设

为完成以上研究，本章提出以下几个研究假说。

假设一：农户教育型（如受教育程度）人力资本对农户贷款的可获得性有正向影响。而农户经验型（如种植规模、年限）人力资本、状态型

（如身体状况）人力资本对农户贷款的可获得性影响是不确定的。

假设二：越是倾向于非农业生产性经营的农户，越容易获得正规金融机构的贷款。

假设三：农户拥有的实物资产越多，越容易获得正规金融机构的贷款。

假设四：离金融机构越近且毗邻交通沿线的农户，越容易获得正规金融机构的贷款。

假设五：农户拥有的社会资本越多，越容易获得正规金融机构的贷款。

假设六：农户要获得正规金融机构的贷款，需要花费较高的交易费用。

6.2.3　模型设定

本书选择二项分布的 Probit 模型对影响农户贷款的可获得性的因素进行估计，模型的基本表达式如下：

$$Y^* = B_0 + BX + e \tag{6-1}$$

令 Y^* 是一个由公式（6-1）决定的不可观测的潜变量，假定 e 独立于 X，且服从标准正态分布的误差项。假设第 i 个农户获得贷款，是由一种不可直接观测的效用指数 Y^*（即获得贷款和未获得贷款效用水平之差）决定的，而效用指数 Y^* 又是由某些解释变量 X 决定的。$Y=1$ 表示第 i 个农户获得贷款（当 $Y^*>0$），$Y=0$ 表示第 i 个农户没有获得贷款（当 $Y^* \leq 0$）。因此，根据以上假设，影响农户获得贷款的二元离散选择模型可以表示为：

$$\mathrm{Prob}(Y=1|X=x) = \mathrm{Prob}(Y^*>0|x) = \mathrm{Prob}(B_0+BX+e>0|x) = \mathrm{Prob}\{[e>-(B_0+Bx)]|x\} = 1-\varphi[-(B_0+Bx)] = \varphi(B_0+Bx) \tag{6-2}$$

其中，φ 为 e 的标准正态累积分布函数。

根据福建省农户问卷调查的原始数据，对模型的有关变量做出的描述性统计如表 6-17 所示。

表 6-17 农户贷款可获得性变量的统计量描述

变量类型	变量名称	均值	标准差
被解释变量	获得贷款情况（Y）	0.55	0.50
人力资本	受教育程度（X1）	2.47	0.89
	年龄（X2）	44.27	10.35
	家庭劳动力人口（X3）	0.29	0.46
	农户身体状况（X4）	4.3	1.39
	主要从事职业（X5）	2.09	0.98
	家庭兼业类型（X6）	1.37	0.48
	农户家庭年纯收入（X7）	2.36	1.25
实物资产	养种殖年限（X8）	2.4	0.93
	养种殖规模（X9）	2.64	1.55
	拥有的生产性固定资产价值（10）	2.51	1.60
	拥有的牲畜价值（X11）	2.58	1.17
	年末住房价值（X12）	1.6	0.94
	是否有抵押（X13）	0.32	0.96
地理位置	到最近的金融机构的距离（X14）	2.72	1.09
	到中心镇的距离（X15）	4.8	3.99
	到火车站的距离（X16）	5.71	4.44
	到汽车站的距离（X17）	45.58	37.22
社会资本	是否村干部（X18）	26.53	19.13
	是否通过中间人（X19）	0.18	0.39
	是否有联保或担保人（X20）	0.44	0.53
	是否农信联社社员（X21）	0.26	0.44
	是否有亲戚朋友在政府或银行部门工作（X22）	0.25	0.43
	是否联保小组成员（X23）	0.1	0.31
交易费用	利率水平（X24）	1.49	1.44
	从申请到获得贷款所花的时间（X25）	1.55	1.53
	从申请到获得贷款洽谈的次数（X26）	1.89	1.73
	其他各项花费（X27）	1.55	1.23
	从申请到获得贷款所花的交通费用（X28）	2.57	2.00
	2017~2019年获得贷款的次数（X29）	1.89	1.02

资料来源：根据调查资料整理。

6.3　农户贷款可获得性实证分析与检验

表 6-18 中是使用 Eviews 软件做出的 Probit 模型检验，将所有的变量进入模型，检验结果反映了所有解释变量对被解释变量的影响程度。从 LR 统计值和统计量的收尾概率值（Prob）来看，模型整体检验结果较为显著。从 AIC、SC 和 HOC 值来看，模型的整体拟合优度较好。

表 6-18　Probit 模型检验结果

变量类型	自变量	参数估计值	参数估计量的样本标准差	Z 统计量	显著性水平
人力资本	X1	0.1492	0.0821	1.8179	0.0691
	X2	−0.0202	0.0082	−2.4702	0.0135
	X3	0.4938	0.1676	2.9461	0.0032
	X4	0.0405	0.0582	0.6947	0.4872
	X5	0.0289	0.0753	0.3835	0.7013
	X6	−0.6941	0.2331	−2.9774	0.0029
	X7	0.0134	0.0703	0.1912	0.8484
实物资产	X8	0.0993	0.1006	0.9866	0.3238
	X9	−0.0010	0.0764	−0.0127	0.9899
	X10	−0.0644	0.0684	−0.9418	0.3463
	X11	0.2142	0.0884	2.4223	0.0154
	X12	−0.0066	0.0850	−0.0771	0.9386
	X13	0.0660	0.1305	0.5060	0.6129
地理位置	X14	−0.0028	0.0822	−0.0336	0.9732
	X15	−0.0056	0.0264	−0.2138	0.8307
	X16	−0.0097	0.0226	−0.4283	0.6684
	X17	−0.0025	0.0022	−1.0977	0.2724
社会资本	X18	0.0110	0.0045	2.4596	0.0139
	X19	0.3236	0.2108	1.5351	0.1248
	X20	0.7120	0.1749	4.0711	0.0000
	X21	−0.1853	0.1775	−1.0437	0.2966
	X22	−0.1652	0.1752	−0.9429	0.3457
	X23	0.0174	0.2467	0.0706	0.9437

续表

变量类型	自变量	参数估计值	参数估计量的样本标准差	Z 统计量	显著性水平
交易费用	X24	0.2699	0.0759	3.5564	0.0004
	X25	-0.0123	0.0751	-0.1634	0.8702
	X26	0.1462	0.0738	1.9827	0.0474
	X27	0.1461	0.0649	2.2520	0.0243
	X28	0.0057	0.0501	0.1141	0.9091
	X29	0.0503	0.0988	0.5094	0.6104

模型拟合优度检验 AIC 值为 0.965498，SC 值为 1.209946，HQC 值为 1.061419

资源来源：根据调查资料整理。

6.4 农户贷款可获得性实证结果与讨论

从 Probit 检验分析结果看，人力资本中的户主受教育程度（X1）、年龄（X2）、家庭劳动力人口（X3）和家庭兼业类型（X6）变量，实物资产中的拥有的牲畜价值（X11）变量，社会资本中的是否村干部（X18）和是否有联保或担保人（X20）变量，交易费用中的利率水平（X24）、从申请到获得贷款洽谈的次数（X26）和其他各项花费（X27）等 10 个变量与农户贷款的可获得性关系显著（见表 6-19）。

表 6-19 显著变量与借贷可获得性相关情况

变量类型	显著变量	参数估计值	显著性水平	与借贷可获得性的相关度
人力资本	受教育程度（X1）	0.1492	0.0691	正相关
	年龄（X2）	-0.0202	0.0135	负相关
	家庭劳动力人口（X3）	0.4938	0.0032	正相关
	家庭兼业类型（X6）	-0.6941	0.0029	负相关
实物资产	拥有的牲畜价值（X11）	0.2142	0.0154	正相关
社会资本	是否村干部（X18）	0.0110	0.0139	正相关
	是否有联保或担保人（X20）	0.7120	0.0000	正相关

续表

变量类型	显著变量	参数估计值	显著性水平	与借贷可获得性的相关度
交易费用	利率水平（X24）	0.2699	0.0004	正相关
	从申请到获得贷款洽谈的次数（X26）	0.1462	0.0474	正相关
	其他各项花费（X27）	0.1461	0.0243	正相关

资源来源：根据调查资料整理。

通过以上的实证结果，本书得出以下结论。

一、从农户的人力资本来看：

1. 户主受教育程度（X1）对农户贷款的可获得性有显著的正向影响。户主受教育程度的回归系数 $\beta = 0.1492 > 0$，统计系数的显著性水平为 0.0691，在10%的置信区间显著。这表明，户主的受教育程度越高，农户获得贷款的可能性越大。该结果和假设一相一致。这是因为受教育程度越高的农户相对具有较强的学习和经营能力，并且有一定的金融投资意识，会积极利用国家政策来寻找投资机会，因而借贷需求比较高。另外，受教育程度越高的农户在农村普遍具有一定的社会地位和良好的声誉，也有利于获得银行的信贷支持。

2. 户主年龄（X2）对农户贷款的可获得性有显著影响，并且回归系数为负，说明户主越年轻越易获得贷款，这是因为我们调研的农户平均年龄都在40岁左右，低于这个年龄的年轻人身体素质较好，学习和接受新事务的能力较强，因而生产的积极性和创造能力越强，还贷的能力也越强。

3. 家庭劳动力人口（X3）的回归系数 $\beta = 0.4938 > 0$，统计系数的显著性水平为 0.0032，在1%的置信区间显著。这表明农户的家庭人口数越多，越容易获得贷款。由于我国实行了计划生育，农户家庭人口也只能在一定范围内增长，家庭人口越多，意味着家庭劳动力也相对较多，创造生产价值的能力越强，也越增强了金融机构对其还贷能力的信心。

4. 家庭兼业类型（X6）的回归系数为负，表明倾向于从事纯农业生产的农户，越容易获得金融机构贷款。该结果虽然与因素分析的预期假设二不一致，但是却与问卷调查的统计结果一致。这可能跟福建省长期对农户实行大量的金融倾斜政策有关，纯农户只要能提供身份证明，就可以较容易地获得小额贷款。

二、从农户的实物资本来看,农户拥有的牲畜价值(X11)的回归系数 $\beta=0.2142>0$,统计系数的显著性水平为 0.0154,在 5% 的置信区间显著。这表明农户拥有的牲畜价值对贷款的可获得性具有显著的正向影响。该结果与假设三一致。农户拥有的牲畜价值越高,表明农户是属于养殖大户,具有规模经济效应,向金融机构证明自己具有还款能力的禀赋也越强,因而越容易获得贷款。

三、从地理位置来看,目前福建省金融机构地理位置的设置对农户贷款的可获得性没有显著影响,该结果与假设四不一致,没有通过检验。可能的原因:一方面是福建省农村金融服务网点的覆盖面较广,交通比较便利;另一方面是网络的普及慢慢淡化了距离对农户贷款的约束。

四、从农户的社会资本来看,有两个指标对农户借贷的可获得性有显著的正向影响,分别是是否村干部(X18)、是否有联保或担保人(X20)。从这些社会资本的显著性来看,它们的回归系数均为正,与农户贷款的可获得性成正相关。这也说明:担任村干部的农户拥有更多的社会资本,越容易在金融机构获得贷款;贷款申请中能够提供联保和担保的农户,也给金融机构更多的信任,越容易获得贷款。假设五成立。

五、从农户借贷的交易费用来看,利率水平(X24)、从申请到获得贷款洽谈的次数(X26)和其他各项花费(X27)的回归系数均为正,表明农户在金融机构利率(X24)较高时申请贷款,获得贷款的可能性也就越大。农户从申请到获得贷款洽谈的次数(X26)越多,获得贷款的可能性越大。这表明农户要想获得贷款必须要经历与正规金融机构的多次洽谈。而农户在其他各项花费(X27)越多,获得贷款的可能性也越大。这说明农户在申请贷款时花费一些隐性费用(如送礼等人情费用的支出),更容易获得正规金融机构贷款。假设六成立。

6.5 小结

从以上的实证分析结果我们可以看出,农户的年龄、家庭兼业类型等人力资本对农户贷款的可获得性具有显著的反向作用。户主年龄越年轻越容易获得贷款，这跟年轻人身体健康、生产和创造的积极性较强有关。农户家庭兼业类型倾向于从事纯农业生产的农户，反而越容易获得金融机构贷款。这跟福建省长期对农户实行大量的金融倾斜政策有关。户主受教育程度、农户家庭人口对贷款的可获得性有正向影响。这是因为具有较高文化程度的农户具有较强的财富创造能力和投资意愿，因而获得贷款的概率也越高。在计划生育的国策下，农户家庭人口只能在一定范围内增长。农户家庭人口越多，意味着劳动力也相对较多，创造生产价值的能力越强，从而增强了金融机构对其还贷能力的信心，提高了其获贷的概率。是否村干部、是否有联保或担保人等反映农户拥有的社会资本变量，农户拥有的牲畜价值反映的实物资产变量，以及利率水平、从申请到获得贷款洽谈的次数和其他各项花费等反映交易费用变量，对农户贷款的可获得性均有显著的正向作用。这说明：具有一定职位的村干部和农村中较富裕的人群越容易获得贷款；农户拥有的实物资产价值越高，向金融机构证明自己还贷能力的禀赋就越多，也越容易获得贷款。农户要获得正规金融机构的贷款，还需要花费较多的交易费用，比如要承担较高的利息成本，需要多次与银行洽谈，还可能要支付一些请客送礼的隐性费用。而农户所处的地理位置对贷款的可获得性没有显著影响。

7

福建省农户贷款渠道选择的比较分析

作为发展中国家普遍存在的"金融二元性",我国也不可避免地存在正规金融和非正规(民间)金融并存的现象。非正规金融虽然在官方监管之外,但是由于它内生于农村本土市场,具有地缘、血缘和业缘的优势,而且交易手续简单灵活,能有效地解决借贷双方的信息不对称问题,有效地控制了借贷中的交易费用,迎合了广大农户对借贷的需求。农户金融渠道选择与哪些因素有关?交易费用对其影响程度如何?本章我们主要探讨这个问题。

7.1 福建省农户贷款渠道选择的总体情况

在问卷调查中,我们发现农户在实际借贷中存在四种借贷情况。第一种是没有选择任何一种贷款;第二种是只选择非正规金融机构贷款;第三种是只选择正规金融机构贷款;第四种是既获得非正规金融机构贷款又获得正规金融机构贷款。为了进一步探究交易费用对农户借贷渠道的影响程度,在问卷调查中,我们针对有过借款经历的农户,又增设了"农户最近一笔贷款选择渠道"这一问题进行调查,共有461户参与此项调查。调查结果显示:农户最近一笔借款来源于非正规金融渠道的有268户,占比58.13%;来源于正规金融渠道的有193户,占比41.87%。可以看出,从非正规渠道借贷仍然是农户借贷的主要方式(见表7-1)。

表 7-1　农户最近一笔贷款选择渠道

农户最近一笔借款渠道来源	选择非正规金融渠道		选择正规金融渠道	
	户数（户）	比例（%）	户数（户）	比例（%）
	268	58.13	193	41.87

资料来源：根据调查资料整理。

7.2　福建省农户贷款渠道选择的描述性统计

7.2.1　农户人力资本特征与金融渠道选择

农户人力资本特征包括农户个人特征和农户家庭特征。农户个人特征选择户主受教育程度、户主年龄、农户身体状况三个变量，农户家庭特征选择农户家庭人口数、农户家庭兼业类型、农户家庭纯收入三个变量来衡量。

7.2.1.1　户主受教育程度与金融渠道选择

在选择非正规金融渠道贷款的农户中：受教育在小学及以下的农户占比16.5%；受教育程度为初中文化程度的农户占比45.2%；受教育程度为高中或中专程度的农户占比24.8%；受教育程度为大专及以上文化程度的农户占比13.5%。在选择正规金融渠道贷款的农户中：受教育程度在小学及以下的农户占比11.4%；受教育程度为初中文化程度的农户占比40.3%；受教育程度为高中或中专程度的农户占比33.2%；受教育程度为大专及以上文化程度的农户占比15.1%（见表7-2、图7-1）。从中可以看出，在初中及以下文化水平上的农户选择非正规金融渠道贷款比例高于选择正规金融渠道贷款的比例。而高中及以上文化水平上的农户选择正规金融渠道贷款的比例高于选择非正规金融渠道贷款的比例，这也可以说明农户的文化程度越高，越有意愿去了解、接受并申请正规金融机构的金融服务。

表 7-2 受访农户户主受教育程度与金融渠道选择

户主受教育程度	选择非正规渠道（%）	选择正规渠道（%）
小学及以下	16.5	11.4
初中	45.2	40.3
高中或中专	24.8	33.2
大专及以上	13.5	15.1
合计	100	100

资料来源：根据调查资料整理。

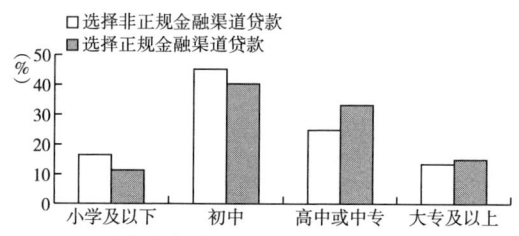

图 7-1 受访农户户主受教育程度与金融渠道选择

资料来源：根据调查资料整理。

7.2.1.2 户主年龄与金融渠道选择

户主处于不同年龄阶层对金融渠道的选择也大有不同。从问卷的数据来看，在选择非正规金融机构贷款的户主中：年龄在25岁及以下占比16.5%；户主年龄在26~35岁的占比18.8%；户主年龄在36~45岁的占比37.6%；户主年龄在46~60岁的占比17.3%；户主年龄在60岁以上的占比9.8%。在选择正规金融机构贷款的户主中：户主年龄在25岁及以下占比10.4%；户主年龄在26~35岁的占比31.3%；户主年龄在36~45岁的占比30%；户主年龄在46~60岁的占比22.9%；户主年龄在60岁以上的占比5.4%（见表7-3、图7-2）。我们发现，选择正规金融渠道比例最高的农户户主年龄在26~45岁，在这个年龄区间，选择正规金融渠道贷款的比例远高于选择非正规金融渠道，这也可以看出这个年龄段的农户年富力强，有较强的金融需求，并且在获取资金需求渠道上更稳健，倾向于选择风险性较小的正规金融渠道获取资金。而选择正规金融渠道贷款比例最低的农户年龄在60岁以上。

表 7-3　受访农户户主年龄与金融渠道选择

户主年龄	选择非正规金融渠道（%）	选择正规金融渠道（%）
25 岁及以下	16.5	10.4
26~35 岁	18.8	31.3
36~45 岁	37.6	30
46~60 岁	17.3	22.9
60 岁以上	9.8	5.4
合计	100	100

资料来源：根据调查资料整理。

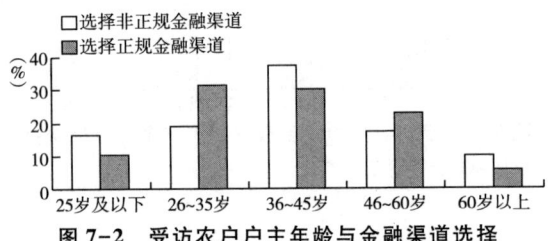

图 7-2　受访农户户主年龄与金融渠道选择

资料来源：根据调查资料整理。

7.2.1.3　农户身体状况与金融渠道选择

一般来说，农户平均每年所花的医疗费越少，说明农户越健康。在选择非正规金融渠道贷款的农户中：每年医疗费花费在 1000 元以下的占比 40.6%；每年医疗费花费在 1000~2000 元的农户占比 31.6%；每年医疗费在 2000~5000 元的农户占比为 20.3%；每年医疗费在 5000 元以上的农户占比为 7.5%。在选择正规金融渠道贷款的农户中：每年医疗费花费在 1000 元以下的占比 33.2%；每年医疗费花费在 1000~2000 元的农户占比 29.2%；每年医疗费在 2000~5000 元的农户占比为 28.3%；每年医疗费在 5000 元以上的农户占比为 9.3%（见表 7-4、图 7-3）。从统计数据来看，农户身体状况越好，借贷的发生率越高，选择非正规金融的比例还略高于正规金融。

表 7-4 受访农户身体状况与金融渠道选择

农户身体状况（医药费）	选择非正规金融渠道（%）	选择正规金融渠道（%）
1000 元以下	40.6	33.2
1000~2000 元	31.6	29.2
2000~5000 元	20.3	28.3
5000 元以上	7.5	9.3
合计	100	100

资料来源：根据调查资料整理。

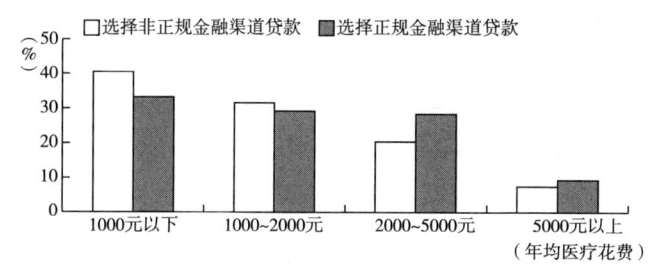

图 7-3 受访农户身体状况与金融渠道选择

数据来源：根据调查数据整理。

7.2.1.4 农户家庭人口数与金融渠道选择

在选择非正规金融渠道贷款的农户中：家庭人口数在 3 人及以下的占比 30.1%；家庭人口数在 4~5 人的占比 54.1%；农户家庭人口数在 6~8 人的占比 15.8%；8 人以上的占比 0。在选择正规金融渠道贷款的农户中：家庭人口数在 3 人及以下的占比 27.6%；家庭人口数在 4~5 人的占比 59.7%；农户家庭人口数在 6~8 人的占比 12.2%；8 人以上的占比 0.5%（见表 7-5、图 7-4）。从问卷调查可以看出，福建农户家庭人口数为 3~5 人的无论是在正规金融还是在非正规金融借贷的比例都很高。农户家庭人口数与农户借贷渠道选择没有必然的联系。

表 7-5 受访农户家庭人口数与金融渠道选择

农户家庭人口数	选择非正规金融渠道（%）	选择正规金融渠道（%）
3 人及以下	30.1	27.6
4~5 人	54.1	59.7
6~8 人	15.8	12.2

续表

农户家庭人口数	选择非正规金融渠道（%）	选择正规金融渠道（%）
8人以上	0	0.5
合计	100	100

资料来源：根据调查资料整理。

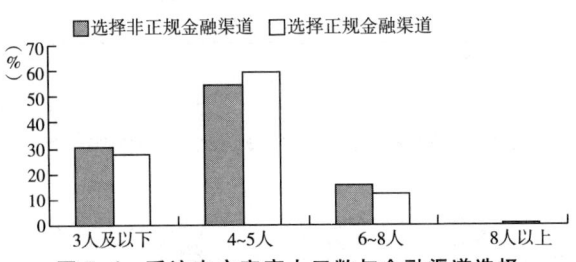

图 7-4 受访农户家庭人口数与金融渠道选择

资料来源：根据调查资料整理。

7.2.1.5 农户家庭兼业类型与金融渠道选择

在选择非正规金融渠道贷款的农户中：家庭兼业类型为纯农业户占比 29.3%；农业兼业户占比 32.3%；非农业兼业户占比 18%；非农业户占比 12.8%；其他占比 7.6%。而在选择正规金融机构贷款的农户中：家庭兼业类型为纯农业户占比 33.5%；农业兼业户占比 25.6%；非农业兼业户占比 16.9%；非农业户占比 19.6%；其他占比 4.4%（见表 7-6、图 7-5）。可以看出纯农业户和非农业户更倾向于选择从正规金融机构贷款。而农业兼业户、非农业兼业户和其他类型的农户选择非正规金融机构贷款的比例高于正规金融机构。

表 7-6 受访农户家庭兼业类型与金融渠道选择

家庭兼业类型	选择非正规金融渠道（%）	选择正规金融渠道（%）
纯农业户	29.3	33.5
农业兼业户	32.3	25.6
非农业兼业户	18	16.9
非农业户	12.8	19.6
其他	7.6	4.4
合计	100	100

资料来源：根据调查资料整理。

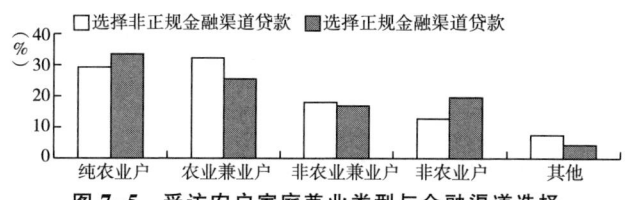

图 7-5 受访农户家庭兼业类型与金融渠道选择

资料来源：根据调查资料整理。

7.2.1.6 农户家庭纯收入与金融渠道选择

在选择非正规金融渠道贷款的农户中，从农户家庭纯收入来看：家庭收入 2 万元以下的占比 20.3%；家庭收入 2 万~5 万元的占比 45.1%；家庭收入 5 万~10 万元的占比 22.5%；家庭收入 10 万元以上的占比 12.1%。而在选择正规金融渠道贷款的农户中，从农户家庭纯收入来看：家庭收入 2 万元以下的占比 15.5%；家庭收入 2 万~5 万元的占比 39.0%；家庭收入 5 万~10 万元的占比 30.5%；家庭收入 10 万元以上的占比 15%（见表 7-7、图 7-6）。可以看出：家庭纯收入在 5 万元以上的农户，选择正规金融机构贷款的比例较高；而家庭纯收入 5 万元以下的农户，选择非正规金融贷款的比例较高。

表 7-7 受访农户家庭纯收入与金融渠道选择

农户家庭纯收入	选择非正规金融渠道（%）	选择正规金融渠道（%）
2 万元以下	20.3	15.5
2 万~5 万元	45.1	39.0
5 万~10 万元	22.5	30.5
10 万元以上	12.1	15
合计	100	100

资料来源：根据调查资料整理。

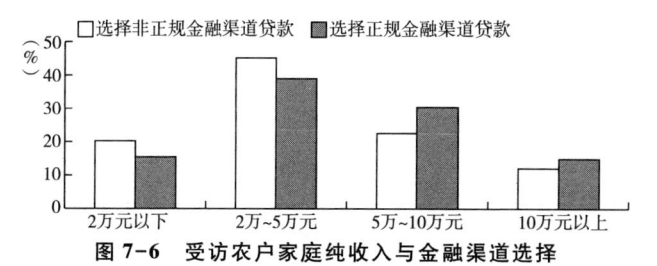

图 7-6 受访农户家庭纯收入与金融渠道选择

资料来源：根据调查资料整理。

7.2.2 农户实物资产特征与金融渠道选择

农户实物资产特征主要选取农户种植面积、农户拥有的生产性固定资产价值、农户拥有的牲畜价值、农户年末住房价值、用什么做抵押物五个变量来衡量。

7.2.2.1 农户种植面积与金融渠道选择

在选择非正规金融渠道贷款的农户中：种植面积在0~1亩的农户占比43.6%；种植面积在1~3亩的农户占比17.3%；种植面积在3~5亩的农户占比16.5%；种植面积在5~10亩的农户占比15%；种植面积在10~20亩的农户占比3%；种植面积在20亩以上的占比4.5%。而在选择正规金融渠道贷款的农户中：种植面积在0~1亩的农户占比40.9%；种植面积在1~3亩的农户占比11.4%；种植面积在3~5亩的农户占比18.3%；种植面积在5~10亩的农户占比13.8%；种植面积在10~20亩的农户占比8.2%；种植面积在20亩以上的占比7.4%（见表7-8、图7-7）。从数据来看，种植面积在0~1亩的农户借贷的发生率比较高，但是农户种植面积与金融渠道的选择没有太多明显的关联。

表7-8 受访农户种植面积与金融渠道选择

种植面积	选择非正规金融渠道（%）	选择正规金融渠道（%）
0~1亩	43.6	40.9
1~3亩	17.3	11.4
3~5亩	16.5	18.3
5~10亩	15	13.8
10~20亩	3	8.2
20亩以上	4.5	7.4
合计	100	100

资料来源：根据调查资料整理。

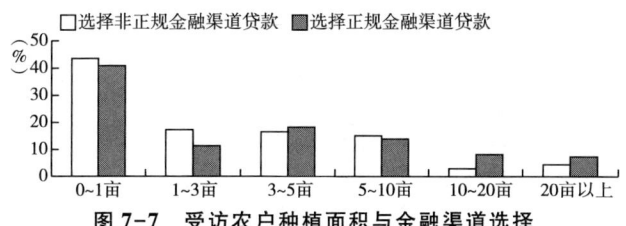

图 7-7 受访农户种植面积与金融渠道选择

资料来源：根据调查资料整理。

7.2.2.2 农户拥有的生产性固定资产价值与金融渠道选择

在选择非正规金融渠道贷款的农户中：拥有的生产性固定资产价值在 5000 元以下的占比为 26.3%；拥有的生产性固定资产价值在 5000~10000 元的占比为 32.3%；拥有的生产性固定资产价值在 1 万~5 万元的占比为 23.3%；拥有的生产性固定资产价值在 5 万元以上的占比为 18.1%。在选择正规金融渠道贷款的农户中：拥有的生产性固定资产价值在 5000 元以下的占比为 18.3%；拥有的生产性固定资产价值在 5000~10000 元的占比为 27.5%；拥有的生产性固定资产价值在 1 万~5 万元的占比为 26.4%；拥有的生产性固定资产价值在 5 万元以上的占比为 27.8%（见表 7-9、图 7-8）。可以看出，农户拥有的生产性固定资产价值在 1 万元以下的，选择从非正规金融渠道贷款的比例高于选择从正规金融渠道贷款的比例。而农户拥有的生产性固定资产价值在 1 万元以上的，选择从正规金融渠道贷款的比例高于选择从非正规金融渠道贷款的比例。

表 7-9 受访农户拥有的生产性固定资产价值与金融渠道选择

拥有的生产性固定资产价值	选择非正规金融渠道（%）	选择正规金融渠道（%）
5000 元以下	26.3	18.3
5000~10000 元	32.3	27.5
1 万~5 万元	23.3	26.4
5 万元以上	18.1	27.8
合计	100	100

资料来源：根据调查资料整理。

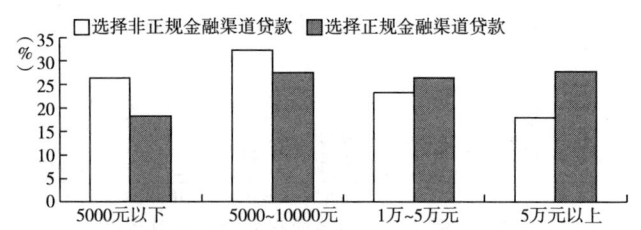

图 7-8 受访农户拥有的生产性固定资产价值与金融渠道选择

资料来源：根据调查资料整理。

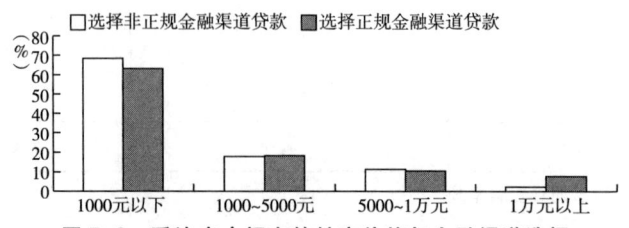

7.2.2.3 农户拥有的牲畜价值与金融渠道选择

在选择非正规金融渠道贷款的农户中：拥有的牲畜价值在1000元以下的占比为68.4%；拥有牲畜价值在1000~5000元的农户占比为18.0%；拥有牲畜价值在5000~10000元的农户占比为11.3%；拥有牲畜价值在10000元以上的农户占比为2.3%。在选择正规金融渠道贷款的农户中：拥有的牲畜价值在1000元以下的占比为63.2%；拥有牲畜价值在1000~5000元的农户占比为18.3%；拥有牲畜价值在5000~10000元的农户占比为10.6%；拥有牲畜价值在1万元以上的农户占比为7.9%（见表7-10、图7-9）。从统计数据来看，农户拥有的牲畜价值越低，借款的发生率越高，但是农户拥有的牲畜价值对其金融渠道选择的影响不大。

表 7-10 受访农户拥有的牲畜价值与金融渠道选择

拥有的牲畜价值	选择非正规金融渠道（%）	选择正规金融渠道（%）
1000元以下	68.4	63.2
1000~5000元	18	18.3
5000~10000元	11.3	10.6
10000元以上	2.3	7.9
合计	100	100

资料来源：根据调查资料整理。

图 7-9 受访农户拥有的牲畜价值与金融渠道选择

资料来源：根据调查资料整理。

7.2.2.4 农户年末住房价值与金融渠道选择

在选择非正规金融渠道贷款的农户中：年末住房价值在5万元以下的农户占比为22.6%；年末住房价值在5万~10万元的农户占比为29.3%；年末住房价值在10万~20万元的农户占比为17.3%；年末住房价值在20万元以上的农户占比为30.8%。在选择正规金融渠道贷款的农户中：年末住房价值在5万元以下的农户占比为14.4%；年末住房价值在5万~10万元的农户占比为27.2%；年末住房价值在10万~20万元的农户占比为24.8%；年末住房价值在20万元以上的农户占比为33.6%（见表7-11、图7-10）。从中可以看出，住房价值在10万元以内的农户，选择非正规金融渠道贷款的比例比较高，而年末住房价值在10万元以上的农户，选择正规金融渠道贷款的比例较高。

表 7-11 受访农户年末住房价值与金融渠道选择

年末住房价值	选择非正规金融渠道（%）	选择正规金融渠道（%）
5万元以下	22.6	14.4
5万~10万元	29.3	27.2
10万~20万元	17.3	24.8
20万元以上	30.8	33.6
合计	100	100

资料来源：根据调查资料整理。

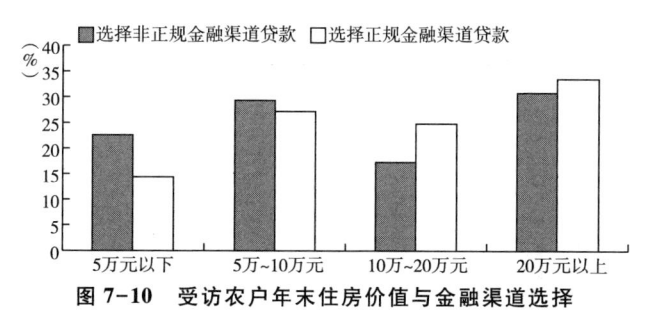

图 7-10 受访农户年末住房价值与金融渠道选择

资料来源：根据调查资料整理。

7.2.2.5 用什么做抵押物与金融渠道选择

通过对有抵押担保的农户进行调查，发现家庭财产中的大件是农户采用最多的抵押物。其中选择非正规金融渠道贷款的农户中：用家庭财产中的大件做抵押的占比 91%；用牲畜做抵押的占比 1.5%；用房屋做抵押的占比 0.8%；用土地做抵押的占比 1.5%；用存折做抵押的占比 1.5%；用家庭财产做抵押的占比 0；用订单做抵押的占比 0；用其他物品做抵押的占比 3.7%。而选择正规金融渠道贷款的农户中：用家庭财产中的大件做抵押的占比 48%；用牲畜做抵押的占比 3.8%；用房屋做抵押的占比 3.5%；用土地做抵押的占比 27%；用存折做抵押的占比 3.3%；用家庭财产做抵押的占比 2.7%；用订单做抵押的占比 5.2%；用其他做抵押的占比 6.5%（见表 7-12、图 7-11）。从问卷的数据来看，选择非正规金融机构贷款的农户，选择用家庭财产中的大件做抵押的占绝大多数，而选择正规金融机构贷款的农户，家庭财产中的大件和土地是他们最常采用的抵押物。

表 7-12　用什么做抵押物与金融渠道选择

用什么做抵押物	选择非正规金融渠道（%）	选择正规金融渠道（%）
家庭财产中的大件	91	48
牲畜	1.5	3.8
房屋	0.8	3.5
土地	1.5	27
存折	1.5	3.3
家庭财产	0	2.7
订单	0	5.2
其他	3.7	6.5
合计	100	100

资料来源：根据调查资料整理。

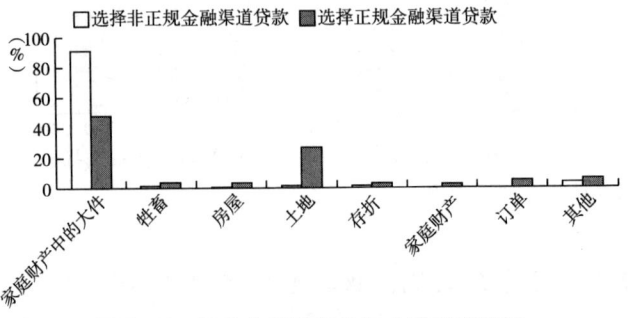

图 7-11　用什么做抵押物与金融渠道选择

资料来源：根据调查资料整理。

7.2.3 地理位置特征与金融渠道选择

农户地理位置特征主要选取到最近的金融机构的距离、到中心镇的距离、到火车站的距离和到汽车站的距离四个变量来衡量。

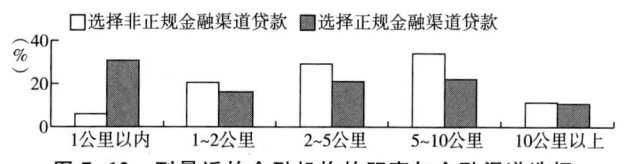

7.2.3.1 到最近的金融机构的距离与金融渠道选择

选择非正规金融渠道贷款的农户，到最近的金融机构的距离为1公里以内的占比6%，距离为1~2公里的占比20.4%，距离为2~5公里的占比28.9%，距离为5~10公里的占比33.8%，距离为10公里以上的占比10.9%。选择正规金融渠道贷款的农户，到最近的金融机构的距离为1公里以内的占比30.8%，距离为1~2公里的占比15.8%，距离为2~5公里的占比21.1%，距离为5~10公里的占比21.8%，距离为10公里以上的占比10.5%（见表7-13、图7-12）。从数据可以看出，到最近的金融机构的距离为1公里以内的农户选择正规金融机构贷款的占比远远高于选择非正规金融贷款的占比，这也说明农村金融服务地理上的可及性会影响农户对借贷渠道的选择。

表 7-13　到最近的金融机构的距离与金融渠道选择

到最近的金融机构的距离	选择非正规金融渠道（%）	选择正规金融（%）
1公里以内	6	30.8
1~2公里	20.4	15.8
2~5公里	28.9	21.1
5~10公里	33.8	21.8
10公里以上	10.9	10.5
合计	100	100

资料来源：根据调查资料整理。

图 7-12　到最近的金融机构的距离与金融渠道选择

资料来源：根据调查资料整理。

7.2.3.2 到中心镇的距离与金融渠道选择

选择非正规金融渠道贷款的农户，到中心镇的距离为1公里以内的占比12%，距离为1~2公里的占比24.8%，距离为2~5公里的占比23.3%，距离为5~10公里的占比20.3%，距离为10公里以上的占比19.5%。选择正规金融渠道贷款的农户，到中心镇的距离为1公里以内的占比17.2%，距离为1~2公里的占比15%，距离为2~5公里的占比24.5%，距离为5~10公里的占比28.9%，距离为10公里以上的占比14.4%（见表7-14、图7-13）。从数据可以看出，选择正规金融机构贷款与选择非正规金融机构贷款的差异不大，也可以说到中心镇的距离对农户金融渠道的选择影响不大。

表7-14 到中心镇的距离与金融渠道选择

到中心镇的距离	选择非正规金融渠道（%）	选择正规金融渠道（%）
1公里以内	12	17.2
1~2公里	24.8	15
2~5公里	23.3	24.5
5~10公里	20.3	28.9
10公里以上	19.5	14.4
合计	100	100

资料来源：根据调查资料整理。

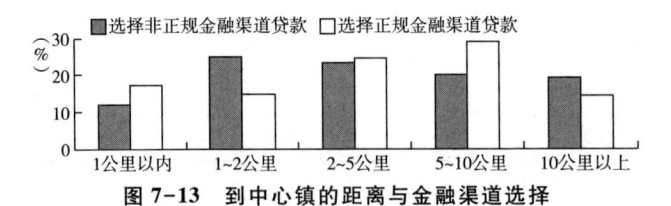

图7-13 到中心镇的距离与金融渠道选择

资料来源：根据调查资料整理。

7.2.3.3 到火车站的距离与金融渠道选择

选择非正规金融渠道贷款的农户，到火车站的距离为2~5公里的占比1.5%，距离为5~10公里的占比2.3%，距离为10公里以上的占比

96.2%。选择正规金融渠道贷款的农户,到火车站的距离为2~5公里的占比4.1%,距离为5~10公里的占比4.6%,距离为10公里以上的占比91.3%(见表7-15、图7-14)。从数据可以看出,到火车站的距离对农户金融渠道的选择影响不大。

表7-15 到火车站的距离与金融渠道选择

到火车站的距离	选择非正规金融渠道(%)	选择正规金融渠道(%)
2~5公里	1.5	4.1
5~10公里	2.3	4.6
10公里以上	96.2	91.3
合计	100	100

资料来源:根据调查资料整理。

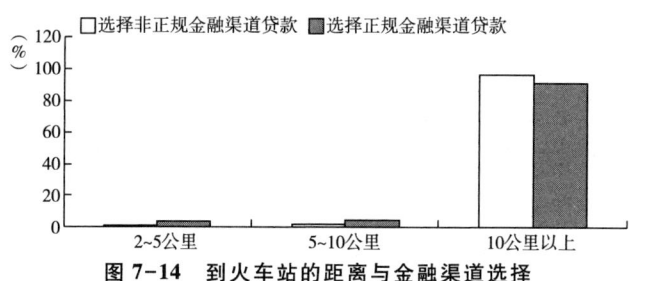

图7-14 到火车站的距离与金融渠道选择

资料来源:根据调查资料整理。

7.2.3.4 到汽车站的距离与金融渠道选择

选择非正规金融渠道贷款的农户,到汽车站的距离为1公里以内的占比2.2%,距离为1~2公里的占比2.5%,距离为2~5公里的占比4.6%,距离为5~10公里的占比6.5%,距离为10公里以上的占比84.2%。选择正规金融渠道贷款的农户,到汽车站的距离为1公里以内的占比2.3%,距离为1~2公里的占比1.8%,距离为2~5公里的占比2.3%,距离为5~10公里的占比4.5%,距离为10公里以上的占比89.1%(见表7-16、图7-15)。从数据可以看出,选择正规金融机构贷款与选择非正规金融机构贷款的差异不大,也可以说到汽车站的距离对农户金融渠道的选择影响不大。

表 7-16　到汽车站的距离与金融渠道选择

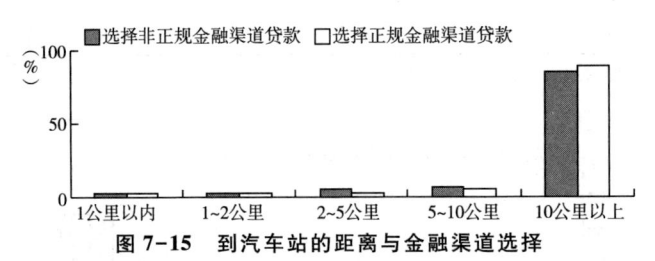

到汽车站的距离	选择非正规金融渠道（%）	选择正规金融渠道（%）
1 公里以内	2.2	2.3
1~2 公里	2.5	1.8
2~5 公里	4.6	2.3
5~10 公里	6.5	4.5
10 公里以上	84.2	89.1
合计	100	100

资料来源：根据调查资料整理。

图 7-15　到汽车站的距离与金融渠道选择

资料来源：根据调查资料整理。

7.2.4　农户社会资本特征与金融渠道选择

农户社会资本特征选取是否村干部、是否通过中间人、是否有抵押或担保人、是否农信联社成员、是否合作社成员、是否有亲戚朋友在政府或银行部门工作和是否联保小组成员七个变量来衡量。

7.2.4.1　是否村干部与金融渠道选择

在选择非正规金融渠道贷款的农户中，回答"是"村干部的农户占比 16.5%，回答"否"的农户占比 83.5%。在选择正规金融渠道贷款的农户中，回答"是"村干部的农户占比 33.8%，回答"否"的农户占比 66.2%（见表 7-17、图 7-16）。从中可以看出村干部相对来说对农村金融服务较了解也具有一定的社会资本优势，倾向于选择正规金融渠道获取贷款。

表 7-17　是否村干部与金融渠道选择

是否村干部	选择非正规金融渠道（%）	选择正规金融渠道（%）
否	83.5	66.2
是	16.5	33.8
合计	100	100

资料来源：根据调查资料整理。

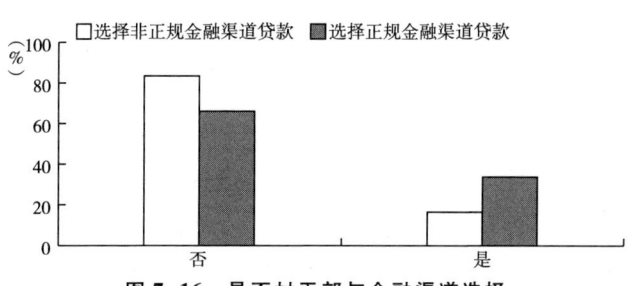

图 7-16　是否村干部与金融渠道选择

资料来源：根据调查资料整理。

7.2.4.2　是否通过中间人与金融渠道选择

在选择非正规金融渠道贷款的农户中，贷款没有通过中间人的农户占比 99.2%，贷款通过中间人的农户占比 0.8%。而选择正规金融渠道贷款的农户，贷款没有通过中间人的农户占比 75.2%，贷款通过中间人的农户占比 24.8%（见表 7-18、图 7-17）。从中可以看出有没有中间人对农户金融渠道的选择有一定的影响，有中间人的农户获得正规金融渠道贷款的比例更高。

表 7-18　是否通过中间人与金融渠道选择

是否通过中间人	选择非正规金融渠道（%）	选择正规金融渠道（%）
否	99.2	75.2
是	0.8	24.8
合计	100	100

资料来源：根据调查资料整理。

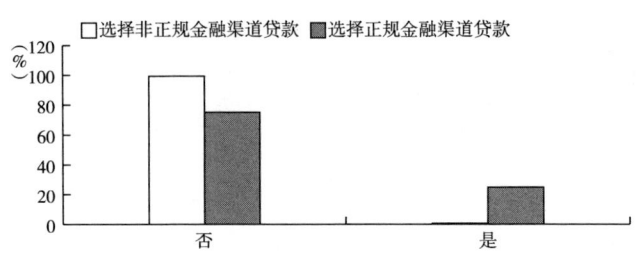

图 7-17 是否通过中间人与金融渠道选择

资料来源：根据调查资料整理。

7.2.4.3 是否有抵押或担保人与金融渠道选择

在选择非正规金融渠道贷款的农户中，没有抵押和担保的农户占比97.7%，有抵押和担保的农户占比为2.3%。选择正规金融渠道贷款的农户中，没有抵押和担保的农户占比42.8%，有抵押和担保的农户占比为57.2%（见表7-19、图7-18）。可以明显地看出，农户是否有抵押或担保人对农户借贷渠道选择有着重要的影响。

表 7-19 是否有抵押或担保人与金融渠道选择

是否有抵押或担保人	选择非正规金融渠道（%）	选择正规金融渠道（%）
否	97.7	42.8
是	2.3	57.2
合计	100	100

资料来源：根据调查资料整理。

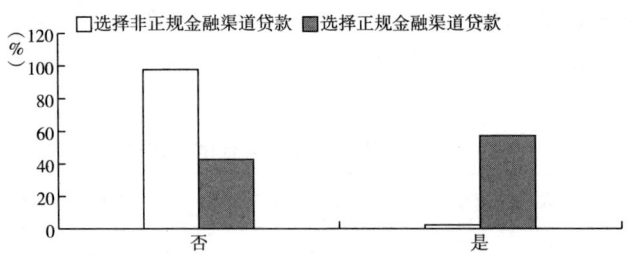

图 7-18 是否有抵押或担保人与金融渠道选择

资料来源：根据调查资料整理。

7.2.4.4 是否农信联社成员与金融渠道选择

选择非正规金融渠道贷款的农户，不是农信联社成员的占比82.7%，是农信联社成员的占比17.3%；选择正规金融渠道贷款的农户，不是农信联社成员的占比70.8%，是农信联社成员的占比29.2%（见表7-20、图7-19）。这也说明成为农信联社成员的农户选择正规金融贷款的概率更高。

表7-20 是否农信联社成员与金融渠道选择

是否农信联社成员	选择非正规金融渠道（%）	选择正规金融渠道（%）
否	82.7	70.8
是	17.3	29.2
合计	100	100

资料来源：根据调查资料整理。

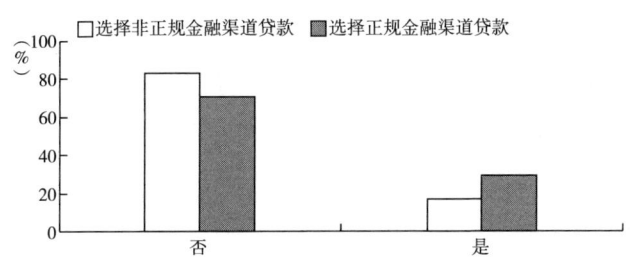

图7-19 是否农信联社成员与金融渠道选择

资料来源：根据调查资料整理。

7.2.4.5 是否合作社成员与金融渠道选择

选择非正规金融渠道贷款的农户，加入合作社的农户占比17.3%，没有加入合作社的农户占比为82.7%；选择正规金融渠道贷款的农户，加入合作社的农户占比29.2%，没有加入合作社的农户占比为70.8%（见表7-21、图7-20）。可以发现，加入合作社，对农户获取正规金融渠道的贷款是有帮助的。

表7-21 是否合作社成员与金融渠道选择

是否合作社成员	选择非正规金融渠道（%）	选择正规金融渠道（%）
否	82.7	70.8
是	17.3	29.2
合计	100	100

资料来源：根据调查资料整理。

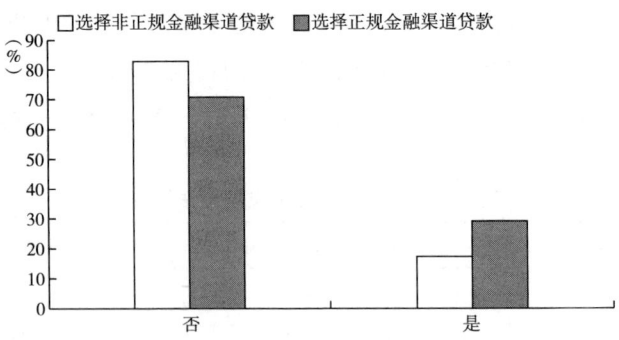

图 7-20　是否合作社成员与金融渠道选择

资料来源：根据调查资料整理。

7.2.4.6　是否有亲戚朋友在政府或银行部门工作与金融渠道选择

在选择非正规金融渠道贷款的农户中，没有亲戚朋友在政府或银行部门工作的占比 77.4%，有亲戚朋友在政府或银行部门工作的占比 22.6%；在选择正规金融渠道贷款的农户中，没有亲戚朋友在政府或银行部门工作的占比为 74.1%，有亲戚朋友在政府或银行部门工作的占比为 25.9%（见表 7-22、图 7-21）。可以看出，有亲戚朋友在政府或银行部门工作，会提高农户选择正规金融机构贷款的比例。

表 7-22　是否有亲戚朋友在政府或银行部门工作与金融渠道选择

是否有亲戚朋友在政府或银行部门工作	选择非正规金融渠道（%）	选择正规金融渠道（%）
否	77.4	74.1
是	22.6	25.9
合计	100	100

资料来源：根据调查资料整理。

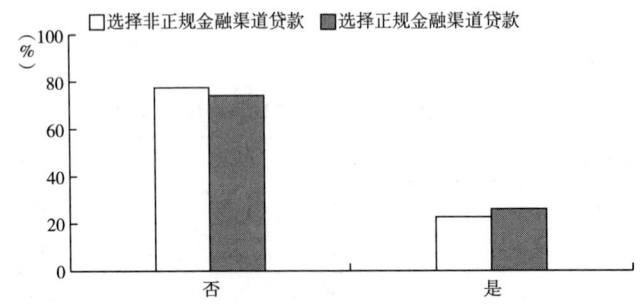

图 7-21　是否有亲戚朋友在政府或银行部门工作与金融渠道选择

资料来源：根据调查资料整理。

7.2.4.7 是否联保小组成员与金融渠道选择

在选择非正规金融渠道贷款的农户中，不是联保小组成员的农户占比98.5%，是联保小组成员的农户占比1.5%。在选择正规金融渠道贷款的农户中，不是联保小组成员的农户占比86.4%，是联保小组成员的农户占比13.6%（见表7-23、图7-22）。从调研数据来看，加入联保小组，对农户获得农村正规金融机构贷款的帮助较大，这也说明福建省的联保贷款在实施过程中还存在很多制约因素。

表 7-23　是否联保小组成员与金融渠道选择

是否联保小组成员	选择非正规金融渠道（%）	选择正规金融渠道（%）
否	98.5	86.4
是	1.5	13.6
合计	100	100

资料来源：根据调查资料整理。

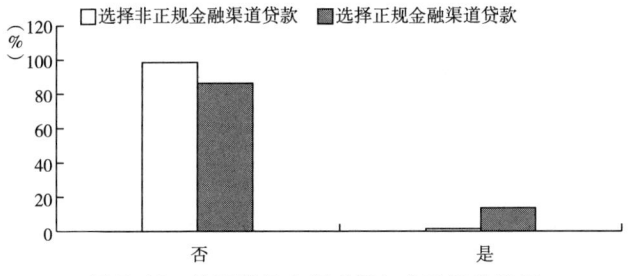

图 7-22　是否联保小组成员与金融渠道选择

资料来源：根据调查资料整理。

7.2.5　借贷的交易费用与金融渠道选择

农户借贷的费用利率水平、从申请到获得贷款洽谈的次数、从申请到获得贷款所花费的时间、其他各项花费（请客送礼）、从申请到获得贷款所花的交通费用、2017~2019年获得贷款的次数6个变量来衡量。

7.2.5.1 利率水平与金融渠道选择

在选择非正规金融渠道贷款的农户中：利率水平在5%以下的占比17.2%；利率水平在5%~7%的占比20.4%；利率水平在7%~10%的占比16.6%；利率水平在10%~15%的占比33.5%；利率水平在15%以上的占比12.3%。而在选择正规金融渠道贷款的农户中：利率水平主要集中在5%以下，占比95.4%；利率水平在5%~7%的占比4.6%（见表7-24、图7-23）。可以看出，较低的利率水平是农户选择正规金融机构贷款的重要原因，而选择非正规金融机构贷款则要承担较高的利率，承担利率在10%以上的占比达45.8%。

表7-24 利率水平与金融渠道选择

利率水平	选择非正规金融渠道（%）	选择正规金融渠道（%）
5%以下	17.2	95.4
5%~7%	20.4	4.6
7%~10%	16.6	0
10%~15%	33.5	0
15%以上	12.3	0
合计	100	100

资料来源：根据调查资料整理。

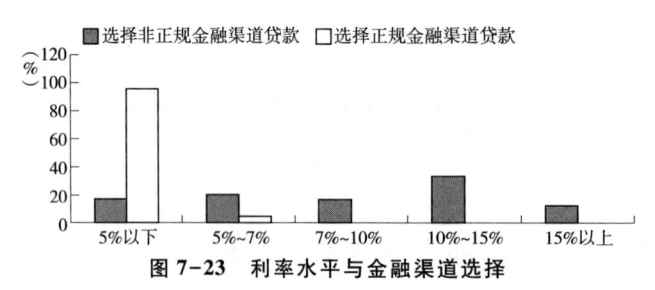

图7-23 利率水平与金融渠道选择

资料来源：根据调查资料整理。

7.2.5.2 从申请到获得贷款洽谈的次数与金融渠道选择

选择非正规金融渠道贷款的农户，96.7%的农户只要洽谈1次就能获得贷款，3.3%的农户只需要 2 次就能获得贷款。这也说明农户从非正规金融机构获得贷款非常便捷。而选择正规金融渠道贷款的农户：从申请到贷款只要 1 次就能获得贷款的比例为 13.7%；需要 2 次的占比 27.8%；需要 3 次的占比 34.8%；需要 4 次的占比 12.5%；需要 5 次的占比 8.2%；需要 6 次及以上的占比 3.0%（见表 7-25、图 7-24）。农户要从正规金融机构贷到款，62.6%的农户需要洽谈 2~3 次。在申请贷款的便捷程度上，非正规金融更具有优势。

表 7-25 从申请到获得贷款洽谈的次数与金融渠道选择

从申请到获得贷款洽谈的次数	选择非正规金融渠道（%）	选择正规金融渠道（%）
1 次	96.7	13.7
2 次	3.3	27.8
3 次	0	34.8
4 次	0	12.5
5 次	0	8.2
6 次及以上	0	3
合计	100	100

资料来源：根据调查资料整理。

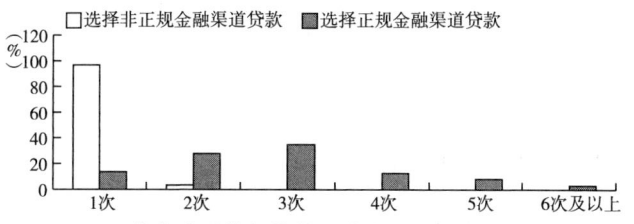

图 7-24 从申请到获得贷款洽谈的次数与金融渠道选择

资料来源：根据调查资料整理。

7.2.5.3 从申请到获得贷款所花费的时间与金融渠道选择

选择非正规金融渠道贷款的农户，从申请到获得贷款所花费的时间在 7 天以内的，占比 100%。而选择正规金融机构贷款的农户：37.6%的农户在 7 天以内能获得贷款；25.1%的农户在 7~15 天内可获得贷款；20.2%的农户在 15~30 天内可获得贷款；12.3%的农户在 1~3 个月内可获得贷款；3%的农户在3~6个月内可获得贷款；1.9%的农户则需要半年以上才能获得贷款（见表7-26、图7-25）。问卷显示，农户选择非正规渠道贷款花费的时间成本较少。

表7-26 从申请到获得贷款所花费的时间与金融渠道选择

从申请到获得贷款所花费的时间	选择非正规金融渠道（%）	选择正规金融渠道（%）
7天以内	100	37.6
7~15天	0	25.1
15~30天	0	20.2
1~3个月	0	12.3
3~6个月	0	3
半年以上	0	1.9
合计	100	100

资料来源：根据调查资料整理。

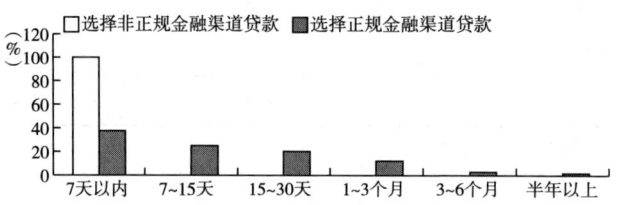

图7-25 从申请到获得贷款所花费的时间与金融渠道选择

资料来源：根据调查资料整理。

7.2.5.4 其他各项花费与金融渠道选择

在其他各项花费如送礼方面，选择非正规渠道贷款的农户：花费0元的占比93.2%；花费0~100元的占比2.3%；花费100~300元的占比0.8%；花费300~500元的占比2.3%；花费500~1000元的占比1.4%；花费1000元以上的占比为0。选择正规金融渠道贷款的农户：花费0元的占比73.6%；花费0~100元的占比7.1%；花费100~300元的占比6.5%；花费300~500元的占比5.7%；花费500~1000元的占比3.8%；花费1000元以上的占比3.3%（见表7-27、图7-26）。总体来说，选择正规金融机构贷款花费的额外费用高于非正规金融机构。

表 7-27 其他各项花费与金融渠道选择

其他各项花费	选择非正规金融渠道（%）	选择正规金融渠道（%）
0 元	93.2	73.6
0~100 元	2.3	7.1
100~300 元	0.8	6.5
300~500 元	2.3	5.7
500~1000 元	1.4	3.8
1000 元以上	0	3.3
合计	100	100

资料来源：根据调查资料整理。

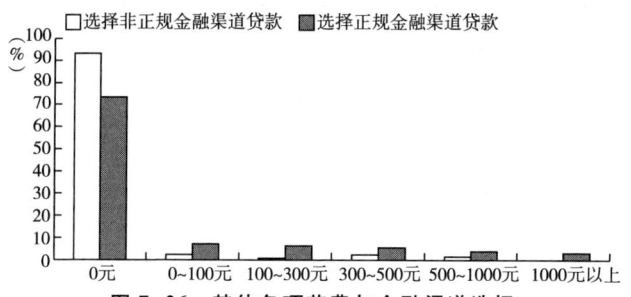

图 7-26 其他各项花费与金融渠道选择

资料来源：根据调查资料整理。

7.2.5.5 从申请到获得贷款所花的交通费用与金融渠道选择

选择非正规金融渠道贷款的农户，从申请到获得贷款所花的交通费用为 0 元的占比 98.6%、0~10 元的占比 1.4%、10 元以上的占比为 0。这说明农户选择非正规金融借贷具有地理上的便利，同村的亲朋好友占多数。选择正规金融渠道贷款的农户，从申请到贷到款所花的交通费用为 0 元的占比 31.6%，比例远远低于从非正规金融贷款所花的交通费用；0~10 元的占比 12.8%；10~20 元的占比为 19.1%；20~30 元的占比 13.9%；30~40 元的占比 5.2%；40~50 元的占比 4.4%；50 元以上的占比 13.0%（见表 7-28、图 7-27）。以上数据表明，大多数正规金融机构离农户的住所较远，因而农户花费的交通费用也相对较高。

表 7-28 从申请到获得贷款所花的交通费用与金融渠道选择

从申请到获得贷款所花的交通费用	选择非正规金融渠道（%）	选择正规金融渠道（%）
0 元	98.6	31.6
0~10 元	1.4	12.8
10~20 元	0	19.1
20~30 元	0	13.9
30~40 元	0	5.2
40~50 元	0	4.4
50 元以上	0	13
合计	100	100

资料来源：根据调查资料整理。

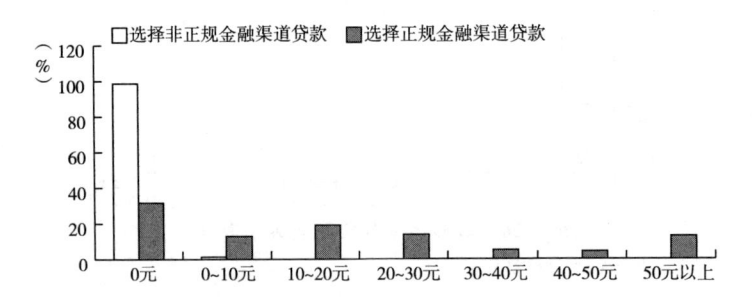

图 7-27 从申请到获得贷款所花的交通费用与金融渠道选择

资料来源：根据调查资料整理。

7.2.5.6 2017~2019 年获得贷款的次数与金融渠道选择

选择非正规金融渠道贷款的农户，2017~2019 年获得贷款的次数为 0 次的占比 14.3%；次数为 1 次的占比 43.7%；次数为 2 次的占比 25.8%；次数为 3 次的占比 13%；次数为 3 次以上的占比 3.2%。选择正规金融渠道贷款的农户，2017~2019 年获得贷款的次数为 0 次的占比 28.1%；次数为 1 次的占比 36.2%；次数为 2 次的占比 22.6%；次数为 3 次的占比 12.3%；次数为 3 次以上的占比 0.8%（见表 7-29、图 7-28）。从中可以看出，农户从非正规金融机构获得贷款的次数会高于正规金融机构。

表 7-29　2017~2019 年获得贷款的次数与金融渠道选择

2017~2019 年获得贷款的次数	选择非正规金融渠道（%）	选择正规金融渠道（%）
0 次	14.3	28.1
1 次	43.7	36.2
2 次	25.8	22.6
3 次	13	12.3
3 次以上	3.2	0.8
合计	100	100

资料来源：根据调查资料整理。

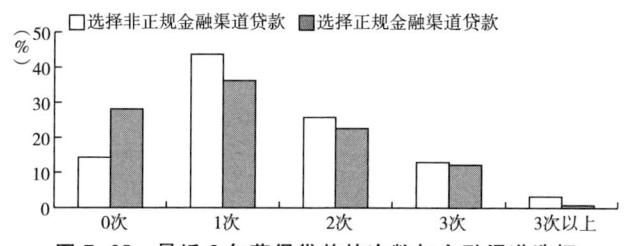

图 7-28　最近 3 年获得贷款的次数与金融渠道选择

数据来源：根据调查数据整理。

7.3　小结

  从上述分析中我们可以看出，农户人力资本中的农户家庭人口数、年龄、学历、身体状况对农户贷款渠道的选择有一定的影响。家庭人口数为 4 人，年龄在 30 岁左右的青壮年，学历越高，身体越健康，越倾向于获得正规金融机构贷款。农户实物资产中拥有的生产性固定资产价值对金融渠道的选择影响较大，资产价值在 1 万元以上的农户选择正规金融渠道的比例更高。农户社会资本中的是否村干部、贷款有没有通过中间人、有没有抵押担保人、是否合作社成员、是否联保小组成员这些因素也会影响农户贷款渠道。回答是的农户选择正规金融渠道的概率较高。有亲戚朋友在政府或银行部门工作的农户选择正规金融渠道的比例略高于非正规金融，其有一定的资源优势。另外，通过数据分析，我们还发现正规金融机构通常借贷时间在 1~2 年内，而且借贷的利率偏低，集中在 7% 的利率水平，超过这个利率水平农户向正规金融机构借贷的比例就较低。从申请到获得贷款洽谈的次数、所花的时间、所花的交通费用、花费请客送礼的费用这些因素来看，从非正规金融机构贷款洽谈的次数、花费的时间、费用会远低于从正规金融机构贷款。可以看出，非正规金融机构贷款手续方便快捷是一大优势，这也提高了农户贷款的频率。从农户2017~2019年获得贷款的次数这个因素来看，非正规金融借贷的频率也明显高于正规金融。

8
福建省农户贷款资金规模的影响因素分析

农户为解决生活或生产方面自有资金不足的问题，常常需要向正规金融机构或民间借贷机构进行贷款。贷款是农户解决资金短缺的重要途径，农户获得贷款的资金规模一方面反映了农户贷款需求的满意程度，另一方面反映了农户实际借款能力或还款能力的强弱。当农户收入水平较低的时候，通常以微薄的土地收入作为主要经济来源，借贷的资金也是优先满足生存的需求。而当农户收入水平较高时，家庭收入来源多样化，家庭抗风险能力较强。农户为了追求更多的经济收益，希望扩大自己的土地经营规模，增加农用设备、农业技术等生产要素，因而借贷更多的是为了满足生产发展的需求，对资金的需求规模也比较大。通常，农户获得的借款资金规模越大，说明农户具有较强的借款能力和还款实力且贷款需求的满足程度较高，反之亦然。农户获得贷款资金规模还可以反映农户借贷的资金用途，一般借贷规模越大，用于生产或投资的可能性越大，这也说明农户在市场化的冲击下已经不满足于温饱，而是要寻求更多的投资机会，这是农村经济发展的一个重要表现。而农户借贷规模普遍偏小的话，说明该地区农村经济发展水平较低导致农户收入较低，农户贷款的目的仍然是满足最基本的生活和生产要求。

8.1 农户贷款资金规模的描述性统计分析

在500份有效问卷中参与有没有获得过正规金融机构贷款问卷调查的

农户有483户，占总问卷的比例为96.6%。有获得贷款的农户有270户，占受访农户的55.9%；没有获得贷款的农户有213户，占受访农户的44.1%（见表8-1）。

表8-1 受访农户有没有获得过贷款统计

有没有获得过贷款	户数（户）	所占比例（%）
有	270	55.9
没有	213	44.1
合计	483	100

资料来源：根据调查资料整理。

在获得贷款的270户农户中：最高一次获得贷款资金金额为500元以下的有15户，占比5.6%；500~1000元的有5户，占比1.9%；1000~5000元的有31户，占比11.3%；5000~10000元的有41户，占比15.2%；1万~5万元的有94户，占比35%；5万元以上的84户，占比31%（见表8-2）。从以上数据可以看出福建省农户贷款规模1/3以上集中在1万~5万元，而5万元以上的贷款也占比31%，5000元以下的小额贷款占比18.8%。可以看出福建省农户贷款的总体规模还是比较高的。

表8-2 农户最高一次获得贷款金额统计

最高获得贷款金额	户数（户）	所占比例（%）
500元及以下	15	5.6
500~1000元	5	1.9
1000~5000元	31	11.3
5000~10000元	41	15.2
1万~5万元	94	35
5万元以上	84	31
合计	270	100

资料来源：根据调查资料整理。

在获得贷款的270户农户中：获得贷款最长期限在6个月及以内的有26户，占比9.7%；贷款时间在1~2年的有182户，占比67.6%；贷款时间在2~3年的有31户，占比11.3%；贷款时间在3~5年的有15户，占比5.4%；贷款时间在5年以上的有16户，占比6%（见表8-3）。可以看出福建农户短期借贷的比较多，获得贷款期限大多只有1~2年的时间。

表 8-3　农户已获贷款的最长期限统计

已获贷款的最长期限	户数（户）	所占比例（%）
6个月及以内	26	9.7
1~2年	182	67.6
2~3年	31	11.3
3~5年	15	5.4
5年以上	16	6
合计	270	100

资料来源：根据调查资料整理。

在农户获得贷款的资金用途中：用来发展工商业的有72户，所占比例为26.7%；用来购置农机的有10户，占比3.6%；用来购买农资有51户，占比18.8%；用来购买家禽的有10户，占比3.8%；用来建房的有47户，占比17.3%；用来外出打工的有5户，占比1.8%；用来办红白喜事的有2户，占0.8%；用来支付孩子学杂费的有11户，占比4%；用来看病的有7户，占比2.5%；用来归还其他贷款的有19户，占比7.1%；其他用途的有36户，占比13.6%（见表8-4）。

表 8-4　农户贷款用途统计

贷款用途	户数（户）	所占比例（%）
发展工商业	72	26.7
购置农机	10	3.6
购买农资	51	18.8
购买家禽	10	3.8
建房	47	17.3
外出打工	5	1.8
办红白喜事	2	0.8
支付孩子学杂费	11	4
看病	7	2.5
归还其他贷款	19	7.1
其他用途	36	13.6
合计	270	100

资料来源：根据调查资料整理。

贷款用于个人消费的有 91 户，总计占比为 33.3%；用于投资性支出的有 143 户，占比 53.1%，其他用途的有 36 户，占比为 13.6%（见表 8-5）。可见，福建农户贷款用于投资性消费的比例很高。

表 8-5　农户贷款用途统计

贷款用途	户数（户）	所占比例（%）
个人消费	91	33.3
投资性支出	143	53.1
其他用途	36	13.6
合计	270	100

资料来源：根据调查资料整理。

8.2　农户贷款资金规模模型设定与变量选择

8.2.1　模型设定

本文选择 Tobit（Censored）模型估计交易费用对农户贷款资金规模的影响。模型的基本表达式如下：

$$y_i^* = x_i\beta + \varepsilon_i \qquad \varepsilon_i \sim N(0,\sigma^2)$$

$$y_i = \begin{cases} y_i^* = x_i\beta + \varepsilon_i, & y_i^* > 0 \\ 0, & y_i^* \leq 0 \end{cases}$$

其中：y_i^* 为第 i 个农户贷款的资金规模，β 是各解释变量的待估参数；ε_i 是随机变量矩阵，符合正态分布；x_i 表示影响农户贷款规模的各种交易费用变量。所谓审查数据方法，就是对农户贷款规模为 0 的观察值进行审查，即当农户贷款规模观察值为 0，即 $y_i^* \leq 0$ 时，可以令 $y_i = 0$。而当农户贷款规模观察值不为 0（即 $y_i^* > 0$,）时，令 $y_i = y_i^*$，也可以用公式表述如下：

$$y_i = y_i^* = x_i\beta + \varepsilon_i \qquad (8-1)$$

通过以上变换，便可以通过 Tobit 方法进行估计，x_i 分别代表人力资本变量(X1~X7)、实物资产变量（X8~X14）、地理位置变量（X15~X18）、社会资本变量（X19~X24）、借贷历史变量（X25~X26）、交易费用变量（X27~X32）。

8.2.2 变量选择与变量说明

1. 农户获得贷款的资金规模（Y）

本书选取农户最高一次获得贷款的资金规模作为被解释变量，在农户访谈时我们把农户贷款资金规模分为6个层次。分别为：0=0元；1=0~500元；2=500~1000元；3=1000~5000元；4=5000~10000元；5=1万~5万元；6=5万元以上。

2. 影响农户贷款资金规模的因素（X）

本章从人力资本、实物资产、地理位置、社会资本、借贷历史、交易费用六个方面来实证分析影响农户借贷资金规模的因素。

（1）人力资本主要是反映农户文化程度、身体素质、职业类型及家庭状况。我们选择7个变量来衡量，分别是：X1（户主受教育程度），X2（户主年龄），X3（家庭劳动力人口），X4（农户身体状况），X5（主要从事的职业），X6（家庭兼业类型），X7（农户家庭年纯收入）。

一般而言，农户的文化越高和身体素质越好，经济收入相对也越高，还贷的经济实力也越强，也越容易贷到更多的资金。另外，从事非农业生产的农民对资金的需求相对越大，也越容易获得更多的贷款。农户身体状况越差，医疗费用支出也越多，则农户贷款需求和规模也越大。但是大额的医疗支出会影响农户的还款能力，因而可获得的贷款资金规模也越小，因此对农户贷款资金规模有反向影响。农户家庭年纯收入越高说明农户还款能力越强，与农户借贷资金规模成正向关系。

（2）实物资产主要是反映农户拥有实物资产的基本情况。我们选取7个变量来衡量，分别是：X8（人均耕地面积），X9（种植年限），X10（种植面积），X11（拥有的生产性固定资产价值），X12（拥有的牲畜价值），X13（年末住房价值），X14（用什么抵押）。农户生产经营规模越大，投资的生产性固定资产也就越多，较大的投资规模，使得金融机构认定其有较强的还款能力，因而借款的资金规模也越大。农户住房价值越高，说明农户还款能力就越有保障。但是由于农村的住房流动性较差，不能及时变现，可能正向的影响作用会变小。一般而言，拥有实物资产价值较多的农户，具有较多的抵押担保物品。农户用于贷款的抵押物价值越高，获得贷款的资金规模也就越大。

（3）地理位置反映金融机构网点的设置对于农户获得金融服务的可及性。我们选取 4 个变量来衡量，分别是：X15（到最近的金融机构的距离）、X16（到中心镇的距离）、X17（到火车站的距离）、X18（到汽车站的距离）。距离金融机构越近的农户，也越容易获取对金融机构政策和服务的信息，申请贷款的意愿也越强，获得贷款的可能性也越大，但是是否影响农户借贷的资金规模尚不确定。

（4）社会资本反映影响农户借贷的不确定因素，我们选取 6 个变量来衡量，包括：X19（是否村干部）、X20（是否通过中间人）、X21（是否有抵押或担保人）、X22（是否合作社成员）、X23（是否有亲戚朋友在政府或银行部门工作）、X24（是否联保小组成员）。农户是否村干部、是否合作社成员、是否有亲戚朋友在政府或银行部门工作这些变量某种程度反映了农户的社会地位，可能会对农户借贷的资金规模有一定的帮助，但是还不确定，需要实证检验。通过中间人或是有抵押和担保人的农户，获得贷款的可能性越大，但是对农户借贷资金规模有没有影响，还不确定。农户是否联保小组成员及其贷款的资金用途对农户借贷资金规模的影响不确定。

（5）借贷历史反映的是农户以往的借贷经历。一般而言：农户以往借贷的期限越长，说明借贷的资金规模也较大；借贷的用途趋于生产性用途，借贷的资金的规模也会大于生活性用途。我们选取 X25（贷款的期限）和 X26（贷款资金用途）两个变量来衡量。

（6）交易费用反映农户获得贷款花费的时间和资金成本。我们选取了 6 个变量来衡量，具体包括 X27（利率水平）、X28（从申请到获得贷款所花的时间）、X29（从申请到获得贷款洽谈的次数）、X30（其他各项花费）、X31（从申请到获得贷款所花的交通费用）和 X32（2017～2019 年获得贷款的次数）。短期借款的资金规模一般较低，而长期借款的资金规模一般较高。银行的利率水平也会影响农户借贷的资金规模。在其他政策不变的情况下，利率越高，农户可获得的资金规模可能性也会越大。通常而言，获得贷款次数越多的农户，在银行的信用情况也就越好，再次获得贷款的可能性增加，也更容易申请更大规模的贷款。具体变量见表 8-6。

表 8-6　影响农户贷款资金规模的变量定义与说明

变量类型		变量名称	变量解释
被解释变量	Y	最高一次获得贷款的资金规模	0=0 元；1=0~500 元；2=500~1000 元；3=1000~5000 元；4=5000~1 万元；5=1 万~5 万元；6=5 万元以上
解释变量	X		
人力资本	X1	户主受教育程度	最高学历
	X2	户主年龄	岁
	X3	家庭劳动力人口	人
	X4	农户身体状况	年均医疗费用：1=1000 元以下；2=1000~2000 元；3=2000~5000 元；4=5000 元以上
	X5	主要从事的职业	1=从事农业生产；2=非农生产
	X6	家庭兼业类型	1=纯农业户；2=农业兼业户；3=非农业兼业户；4=非农业户；5=其他
	X7	农户家庭年纯收入	1=2 万元以下；2=2 万~5 万元；3=5 万~10 万元；4=10 万元以上
实物资产	X8	人均耕地面积	亩
	X9	种植年限	1=不到 1 年；2=1~5 年；3=5~10 年；4=10~20 年；5=20 年以上
	X10	种植面积	1=0~1 亩；2=1~3 亩；3=3~5 亩；4=5~10 亩；5=10~20 亩；6=20 亩以上
	X11	拥有的生产性固定资产价值	1=5000 元以下；2=5000~10000 万元；3=1 万~5 万元；4=5 万元以上
	X12	拥有的牲畜价值	1=1000 元以下；2=1000~5000 元；3=5000~10000 元；4=1 万元以上
	X13	年末住房价值	1=5 万元以下；2=5 万~10 万元；3=10 万~20 万元；4=20 万元以上
	X14	用什么抵押	1=家庭财产中的大件；2=牲畜；3=房屋；4=土地；5=存折；6=家庭财产；7=订单；8=其他

续表

变量类型		变量名称	变量解释
地理位置	X15	到最近的金融机构的距离	公里
	X16	到中心镇的距离	公里
	X17	到火车站的距离	公里
	X18	到汽车站的距离	公里
社会资本	X19	是否村干部	是=1，否=0
	X20	是否通过中间人	是=1，否=0
	X21	是否有抵押或担保人	是=1，否=0
	X22	是否合作社成员	是=1，否=0
	X23	是否有亲戚朋友在政府或银行部门工作	是=1，否=0
	X24	是否联保小组成员	是=1，否=0
借贷历史	X25	贷款的期限	年
	X26	贷款资金用途	1=发展工商业；2=购置农机；3=购买农资；4=购买家禽；5=建房；6=外出打工；7=红白喜事；8=孩子学杂费；9=看病；10=归还其他借款；11=其他
交易费用	X27	利率水平	1=5%以下；2=5%~7%；3=7%~10%；4=10%~15%；5=15%以上
	X28	从申请到获得贷款所花的时间	1=7天以内；2=7~15天；3=15~30天；4=1~3个月；5=3~6个月；6=半年以上
	X29	从申请到获得贷款洽谈的次数	1=1次；2=2次；3=3次；4=4次；5=5次；6=5次以上
	X30	其他各项花费	1=0元；2=0~100元；3=100~300元；4=300~500元；5=500~1000元；6=1000元以上
	X31	从申请到获得贷款所花的交通费用	1=0元；2=0~10元；3=10~20元；4=20~30元；5=30~40元；6=40~50元；7=50元以上
	X32	2017~2019年获得贷款的次数	1=0次；2=1次；3=2次；4=3次；5=3次以上

资料来源：根据调查资料整理。

8.3 农户贷款资金规模实证分析

8.3.1 实证检验结果

根据问卷调查的原始数据，对模型的相关变量做出以下描述性统计，如表 8-7 所示。

表 8-7 影响贷款资金规模的统计量描述表

变量类型	变量名称	均值	标准差
人力资本	户主受教育程度 X1	2.474	0.893824
	户主年龄 X2	44.268	10.34477
	家庭劳动力人口 X3	4.298	1.391787
	农户身体状况 X4	2.086	0.980064
	主要从事的职业 X5	1.374	0.484348
	家庭兼业类型 X6	2.36	1.244789
	农户家庭年纯收入 X7	2.402	0.932811
实物资产	人均耕地面积 X8	0.624386	0.435699
	种植年限 X9	2.644	1.552445
	种植面积 X10	2.514	1.603417
	拥有的生产性固定资产价值 X11	2.58	1.172326
	拥有的牲畜价值 X12	1.598	0.939234
	年末住房价值 X13	2.718	1.092182
	用什么抵押 X14	3.8971	2.066
地理位置	到最近的金融机构的距离 X15	4.8	3.986701
	到中心镇的距离 X16	5.712	4.438068
	到火车站的距离 X17	45.5802	37.22084
	到汽车站的距离 X18	26.5258	19.12764
社会资本	是否村干部 X19	0.292	0.455138
	是否通过中间人 X20	0.184	0.387872
	是否有抵押或担保人 X21	0.444	0.532382
	是否合作社成员 X22	0.26	0.439074
	是否有亲戚朋友在政府或银行部门工作 X23	0.25	0.433446
	是否联保小组成员 X24	0.104	0.305566

续表

变量类型	变量名称	均值	标准差
借贷历史	贷款的期限 X25	1.484	1.342143
	贷款资金用途 X26	5.3196	3.639
交易费用	利率水平 X27	1.494	1.442958
	从申请到获得贷款所花的时间 X28	1.548	1.533754
	从申请到获得贷款洽谈的次数 X29	1.886	1.730605
	其他各项花费 X30	1.55	1.225767
	从申请到获得贷款所花的交通费用 X31	2.568	1.996333
	2017~2019年获得贷款的次数 X32	1.892	1.02099

资料来源：根据调查资料整理。

本章根据变量的调查数据，运用 Eviews 软件，采用 Tobit 模型的分析结果（见表8-8）。模型拟合优度检验 AIC 值为 2.957227，SC 值为 3.235391，HQC 值为 3.066378。

表8-8 交易费用影响农户贷款资金规模的估计结果

自变量	参数估计值	参数估计量的样本标准差	Z 统计量	显著性水平
X1	0.122118	0.054154	2.255005	0.0241
X2	0.001157	0.005173	0.223707	0.823
X3	-0.007761	0.056119	-0.138291	0.89
X4	0.029807	0.048256	0.617679	0.5368
X5	0.155095	0.154017	1.006999	0.3139
X6	-0.063924	0.044225	-1.445431	0.1483
X7	0.050215	0.062265	0.806471	0.42
X8	0.160895	0.317863	0.506176	0.6127
X9	0.044156	0.048501	0.910403	0.3626
X10	-0.075577	0.095503	-0.791359	0.4287
X11	0.130676	0.048658	2.685616	0.0072
X12	-0.150162	0.052439	-2.863533	0.0042
X13	0.088629	0.052566	1.686069	0.0918

续表

自变量	参数估计值	参数估计量的样本标准差	Z 统计量	显著性水平
X14	-0.248079	0.053998	-4.594185	0
X15	0.03421	0.017148	1.995007	0.046
X16	-0.00852	0.014957	-0.569617	0.5689
X17	-1.99E-05	0.001395	-0.014265	0.9886
X18	-0.001148	0.00291	-0.394535	0.6932
X19	0.171593	0.106819	1.606386	0.1082
X20	-0.106008	0.129468	-0.818796	0.4129
X21	0.317544	0.114542	2.772299	0.0056
X22	-0.141515	0.115286	-1.227512	0.2196
X23	-0.054558	0.112668	-0.484233	0.6282
X24	-0.028445	0.156418	-0.181851	0.8557
X25	0.577571	0.060216	9.591595	0
X26	-0.012814	0.007128	-1.797762	0.0722
X27	0.382626	0.049475	7.733653	0
X28	0.24063	0.052478	4.585396	0
X29	0.009228	0.052835	0.174667	0.8613
X30	-0.013503	0.041716	-0.323682	0.7462
X31	0.032127	0.034226	0.938679	0.3479
X32	0.25198	0.061561	4.093159	0

资料来源：根据调查资料整理。

从统计结果可以看出交易费用特征中共有 12 个变量具有显著影响。人力资本中有 1 个变量，即户主受教育程度（X1）变量；实物资产中有 4 个显著变量，分别为拥有的生产性固定资产价值（X11）、拥有的牲畜价值（X12）、年末住房价值（X13）和用什么抵押（X14）；地理位置有 1 个显著变量，即到最近的金融机构的距离（X15）；社会资本中有 1 个显著变量，即是否有抵押或担保人（X21）；借贷历史中有贷款的期限（X25）和贷款的资金用途（X26）2 个变量；交易费用中有 3 个显著变量，即利率水平（X27）、从申请到获得贷款所花的时间（X28）和 2017~2019 年获得贷款的次数（X32），如表 8-9 所示。

表 8-9 影响农户贷款资金规模的显著性指标

变量类型	变量名称	参数估计值	显著性水平
人力资本	户主受教育程度 X1 *	0.122118	0.0241
实物资产	拥有的生产性固定资产价值 X11 **	0.130676	0.0072
	拥有的牲畜价值 X12 **	-0.15016	0.0042
	年末住房价值 X13 *	0.088629	0.0918
	用什么抵押 X14 **	-0.24808	0
地理位置	到最近的金融机构的距离 X15 *	0.03421	0.046
社会资本	是否有抵押或担保人 X21 **	0.317544	0.0056
借贷历史	贷款的期限 X25 **	0.577571	0
	贷款资金用途 X26 *	-0.01281	0.0722
交易费用	利率水平 X27 **	0.382626	0
	从申请到获得贷款所花的时间 X28 **	0.24063	0
	最近 3 年获得贷款的次数 X32 **	0.25198	0

注：* 代表在 10% 的置信水平上显著，** 代表在 1% 的置信水平上显著。
资料来源：根据调查资料整理。

8.3.2 计量结果分析

交易费用中对于农户贷款资金规模具有正向影响的变量有：

1. 户主受教育程度。人力资本专用性中的户主受教育程度（X1）与农户贷款金额呈正向影响（$\beta>0$），且在 10% 的置信水平上显著。这表明户主受教育程度越高，申请贷款可获得的贷款资金金额也越大。

2. 拥有的生产性固定资产价值。实物资产专用性中拥有的生产性固定资产价值（X11）与农户贷款金额呈正向影响（$\beta>0$），且在 1% 的置信水平上显著。这表明农户拥有的生产性固定资产价值越高，农户贷款可获得的贷款资金金额越大。

3. 年末住房价值。实物资产专用性中的年末住房价值（X13）与农户贷款金额呈正向影响（$\beta>0$），且在 10% 的置信水平上显著。这表明，农户拥有的住房价值越高，申请贷款获得的资金金额也越大。住房属于固定资产，也是农户去银行贷款用的最多的抵押物，住房价值的高低直接反映一个农户家庭的经济实力和水平。

4. 到最近的金融机构的距离。地理位置专用性中到最近的金融机构的距离变量（X15），与农户贷款金额呈正向影响（$\beta>0$），且在10%的置信水平上显著。这表明，农户距离金融机构的远近会直接影响农户贷款的意愿和贷款的金额。一般来讲，农户距离金融机构较近，表明家庭所处的地理区域交通和经济相对较发达，而且金融机构了解和掌握农户的信息也相对容易，因而获得的贷款金额也较高。

5. 是否有抵押或担保人。借贷的不确定性中的是否有抵押或担保人变量（X21）与农户贷款金额呈正向影响（$\beta>0$），且在1%的置信水平上显著。相对于其他农户而言，加入联保小组或有担保人的农户，金融机构对其提供贷款时，可以降低风险和成本，因而获得的贷款金额也就越大。

6. 贷款的期限。借贷历史中的贷款的期限（X25）与农户借贷资金金额呈正向影响（$\beta>0$），且在1%的置信水平上显著。这表明，农户获得贷款的期限越长，通常获得贷款的金额也越大。这是因为农户贷款金额越大，贷款的利息也越高。而贷款期限越长，分摊到每个月的利息也就越低，这样才能与农户自身偿还能力相适应。

7. 利率水平。交易费用中借贷利率水平（X27）与农户借贷资金金额呈正向影响（$\beta>0$），且在1%的置信水平上显著。这表明金融机构的利率水平越高，农户获得的贷款资金金额也越大。利率水平越高，借贷的成本也越高，申请贷款的人也越少，反而农户越容易获得较多的贷款金额。

8. 从申请到获得贷款所花的时间。交易费用中与从申请到获得贷款所花的时间变量（X28）与农户贷款资金规模呈正向影响（$\beta>0$），且在1%的置信水平上显著。从申请到获得贷款所花的时间越多，农户对银行的业务也越熟悉，农户获得的贷款金额也越大。

9. 2017~2019年获得贷款的次数。农户2017~2019年获得贷款的次数变量（X32）与农户贷款金额呈正向影响（$\beta>0$），且在1%的置信水平上显著。农户获得贷款的次数越多，表明该农户在银行的信用水平越高，借贷的交易费用也就越低，因而获得贷款的资金金额也越大。

对农户贷款资金规模具有反向影响的变量有：

1. 拥有的牲畜价值。实物资产中农户拥有的牲畜价值（X12）与农户贷款金额具有反向影响（$\beta<0$）。这表明农户拥有的牲畜价值越高，农户获得的贷款金额反而越小。可能的原因是：一是受访的农户中从事牲畜养殖

的专业户较少，农户拥有的牲畜价值普遍偏低。二是拥有的牲畜价值较高的农户基本上是纯农业户，因而贷款的需求和贷款的金额相对偏少。而从事非农产业的农户基本没有饲养牲畜，因而拥有的牲畜价值就偏低。

2. 用什么做抵押。实物资产中的用什么抵押变量（X14）在1%的置信水平上显著，且与农户贷款金额呈反向影响（$\beta<0$）。农户越是选择正规金融认可的抵押物，获得较大规模贷款的可能性越大。拥有大件实物资产的农户，在获得较大的贷款金额上具有优势。

3. 贷款资金用途。借贷历史中贷款资金用途变量（X26）与农户贷款金额具有反向影响（$\beta<0$）。这表明：农户越是倾向于生活性贷款，说明农户的生产经营能力较低，借贷中面临的交易费用越高，获得的贷款金额也就越少；农户越是倾向于生产性贷款，说明农户的生产经营能力较强，借贷中面临的交易费用越低，获得的贷款资金金额也就越多。

8.4 小结

从福建省样本农户的问卷调查数据可以看出有一半以上的农户存在借贷需求。福建省农户借贷的资金规模普遍不高，借贷规模在5万元以下的占比将近70%，而且借贷的期限偏短，大多集中在1~2年内。从福建样本农户的贷款资金用途可以看出，该区域农户贷款的资金用途已逐渐由生活型借款转向生产和投资型借款。从实证结果分析来看，农户的个人受教育程度、资产价值、与金融机构的距离、是否有抵押物、贷款的期限、利率水平、贷款所花的时间和获得贷款的次数都对借贷资金规模有正向影响。这说明文化水平越高、拥有的固定资产越多、距离金融机构越近、借贷的期限越长且有抵押物的农户获得的贷款资金规模越大。农户借贷花费的利息成本（利率水平）、时间成本（贷款所花的时间）和贷款频率（获得贷款的次数）越多，获得的贷款资金规模也会越大。而农户拥有的牲畜价值对借贷规模呈反向影响，这可能的原因是我们问卷调研的农户从事牲畜养殖业的较少，而且牲畜价值偏低。农户越是选择正规金融机构认可的抵押物（如大件实物资产）获得较大规模贷款的可能性越大。农户的借贷偏向于生产性用途，获得的贷款规模会偏高。

9 福建省农村信用社联合社金融服务水平测度及评价

长期以来，农村金融服务体系薄弱与金融供给不足成为困扰我国农村经济发展和农民增收致富的重要因素。提高农村金融服务水平，也是党中央、国务院高度重视的问题。2004年以来，我国出台的中央"一号文件"中都反复强调提高农村金融服务，尤其要强化金融机构服务"三农"职责，增强农村信用社联合社支农服务功能。但是，受传统农业信贷补贴理论的影响，长期以来我国主要以通过农村信用社联合社向农村领域提供低息贷款的方式来促进农村地区的收入增长和减轻贫困，但效果并不很理想。特别是1998年我国开始实施的金融机构改革，使得很多农村金融机构以逐利为导向，对农村的金融机构和网点进行撤并，更是在结果上直接造成了农村地区金融服务的缺乏。农村信用社联合社作为为农村提供金融服务的主力军，是农户从正规金融渠道获得借款资金的最重要来源（程恩江、褚保金等，2003），其金融服务的水平关系到政府、农村信用社联合社、农户及农业企业等多方利益。然而，现行的农村信用社联合社金融服务水平与农户的需求还存在较大差距，因此对农村信用社联合社金融服务水平展开测度，调查研究农村信用社联合社金融服务的现状，不仅能够从更深的角度全面把脉我国农村金融改革，而且还能在翔实的数据基础上，从微观层面提出有效解决我国农村金融服务滞后的措施。

9.1 文献综述

金融服务也被称为金融发展、金融增长。金融发展影响经济增长的观点已是学界的共识。国内外学者建立了一系列评价指标从各个角度对金融服务、金融发展进行评价。

最具代表性的是 Goldsmith 在其著作《金融结构与金融发展》中提出用金融相关率、金融结构两个指标来衡量各国的金融发展水平。[1] King 和 Levine（1993）在 Goldsmith 的基础上设计了 4 个用于测度金融中介体的服务质量指标，分别是 Depth 指标、Bank 指标、Private 指标和 Privy 指标。还有学者用广义货币 M2 与 GDP 的比值来分析不同国家的金融深化程度（Mckitmon，1973）。Yaron（1992）针对农村金融机构的绩效提出了目标客户的覆盖面和农村金融机构的可持续性指标。Beck 等（1999）在研究金融和经济增长的源泉时提出衡量金融发展的指标必须能很好反映金融中介配置资源，动员储蓄，便利商品和服务的交换，便利风险的交易、规避、分散和聚集的水平。而按照 Arestis 等（2001）的做法，可以用银行信贷余额占 GDP 的比重（L/GDP）来作为另一个度量金融发展水平的指标。Sarma（2008）和 Gupte et al.（2012）从服务的覆盖面、服务效用、地理的便利性及交易费用等方面度量了金融服务水平。国内学者也借鉴了国外学者的研究成果。金融相关率是被广泛使用的评价指标（姚耀军，2004；王修华、万英，2007）。除了金融相关率指标外，姚耀军还使用 M2 与 GDP 之比、银行信贷余额占 GDP 的比重等金融结构指标考察农村金融服务水平，程恩江等（2008）应用补贴依赖指数（SDI）衡量农村金融机构的可持续发展水平，林毅夫等以银行集中度替代金融结构，周立（2007）以存贷差和存贷比衡量农村地区的金融发展，这些都得到了实际工作者和学术界的认可。农村信用社联合社是我国提供农村金融服务的主要金融机构，农村信用社联合社金融服务水平决定了我国农村金融服务的主要方面，因而对农村信用社联合社金融服务水平进行评价就很有必要。一些学者基于

---

[1] 〔美〕W. 戈德史密斯：《金融结构与金融发展》，上海三联书店，1990，第 79 页。

Yaron（1992）提出的衡量农村金融机构业绩的框架，从主要覆盖面指标、可持续性指标两个角度对农村信用社联合社的金融服务水平进行评价（褚保金，2005；安翔，2007；陈琛，2010）。也有学者从金融发展规模和金融发展效率两个方面设计农村金融服务水平的指标体系（韩正清，2007；殷克东、孙文娟，2010；袁云峰、黄炳艺，2011）。另外，资本充足率、不良贷款率、存贷比、经营利润及信贷支农发展也是经常被选取作为评价农村信用社联合社金融服务水平的指标（张兵等，2009；中国人民银行龙岩市中心支行课题组，2010；宋磊等，2009；牛德强，2011）。还有学者从供给角度，从金融机构的地理可达性、产品的可接触性、成本的可负担性等方面评价金融服务水平（蔡洋萍，2015）。张珩、罗剑朝、郝一帆（2017）在分析不同地区和不同产权形式的农村信用社联合社所提供的金融服务水平存在差异的原因中发现，农户拥有农村信用社联合社银行卡数量、存款加权利率水平、中间业务交易金额、贷款加权利率水平及当地生产总值之比是影响金融服务水平最重要的几个指标。姚凤阁、李福新、隋昕（2018）在对黑龙江省13个地区2011~2015年面板数据分析基础上，发现地区经济发展、交通便利度、保险服务水平、农民受教育程度的改善有助于提高农村金融服务水平。

　　从微观层面来看，对农村金融发展的衡量方法大致有两类：一类是从农村金融机构和金融工具分析角度设计，如金融资产与纯收入之比、行社贷款与纯收入之比指标（彭兴韵，2002；姚耀军，2004）。另一类是从农村金融机构服务满意程度来设计评价指标，如杜伟等（2011）提出了基于农村金融机构和农户视角两方面相结合的金融服务水平评价指标体系。中国人民银行清远市中心支行课题组从金融服务水平、服务质量、服务效率和服务创新四大方面建立金融服务水平评估体系，并把金融服务水平划分为优、良、中、差四个级别。

　　总体来说，学术界关于农村金融服务发展水平的指标如何衡量、可操作性的量化指标如何选取等方面尚未达成共识。本书试着运用金融排斥的研究框架，构建农村信用社联合社的金融服务评价体系，为探求我国农村信用社联合社金融服务不能满足农户金融需求的深层次原因提供了一种新的理论工具，为研究农村金融体系或金融服务（供给）提供新的视角，同时拓宽农村金融理论的研究维度。

9.2 农村信用社联合社金融服务水平评价指标体系构建

9.2.1 指标设计

1. 数据来源

本章所采用的数据主要来自 2008~2012 年福建省农村信用社联合社内部统计数据及福建省统计年鉴，选取的数据包括福建省九地市。

2. 指标的选取

"六维度"分析法是目前普遍接受的评价金融排斥度的方法，它将金融排斥分解为地理排斥（指由于距离金融服务机构较远被排斥在金融服务之外）、条件排斥（指由于不符合获得金融产品的条件而被排斥在金融服务之外）、市场排斥（指由于金融机构自身市场的有限性而对经济主体准入实施限制，使得一些群体被排斥在金融服务之外）、营销排斥（指一些人被排除在金融机构产品营销目标市场之外）、价格排斥（指金融产品定价过高而超出了某些经济主体的偿付能力，因而被排斥在金融服务之外）、自我排斥（指某些人群认为自己申请获得金融产品的可能性较小，从而自动把自己排除在获得金融服务的范围之外）六个维度进行考察。从理论上看，金融排斥越高的地区金融服务水平越低，金融排斥度越低的地区金融服务水平越高。因此，本章根据金融排斥"六维度"的分析方法，共选取 18 个指标对农村信用社联合社的金融服务水平进行评价（见表 9-1）。

表 9-1 农村信用社联合社金融服务水平评价指标体系

金融排斥的维度	指标选取	指标性质
地理排斥	A1 已安装 ATM 机台数	正向
	A2 已发放借记卡数量	正向
	A3 分支机构数	正向
条件排斥	B1 存贷比	正向
	B2 不良贷款比重	逆向
	B3 资本充足率	正向

续表

金融排斥的维度	指标选取	指标性质
市场排斥	C1 贷款市场占有率	正向
	C2 贷款拨备覆盖率	正向
	C3 获得贷款农户占比	正向
营销排斥	D1 农村地区万人拥有服务人员数	正向
	D2 机构人员数	正向
	D3 辖内经营人民币存款的金融机构数	正向
价格排斥	E1 百元贷款收息率	正向
	E2 利息收回率	正向
	E3 手续费收入	正向
自我排斥	F1 农户贷款利息收入占总利息收入比	逆向
	F2 农民人均储蓄额	正向
	F3 综合费用率	逆向

资料来源：根据调查资料整理。

3. 指标性质

当指标为正向指标时，指标值越大，表明该地区在这一维度的金融排斥程度越低，那这个地区金融服务水平就越高；当指标为逆向指标时则相反，指标值越大，表明该地区在这一维度的金融排斥程度越高，那这个地区金融服务水平就越低。

9.2.2 采用的研究方法

1. 农村信用社联合社金融排斥指数的测算

本章通过测算农村信用社联合社金融排斥指数的方法来间接衡量农村信用社联合社金融服务水平。我们借鉴联合国开发计划署（United Nations Development Program，UNDP）编制的人类发展指数（Human Development Index，HDI）的计算方法来测算农村信用社联合社金融排斥指数，具体形式如公式（9-1）所示。

$$D_n = w_n \frac{X_n - m_n}{M_n - m_n} \qquad (9-1)$$

其中：D_n 表示第 n 个维度金融排斥指数，$n=(1,2,3,\cdots,6)$；w_n 表示第 n 个维度的权重，$0 \leq w_n \leq 1$，w_n 越大表明该指标对农村信用社联合社金融排斥的影响程度越高；X_n 表示第 n 个维度评价指标的实际值；M_n 表示第 n 个维度评价指标的最大值；m_n 表示第 n 个维度评价指标的最小值。当 D_n 为正向指标时，用公式（9-1）计算；当 D_n 为逆向指标时，将 D_n 的计算公式转换为公式（9-2）的形式，D_n 越大，表明该地区在该维度的金融排斥程度越低，金融服务水平越高，这样两个公式的衡量标准一致。

$$D_n = w_n \frac{M_n - X_n}{M_n - m_n} \quad (9\text{-}2)$$

由公式（1）、（2）可以看出，各维度评价指标 D_n 的取值范围为 $0 \leq D_n \leq w_n$。当 $D_n = (0, 0, 0, \cdots, 0)$ 时，表明该地区在各个维度的计算值都为最低值，则金融排斥程度最高，金融服务水平最低；如果该地区各个维度的计算得分都为 w_n，即 $D_n = (w_1, w_2, w_3, \cdots, w_n)$ 时，表明该地区在各个维度的计算值都为最高值（也是最理想值），金融排斥程度最低，则金融服务水平最高。因此，我们在构建金融排斥指数时要先计算各个维度的测算值与最理想值的距离，并最终把所有距离整合在一起形成一个测度结果，所以我们将金融排斥指数的测度公式设定为以下形式：

$$IFE = \frac{\sqrt{(w_1 - D_1)^2 + (w_2 - D_2)^2 + \cdots + (w_n - D_n)^2}}{\sqrt{w_1^2 + w_2^2 + \cdots + w_n^2}} \quad (9\text{-}3)$$

在公式（9-3）中，由于 D_n 的取值范围为 $0 \leq D_n \leq w_n$，所以金融排斥指数 IFE 的取值范围为 $0 \leq IFE \leq 1$。如果 $D_n = (0, 0, 0, \cdots, 0)$，则 $IFE = 1$，为金融排斥最高的情况；如果 $D_n = (w_1, w_2, w_3, \cdots, w_n)$，则 $IFE = 0$，为金融排斥程度最低的情况。本章参考李春霄、贾金荣（2012）的衡量方法，设定当 $0 \leq IFE \leq 0.5$ 时，表示该地区的金融排斥程度较低，金融服务水平较高；当 $0.5 < IFE \leq 0.8$ 时，表示该地区金融排斥程度较为严重，金融服务水平较低；当 $0.8 < IFE \leq 1$ 时，表示该地区的金融排斥程度严重，金融服务水平低。

2. 指标权重的测算

本章采用变异系数法测算各个指标的权重。如果一项指标的变异系数较大，则说明该指标在衡量这个问题的差别方面具有较大的能力，那么这个指标就应该赋予较大的权重，反之，则赋予较小的权重。在赋予各指标的权重时，用各指标的变异系数占所有指标变异系数之和的比值表示。首先，利用公式（9-4）计算各指标的变异系数。

$$CV_i = \frac{S_i}{\overline{X}_i} \quad i = 1, 2, \cdots, n \tag{9-4}$$

在公式（9-4）中，CV_i 表示各个指标的变异系数，S_i 表示各个指标的标准差，$\overline{X}_i$ 表示各个指标的平均数。变异系数计算后，再根据公式（9-5）计算各指标权重。

$$w_i = \frac{CV_i}{\sum_{i=1}^{n} CV_i} \quad i = 1, 2, \cdots, n \tag{9-5}$$

利用相关数据，根据上述计算公式就可以得出各维度的农村金融排斥指数的权重。

9.3 实证分析结果

本章采用 SPSS17.0 软件，运用上述计算公式，对 2008~2012 年的数据进行测算得出以下结果。

（一）具体评价指标权重的确定

本章假定金融排斥的 6 个维度的重要程度是一样的，权重都设为 1。虽然所构建的指标体系不能涵盖金融服务水平的全部内涵，但是它们都是所在维度的重要方面。各评价指标权重根据所得的数据和指标权重的测算公式，所得结果见表 9-2。

表 9-2　2008~2012 年农村信用联社金融排斥指数评价指标的权重

金融排斥维度	指标选取	2008 年权重	2009 年权重	2010 年权重	2011 年权重	2012 年权重
地理排斥	A1	0.468	0.424	0.396	0.418	0.408
	A2	0.265	0.255	0.262	0.324	0.314
	A3	0.267	0.321	0.342	0.258	0.278

续表

金融排斥维度	指标选取	2008年权重	2009年权重	2010年权重	2011年权重	2012年权重
条件排斥	B1	0.057	0.156	0.166	0.123	0.131
	B2	0.460	0.015	0.003	0.002	0.002
	B3	0.483	0.829	0.831	0.875	0.867
市场排斥	C1	0.397	0.514	0.397	0.449	0.385
	C2	0.343	0.446	0.343	0.246	0.311
	C3	0.260	0.040	0.260	0.305	0.304
营销排斥	D1	0.251	0.218	0.226	0.264	0.332
	D2	0.356	0.285	0.284	0.401	0.302
	D3	0.393	0.497	0.490	0.335	0.366
价格排斥	E1	0.131	0.156	0.166	0.123	0.131
	E2	0.002	0.015	0.003	0.002	0.002
	E3	0.867	0.829	0.831	0.875	0.867
自我排斥	F1	0.240	0.163	0.221	0.240	0.258
	F2	0.669	0.744	0.704	0.669	0.659
	F3	0.091	0.093	0.075	0.091	0.083

资料来源：根据调查资料整理。

（二）农村信用社联合社金融排斥指数的测度结果

根据研究样本数据和上述权重的结果，对2008~2012年福建省农村信用社联合社（以下简称农信联社）金融排斥指数进行测度，测度结果如表9-3所示。

1. 福建省九地市农信联社金融服务水平比较

表9-3　2008~2012年福建省九地市农信联社金融排斥指数的测度结果

地区	2008年（IFE）	2009年（IFE）	2010年（IFE）	2011年（IFE）	2012年（IFE）	排斥程度	金融服务水平
泉州	0.489	0.434	0.441	0.381	0.355	较轻	较高
厦门	0.617	0.654	0.662	0.638	0.702	较重	较低
福州	0.695	0.771	0.750	0.720	0.680	较重	较低
龙岩	0.723	0.692	0.721	0.724	0.739	较重	较低

续表

地区	2008年(IFE)	2009年(IFE)	2010年(IFE)	2011年(IFE)	2012年(IFE)	排斥程度	金融服务水平
三明	0.739	0.733	0.742	0.736	0.779	较重	较低
漳州	0.775	0.797	0.786	0.790	0.778	较重	较低
宁德	0.800	0.816	0.818	0.824	0.823	严重	低
南平	0.827	0.843	0.871	0.869	0.888	严重	低
莆田	0.896	0.957	0.952	0.931	0.917	严重	低

资料来源：根据调查资料整理。

从表9-3的结果可以看出，福建省农信联社对农村的金融排斥程度还是比较严重的，农村金融排斥程度越严重，提供的金融服务水平也就越低。而且从2008~2012年的数据分析结果来看，泉州农信联社金融排斥程度是较轻的，金融排斥指数由2008年的0.489下降到0.355。厦门、福州、龙岩、三明、漳州的农信联社金融排斥比较严重，金融服务水平较低。而宁德、南平、莆田农信联社金融排斥程度严重，金融服务水平低，其中莆田的金融排斥指数在九地市中最高，2012年达到0.917。

2. 福建省九地市农信联社金融排斥变化趋势

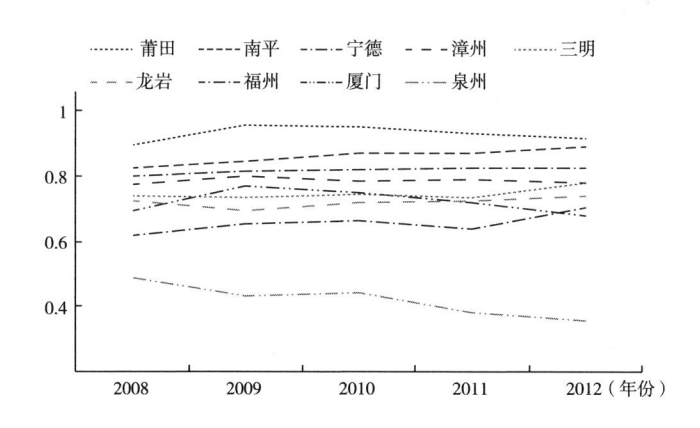

图 9-1 2008~2012年福建省九地市农信联社金融排斥变化趋势

资料来源：根据调查资料整理。

从图9-1可以看出：在所做统计分析的城市中，只有泉州地区的金融排斥指数一直处于较轻水平，且每年都有降低，说明泉州地区农信联社金融服务水平逐年提高；福州地区在2009年后农信联社金融排斥指数出现了连续降低趋势，说明福州地区农信联社金融服务水平处于提升阶段；南平、三明、厦门地区农信联社金融排斥指数还呈上升趋势，说明这三个地区农信联社金融服务水平有降低的趋势；宁德、漳州、龙岩总体变化幅度不大，但是金融排斥也处于较严重的程度，说明这些地区的农信联社金融排斥问题并没有得到有效的解决，金融服务水平较低。

3. 福建省九地市农信联社金融服务水平排序变化

表9-4 2008~2012年福建省九地市农信联社金融服务水平排名

地区	2008年排名	2009年排名	2010年排名	2011年排名	2012年排名
泉州	1	1	1	1	1
厦门	2	2	2	2	3
福州	3	5	5	3	2
龙岩	4	3	3	4	4
三明	5	4	4	5	4
漳州	6	6	6	6	5
宁德	7	7	7	7	7
南平	8	8	8	8	8
莆田	9	9	9	9	9

资料来源：根据调查资料整理。

从表9-4可以看出：泉州农信联社金融服务水平最高，连续5年排在第1名。厦门农信联社2008~2011年连续4年排在第2位，2012年排在第3位，后退了1位。福州农信联社的金融服务水平2008年排名第3名，2009年与2010年降到第5名，2012年又上升到第2名。龙岩、三明地区农信联社的金融服务水平在这5年内变化只有1个位次，变化不大。漳州、宁德、南平、莆田地区农信联社金融服务水平排名自2008~2012年都未发生变化，分别列为第6位、第7位、第8位、第9位。我们从金融排斥6个维度中分别选取权重最大的指标来进行分析，发现排名第1位的泉州地区在已安装ATM机台数、资本充足率、辖内经营人民币存款的金融机构数、手续费收入、农民人均储蓄额这些指标上都具有较大的优势。而金融服务水平较低的莆田地区在已安装ATM机台数、辖内经营人民币存款的金融机构数、农民人均储蓄额这些指标上劣势明显（见表9-5）。

表 9-5　六维度权重最大指标的金融排斥指数比较

指标＼地区	福州	厦门	三明	莆田	南平	宁德	泉州	漳州	龙岩
A1	0.168	0.397	0.033	0.000	0.027	0.046	0.408	0.077	0.041
B3	0.271	0.216	0.133	0.023	0.000	0.124	0.867	0.136	0.177
C1	0.033	0.000	0.385	0.164	0.300	0.253	0.258	0.341	0.377
D3	0.104	0.366	0.143	0.000	0.120	0.081	0.099	0.045	0.098
E3	0.271	0.216	0.133	0.023	0.000	0.124	0.867	0.136	0.177
F2	0.120	0.659	0.081	0.002	0.037	0.000	0.176	0.053	0.096

资料来源：根据调查资料整理。

9.4　小结

从上述分析中我们可以发现福建省金融服务水平在地区间的差异比较明显，而这种差异与各地区的地理分布、经济发展程度有密切关系。农信联社作为农村支农的主力军，在服务乡村振兴上发挥着重要的作用。金融排斥是造成借贷双方信息不对称、交易费用提高的关键因素。要提高各地区农信联社金融服务水平，可以从破解金融排斥出发。

（1）破解地理排斥，加强农信联社金融服务基础设施建设。农村地区相比城市而言地处偏远，由于交通不便，距离金融服务机构较远，形成地理排斥。再加上一些商业金融机构出于盈利的考虑，撤并、收缩在农村的金融网点，更是加剧了农村金融排斥的程度。农信联社作为农村的主要金融机构，应该致力于服务"三农"，增加在农村营业网点的布置，同时积极推广手机银行、网络银行等金融创新方式，将有助于缓解此类排斥，提高其金融服务水平。

（2）破解评估、条件排斥，创新农村金融产品和服务方式。农民即便在地理上能够接近金融资源，但真要获得一定的金融服务如贷款，也要满足农村金融机构的一些附加条件，比如，农户要提供抵押或担保。而当前农信联社的抵押方式相对单一，农户通常难以满足要求。若是以信用形式发放贷款，只有较少农户能够提供证明自己信誉和还款能力的有效资信。

因而应进一步创新农户贷款、抵押模式，如积极探索农村承包土地经营权、农民住房财产权、集体收益分配权等抵质押贷款方式，创新产业链金融、完善互联网金融渠道服务模式。建立全面系统的农户信用档案也是提高农信联社金融服务水平的一个重点。除此之外，精简农信联社信贷流程与手续，对基层信贷员施行有效的激励与监督，也能提高基层信贷员服务农户的积极性。

（3）破解价格排斥，增加金融支农力度。农信联社较高的贷款价格大大降低了农户获得农信联社贷款的可能性，并且，农信联社出于自身财务上可持续发展和盈利的考虑，在经营中也会出现脱离"三农"的商业化倾向。因此，进一步降低贷款的手续费及农户贷款利率，以破解价格排斥，需要政府引导并支持农信联社扶持"三农"的力度。比如：适当增加农信联社支农贷款利息收入在"营改增"中的抵扣项目；给予农信联社在支农和扶贫贷款较低的利率，并适当提高支农和扶贫贷款的不良容忍度。

（4）破解营销排斥，市场定位和营销取向要考虑"三农"的金融需求。受银行商业化改革的影响，许多涉农金融机构的市场定位和营销取向也在逐渐偏离农村，农信联社也不例外。农信联社在开发金融产品时应该多考虑到农户的金融需求，贷款品种和期限要更多地考虑到农业生产特点和生产周期的特点，创新市场推广形式，根据被排斥人群的知识特点和接受能力采用简明易懂的市场营销形式。

（5）破解自我排斥，加大金融产品宣传力度。总体来说，农户由于受教育程度偏低，金融知识相对比较匮乏，再加上金融服务机构对高端客户的偏好，服务手续的烦琐、服务态度对贫困人群的疏忽和排斥，相当一部分农户自动将自己排除在正规金融服务之外。针对农户金融知识的匮乏，农信联社不仅要简化金融服务的手续或程序，还要简单明了地加大对农村金融产品和服务的宣传力度，特别要缓解贫困人口的金融排斥，多针对具有劳动能力和发展潜力的贫困人口，设计出满足他们特殊需求的金融产品和服务，激发他们的内生发展动力，改善他们的多维贫困。此外，农户储蓄水平较低也是造成农户自我排斥的重要原因，因此，各地政府也要大力扶持当地特色产业的发展，为农民提供多渠道增收的途径。要充分发挥村级党政组织在农村信贷基础设施建设中的积极作用，发挥农村基层组织的监督作用，提高村民信用意识，积极推进信用村建设。

福建省农信联社是助力脱贫攻坚、支持乡村振兴的农村金融主力军，只有精准对接农户金融需求，才能不断提高金融服务的覆盖率，提高农户对金融服务的可获得性和满意度。

10
福建省农村信用社联合社服务乡村振兴的实践探索

福建省农村信用社联合社（以下简称农信联社）于2005年7月29日开业，是具有独立企业法人资格的省级金融机构，受福建省政府委托对全省农信联社、农商银行进行管理、指导、协调、服务，拥有从业人员超过2.1万名，设有1936个营业网点和1万多个普惠金融便民点，管理着全省46家农信联社和21家农商银行，是福建省服务"三农"的主要金融机构。福建省农信联社涉农贷款占比达70%以上，全省最高，并实现了"机构网点乡乡通、便民服务村村通、电子银行户户通"（宋时飞，2018）。福建省农信联社已成为福建省服务人员最多、服务网点最多、服务覆盖面最广、支农力度最强的金融机构，在金融服务乡村振兴中发挥着主力军的作用。

截至2019年6月末：全省农信系统资产总额突破8500亿元，达8757亿元；各项存款余额6790亿元，人民币存款余额保持全省银行业首位；各项贷款余额超4000亿元，达4143亿元，支农、支小、扶贫、扶绿等17项服务乡村振兴指标位居全省银行业第一。其中：涉农贷款总量、农户贷款总量、涉农贷款占比三大指标继续保持全省银行业首位，涉农贷款在各项贷款中占比达70%以上，高出全省银行业平均水平40个百分点以上；农户贷款占全省银行业的50%以上。福建农信联社的林业贷款、林农贷款、林权抵押贷款均居全省银行业首位。

为深入贯彻落实乡村振兴战略，福建省农信联社面对福建乡村发展的新形势，不断创新服务机制，想方设法满足日益增长的金融服务需求。

2018年，随着《福建农信服务乡村振兴金融支撑工程（2018—2022年）》的印发，12项乡村振兴金融支撑工程全面启动，福建农信系统服务乡村振兴跨入了新阶段。福建农信系统辖内农商行（农信联社）结合各地乡村发展实际，进一步推进信贷模式创新，强化普惠金融服务，为服务乡村振兴持续发力。

10.1 "智慧商圈+诚信建设"服务模式

上杭县是全国著名的革命老区，从1929年到1934年，毛泽东、周恩来、朱德、陈毅等为代表的共产党人，在上杭进行的伟大革命实践，为党的群众路线的形成和发展做出了重要贡献。

10.1.1 推出智慧商圈金融服务新模式

上杭农商行根植这片红色热土，秉承红色基因，把推动乡村振兴与打造红色资源品牌相结合，利用红色资源品牌，发挥古田、才溪等乡镇游客多、商业发达的优势，推出智慧商圈金融服务新模式。通过打造"智慧商圈""智慧网购""智慧旅游""智慧支付"等金融服务新模式，全面构建包括古田、才溪、蛟洋、步云4个乡镇在内的"红色古田智慧商圈"，实现商圈内以二维码支付、银行卡非接支付、手机PAY支付、云闪付App支付等移动支付手段，推广多元化非现金支付方式，有效提升"红色古田商圈"内便民支付服务水平。

10.1.2 推动创建"农村金融信用县"

近年来，上杭县着力推动创建"农村金融信用县"，打造诚信上杭。上杭农商银行顺势而为，把信用工程建设作为解决农民贷款难、服务新农村、促进新发展的重要举措，对信用村、信用农户实行利率优惠、贷款优先、服务优先的"三优"政策。被评为信用村的农户享受贷款利率优惠5%~10%的政策，每年为信用村农户优惠利息近千万元；对被评为BBB以上等级的农户给予 10 万元以内免担保的家庭信用贷款，在额度内实行随到随办。给信用评级高、信誉好的农户在信贷政策上提供便利和实惠，在广大农民群众中树立"守信光荣，失信可耻，守信受益，失信吃亏"的诚信观念。经过卓有成效的特色创建活动，上杭农村信用环境得到了较大改善，全县 90%以上的乡镇为信用乡（镇），全县 90%以上的行政村为信用村。随着农村信用环境的持续改善，上杭农商银行信贷资金投入也不断加大，解决了农民贷款难、担保难问题，支持了农村经济发展，农民收入水平得到大幅提升，农民人均纯收入从 2002 年的 2954 元增加到 2017 年的 15480 元，增长了 4 倍多。

10.1.3 开启"整村授信"服务模式

作为 2017~2018 年全国农商银行标杆银行，漳州农商行始终将服务"三农"作为一项根本性、全局性、长期性的工作来抓。实施乡村振兴战略以来，漳州农商行进一步加快金融创新，通过开展信用村镇建设、实施农户精准建档、不断改善农村金融生态，将金融服务切切实实地送到农户手中。漳州农商银行与漳州石亭镇下辖龙秋村、仙景村、下高坑村签订了"整村授信"协议，授信额度达 1 亿元，并为村民代表进行"乡村振兴贷"授信。整村授信是以一个行政村为单位，通过联评机制确定授信额度，在福e贷平台批量完成整村农户授信之后，村民通过手机银行即可自助贷款还款。

10.1.4 举办农业龙头企业银企融资对接会

漳州农商银行联合有关部门举办漳州市农业龙头企业银企融资对接会，借此融资对接会平台，为协会会员量身定制"银税通""银保通""银政通"等个性化金融产品，实行利率优惠，并提供融资授信、工资代发、水电代缴、支付结算、聚合扫码等一揽子综合金融服务，切实服务乡村振兴，助力农业产业发展。截至 2018 年 10 月，漳州农商行通过全方位的金融服务，已扶持了 4 万多农户、4000 多小微企业，涉农贷款余额达到 83 亿元。

10.2 "党建+金融助理"服务模式

厦门农商银行作为福建农信服务乡村振兴的一支金融主力军,以党建为引领,不断增强员工的政治担当、责任担当和行动自觉,大力推进"党建+金融助理"服务模式,有效探索了基层党建与金融服务的结合点,将金融服务延伸至农村的"神经末梢",为乡村振兴贡献"农商力量"。

10.2.1 党建引领,服务金融最后一公里

厦门农商银行坚持党建引领,加强与地方党政部门互动协作。该行于2013年正式建立了厦门农商银行独具特色的党建品牌——"双百工程",即"百名基层挂职干部"和"百名金融顾问"(蔡靓、贾丹丹,2019)。通过选派优秀的支行行长和经验丰富的员工赴全市各区、各街道、村、社区,由政府部门、共青团组织等担任"金融助理",并形成"每周一次驻点服务、每月一场现场宣传、每季度一次慰问帮扶、每半年一场专题讲座、每年一次爱心捐赠活动"等长效的金融服务工作机制。

军营村和白交祠村坐落在厦门市同安区莲花镇海拔近千米的莲花山上,是典型的"高山村"。由于位置偏远、海拔较高,村里1000多名村民来回要花2个多小时,走20多公里的盘山路才能到镇上办理存取款业务,在村里几乎不能享受任何金融机构的金融服务。直到2008年开始,厦门农商银行派出多名金融骨干赴同安区莲花镇挂职,这些挂职干部利用自身的金融知识,积极为村民生产经营提供相关的金融支持。

具体做法:

1. 金融助理贴近三农,服务广大农户

一是在金融空白的高山村设立了"普惠金融便民点",让高山上的村民也享受到便捷的现代化金融服务。"金融助理"每周定期上山开展金融知识普及宣传,将金融知识和金融服务送到有需要的村民身边。二是建设"信用村"并成功授牌,培养村民的信用意识,并对村民的信用进行评级。三是把"厦门农村商业银行教育实践基地"设到了高山党校里,挂牌成立

"驻村金融助理工作室",落地莲花支行首笔"农e贷"批量业务,在军营村一次性授信10户共145万元。四是帮助当地土特产扩大销售。推荐厦门市川祥食品有限公司上线福建农信"福e购"电商平台,将"高山村"里的土特产搬到网上销售,帮助村民增收创收。五是金融产品满足村民的重要关切。推出"福万通慈善基金",为每个贫困户提供助学名额并补贴5000元,基本上解决困难大学生第一年的学费问题。帮助失地居民办理农民社保,发放"致富贷"解决企业燃眉之急。积极参与社区"扫黑除恶"、到社区看望孤寡老人等,以实际行动将厦门农商银行"离农最近、与农最亲"的理念传递给社区居民。

2. 优化信用环境,培养文明乡风

"金融助理"们除了为社区农户提供金融服务外,还在培养文明乡风、完善乡村治理上发挥了重要的作用。厦门农商银行依托"党建+金融助理"及精准建档基础工作,持续不断地优化农村信用环境,推进农村信用工程建设,助力打造讲信用、重诚信的乡村文化氛围。2016年以来,厦门农商银行还以百姓"听得懂的语言、喜闻乐见的形式",创新"金融及文化服务下乡进村"模式,将文化活动送进了乡村,每年组织近百场演出,以优良的文化活动感染、影响村民,也为乡村振兴的"乡风文明"建设提供了新思路。

3. 净化选举环境,完善乡村治理

厦门农商银行的"金融助理"多年来深入乡村地村居、社区,开展一线金融服务,推进乡村信用工程建设,对服务地的农民有着深入的了解。借助这一独特优势,厦门农商银行153名"金融助理"在2018年被厦门市委组织部赋予"村级组织换届选举观察员"身份。

依照"百名金融助理查百村"的责任清单,这些"金融助理"以第三方身份全程观察和监督了290场(次)村居换届选举,协助村居依法、公开、公平、公正地选出优秀的带头人。他们通过与各区换届办的协作,不仅协助保障了选举工作的顺利进行,还帮助净化了村居的信用环境,为打造风清气正的乡村选举环境、助推诚信体系建设、完善乡村治理做出了贡献。

10.2.2 实施成效

截至2018年底,该行在军营村和白交祠村这两个村的贷款规模从5户

300万元增加到226户1253万元，存款规模从413.41万元增加到1688.18万元。如今，厦门农商银行选派的268名"金融助理"，活跃在全市6个行政区域、18个镇街、43个企事业单位及319个村居，在党建的引领下，架起了该行与市民、农民间的桥梁和纽带。

2019年4月15日，为了更好地服务乡村振兴战略，福建省农信联社党委印发文件，在全省农信系统总结推广"党建+金融助理"模式，实施"万名金融助理驻万村"工程。

10.3 农村产权抵押模式创新

党的十九大报告在实施乡村振兴战略这一章节明确指出："巩固和完善农村基本经营制度，深化农村土地制度改革，完善承包地'三权'分置制度。保持土地承包关系稳定并长久不变，第二轮土地承包到期后再延长三十年。深化农村集体产权制度改革，保障农民财产权益，壮大集体经济。"2019年中央一号文件进一步指出，"完善农村集体产权权能，积极探索集体资产股权质押贷款办法"。福建农信联社作为农村金融的主力军，积极响应国家乡村振兴战略的要求，主动对接农村集体产权制度改革催生的金融需求，积极摸索，大胆创新，结合福建各地实际推出"农房乐""福田贷""福林贷""船网指标质押贷款"等金融产品，为有效盘活农村沉睡的资源，增加农民财产性收入，为乡村振兴注入金融活水。

10.3.1 试点两权抵押，盘活土地资源

1. 晋江农房抵押贷款——农房乐

"两权"抵押贷款，即农村承包土地经营权抵押贷款和农民住房财产权抵押贷款，其目的是为赋予农民更多财产权利，扩大农民增加财产性收入渠道。晋江是全国人大授权的第一批允许"两权"抵押贷款试点地区之一，也是"金改先导示范区"。其实早在试点之前，晋江农商银行就已经开展过农房抵押贷款业务，是国内第一家开展此业务的商业银行。晋江农商银行推出了一款叫作"农房乐"的产品，也被福建省政府列为海峡西岸

金融改革创新先导示范区。

（1）具体做法。晋江东山村的村民有85%以上从事瓷砖销售为业，全年瓷砖销售额超过亿元，是福建省有名的陶瓷之乡。村民靠陶瓷产业富裕起来，新村建起了28栋别墅，220多座三层商住楼，还有100多套外来工公寓。东山村不仅有成熟稳定的陶瓷产业，村民的农房还有国土部门统一确权的证件，这为实施"两权"抵押贷款试点提供了条件。2016年，在晋江市政府的牵头组织下，晋江农商银行对磁灶镇东山建材市场"两证"齐全的宅基地权属人进行批量授信与授牌，总授信金额达1亿元，实行贷款利率优惠，对其实行3年期自助循环、利率在原定价基础上再下降10%、同时对农房采取自主评估，由借贷双方自主协商确定房产价值，每户节省2000元以上房产评估费用。晋江农商银行先行先试推进农村"两权"抵押贷款试点工作，对农房抵押贷款进行两度升级，创新推出农民住房财产权抵押贷款"农房乐"3.0版，并在全省首创"银村共建，批量授信"模式，为盘活农民"沉睡"资产、激活农村经济社会发展动力发挥了积极作用（栾相科、张自芳，2018）。

（2）实施成效。自业务开办以来，该行累计发放"农房乐"金额超过50亿元，受益农户超过万户。至2019年6月末，"农房乐"余额10.44亿元、户数1091户，贷款余额占晋江市农房抵押贷款余额的85%以上。晋江农商银行农房抵押贷款业务的典型做法与推广模式，也受到各级党委、政府及社会各界的高度关注和赞誉。晋江农商银行是福建省唯一在2013年赴京参加中国人民银行召开的农房抵押贷款业务座谈会并做经验介绍的金融机构。2016年晋江市农房抵押贷款业务受到中国人民银行相关领导的充分肯定。"农房乐"也被晋江市政府授予2016年度"金融创新项目"和"最具人气金融产品"。2019年，晋江农商银行农民住房财产权抵押贷款——"农房乐"再获嘉奖，获评"全国农村金融十佳服务乡村振兴产品"。除了"农房乐"之外，晋江农商银行还推出多款金融产品，如以合法持有、权能完整的农村集体经济组织股权出质作为债权担保的"集股贷"等，帮助农民解决贷款难的问题。

2. 永安土地经营权抵押贷款——福田贷

永安市也是全国农村土地承包经营权确权登记颁证试点单位、福建省全面推进试点县（市、区）。永安市在完成24万亩土地确权工作基础上，为了解决农民生产发展中的资金短缺问题，2017年4月永安市农信联社推出了土地经营权抵押贷款——"福田贷"，为助力乡村振兴引入金融活水。"福田贷"授信产品即农村土地经营权抵押贷款，是借款人在不改变土地所有权性质、不转移农村土地占有和农业用途的条件下，以依法取得的土地经营权及地上（含地下）附着物作为抵押物，将土地经营权作为抵押担保向银行申请贷款。授信对象为信用良好，持有土地经营权、农业资产的农户，授信额度本着小额分散的原则设定为5万元（以合作社为单位设立风险基金池的最高可授信20万元），政府财政贴息后，月利率只有3.82‰，比农信联社各类贷款利率低30%以上。一次授信，期限3年，贷款方式是自助循环、随贷随还，方便快捷。政府与农信联社通过"三步走"形成合力，推动"福田贷"落地。

（1）具体做法。

第一步，摸底调查。农信联社在授信前，需要得到当地政府和"村两委"的配合，对农户的信用情况、生产经营状况和还款能力进行摸底调查。在掌握农户基本情况的前提下，建立授信"白名单"，并采取"信用+土地承包经营权抵押"的模式进行整村授信。

第二步，提名授信名单。组建不以营利为目的农民专业合作社，由村两委或党员骨干提名符合授信条件的社员，报乡镇政府审核把关后再交农信联社确认。

第三步，授信。农信联社将拟授信农户的名单和土地经营权质押等材料统一报市农业局进行质押登记备案，再根据农户的信用级别、生产经营状况、还款能力及备案的土地面积等情况，综合进行评级授信，农户不需要一个个亲自到农信联社办理贷款业务，简化了办理手续，方便了广大农户。

（2）实施成效。"福田贷"的诞生、升级和推广，离不开永安市各级政府的支持。永安市财政筹集专项资金支持"福田贷"农村金融改革工作，对单个农户5万元以内（含5万元）的"福田贷"贷款贴息应补尽补，不设上限，切实发挥了公共财政支持农村普惠金融作用。贴息工作由永安市农信联社根据"福田贷"贷款投放情况统一制作"'福田贷'贴息情况表"，并统一送到市农业局审核发放。对符合贴息条件的"福田贷"，可享受年贴息2.5%，大大降低了农户的成本，扣除贴息后，农户承担的月利率低至 3.82‰。

截至 2018 年 8 月末,永安市 15 个乡镇(街道)全面推广了"福田贷"业务,授信 218 个村,8182 户,达 37384 万元,贷款发放 218 个村,6803 户,贷款金额 22908 万元,基本实现"两个全覆盖",即人均耕地 0.4 亩以上的行政村全覆盖,符合条件有贷款意愿的农户授信全覆盖。

10.3.2 发展绿色金融,盘活林业资源

武平县位于福建省龙岩市西南部,地处闽、粤、赣三省交界处,拥有丰富的林地资源,林地面积达 328.6 万亩,森林覆盖率达到 79.7%,林木蓄积量 2179 万立方米,是习近平总书记亲手抓起并亲自主导的全国集体林权制度改革的发源地,全国林改第一县。全国第一本新版林权证就诞生在武平县的万安镇捷文村。可以说森林是当地农民最主要的资源。如何盘活林业资产,让林农把"沉睡"的资源变成资产,武平县农信联社大胆实践,充分发挥当地独特优势,率先发行了全国第一张普惠制农业金融产品——惠林卡。惠林卡的定位不但服务于林下产业,还覆盖了与林业相关的周边产业。

1. 具体做法

首先,建立工作联动机制。县林业局、农信联社成立"惠林卡"业务推广工作领导小组,制订实施方案和考评办法。林业部门与当地农信部门建立工作联动机制。林业部门负责提供林权证名单,协助农信部门开展林农资金需求摸底调查,共同做好林权证资源简易评估等工作。

其次,宣传入户。通过文件、会议、微信、制作宣传小册子、进村入户等形式大力宣传"惠林卡"的办理方式、优惠政策等,或采取"背包银行"走村入户,让有资金需求的林农不出乡镇即可办理。

再次,组织保障。龙岩市出台了"惠林卡"贷款贴息政策,市财政局和市林业局共同确保资金落实,中国人民银行龙岩市支行、市银监部门对"惠林卡"贷款在信贷规模和品种监管上给予政策倾斜,龙岩市农信联社(农商行)主动降低利率、减少收费,实行免评估或免担保政策。

最后,拓展范围。"惠林卡"一开始推出主要是针对林权贷款。随着推广的深入,贷款范围也逐渐由林权贷款拓展到造林抚育、竹林垦复、花

卉苗木、林下经济、森林旅游、林产品采集加工等领域。武平县农信联社对林农林业生产和发展林下经济的办卡申请实行优先调查、优先授信、优先用信的"三个优先"原则，简化办理流程，提高办理效率。武平县农信联社确立了对持有林权证的林农实现100%建档、对符合贷款条件的林农实现100%授信、对有发展项目且有资金需求的林农实现100%用信的"三个百分百"林业信贷业务发展目标，有效满足了林农信贷需求。现在，武平县的林农直接凭"三证"，即身份证、婚姻证明、林权证或林下经济有关证明，就可以办理惠林卡，最快2天实现资金到账。"惠林卡"一次性授信最长5年，最高授信额30万元，授信额度内循环使用、随贷随还，贷款利率优惠。林农使用林权证或林业担保中心担保办理的"惠林卡"，利率上浮比例不得超过基准利率的40%；其他信用或联保等方式办理的"惠林卡"，利率比同期限、同档次的其他贷款利率少上浮30%~50%。"惠林卡"使林农融资成本降低近一半，而且可随贷随还，林农卖了产品可随时还款，需要生产资金时再贷出来，节省不少利息支出。满足了林农、林业小微企业主生产经营、存取现金、转账结算等多项资金需求。

2. 实施成效

"惠林卡"一经推出，便以其独特优势广受林农欢迎。以龙岩为例，截至2018年8月，全市已累计发放"惠林卡"5058张，授信金额达3.94亿元，用信金额达2.49亿元，提前完成当年累计发放"惠林卡"5000张的目标，使5000多户林农直接受益，切实解决了林农融资难、贷款难、融资贵、手续复杂等难题，并更进一步调动了林农发展林下经济的积极性和主动性。

"惠林卡"有效破解了三大难题：

一是破解了林权评估担保难。一直以来，评估和担保是制约拥有林权证的林农贷款的两大障碍，既增加了贷款难度、降低了贷款效率，又增加林农的费用负担。林农可凭持有的林权证，直接向当地农信联社（农商行）申办"惠林卡"贷款，免中介评估免担保，当地农信联社自行简易评估后便可向林农授信放款，初步实现了林权证直接抵押贷款。

二是破解了林权处置难。武平县在林权抵押贷款探索的同时，对于贷款担保等制度也逐渐完善。2013年，武平县林权抵押贷款创新形成了"直接抵押+收储担保"贷款模式，武平县政府制定出台了《武平县林权抵押贷款管理办法（试行）》，成立了1500万元的收储担保基金，对担保的不良林业贷款实行"先代偿、后处置"。武平县林业收储担保中心以担保基金按林农结欠银行贷款本息价格代偿银行贷款，获得林权处置权，根据实际对林权进行处置、变卖、持有等形式的经营管理。此举较好地防范了信贷风险，充分调动了金融机构开办林权抵押贷款的积极性，有效破解了抵押林权处置难问题。除了担保基金，武平县还成立了林权抵押贷款村级担保合作社，开展林权抵押村级担保合作组织试点。

三是破解了资金压力。龙岩市林业局以推广"惠林卡"为突破口，争取到市政府出台了市级林业贷款贴息政策，对林农使用"惠林卡"的涉林贷款，在推广期（3年）内，市级财政按实际用信金额的1%给予贴息补助，对符合中央或省级财政贴息条件的，优先安排中央或省级贴息补助，年贴息率为3%。

10.3.3 发展蓝色金融,盘活海洋资源

福建拥有全国第二长的陆地海岸线，长达3751.5千米，沿海属亚热带海洋和大陆架浅海，孕育着丰富的海洋资源，是我国的主要渔区。2018年11月，中共福建省委、省政府出台了《关于进一步加快建设海洋强省的意见》，明确提出到2025年建成海洋强省的战略目标。提升海洋渔业发展质量，离不开资金的支持，面对福建省海洋经济这片"蓝海"，福建农信联社大力发展"蓝色金融"，适时推出海域使用权抵押贷款、船舶抵押贷款、船网指标质押贷款等抵押贷款新品种，让海洋资产"活"起来，为渔业生产融资打开了一条绿色通道，有效盘活了海洋产业资源。

1. 典型做法

福州市连江县是全国知名的渔业大县，水产品总产量连续20多年位居全省第一、在全国县级位居第二，是名副其实的海洋渔业大县。海洋渔业已成为连江县经济发展最重要的支柱产业。

渔船改造、渔船抵押一直是各金融机构谨慎准入的融资模式，融资难一直是渔业整体发展的瓶颈，以往银行对渔民开办的小额贷款，难以满足渔业生产的资金需求。为促进渔业持续健康发展，严格控制海洋捕捞强度，国家出台了渔船更新改造补助的政策。2016年，为支持当地渔船技术改造升级，连江县农信联社顺应形势迅速出台船网工具指标质押贷款业

务，既盘活了渔民的"沉睡"资产，又走出了一条解决渔民贷款难的有效途径。该业务是对船网指标进行质押的一种新尝试。"船网工具指标"是船东建造渔船的功率许可，只有具备了相应的"船网工具指标"，船东才能建造相应功率的捕捞渔船。以往需要渔船改造的渔民，在改造前需预缴30%造船资金，在试航前付清所有建造款项；政府所给的补助是采用"先建后补"的方式，渔民要先自筹资金造船，这给渔民造成了不小的压力。而现在从事捕捞业、准备建造新船的渔民在新船未建造完成前只需渔业船网工具指标批准书即可申请质押贷款，这大大减小了渔民渔船在建阶段的负债压力。

截至 2018 年 6 月末，船网指标质押贷款共发放 132 笔，发放金额 2.03 亿元，余额 1.81 亿元，极大满足了渔民对建造渔船的资金需求，进一步促进了渔船技改。

除此之外，连江县农信联社推出的"海参宝"仓单质押贷款，也为海参养殖户扩大规模养殖、获得更高的收益提供了资金支持。海参养殖户若是想对海参进行加工，等来年获取更高收益，往往遇到周转资金不足的问题。而用海参仓单做质押，可以提前获得贷款，不仅解决了流动资金问题，还可以提高海参产品附加值和议价的能力（栾相科、张自芳，2018）。

2. 实施成效

截至 2018 年上半年，连江县农信联社各项贷款余额 72.99 亿元，各项贷款户数 5.02 万户，贷款面达 42%（全县户数 12 万户），其中海洋渔业贷款 29.24 亿元，占贷款总额的 40.06%。海洋渔业贷款主要投向为鲍鱼养殖生产 11.68 亿元、虾蟹养殖 2.49 亿元、蛏蛤养殖 2.64 亿元、海带养殖及加工 1.2 亿元、海参养殖 0.17 亿元、海洋捕捞生产 5.67 亿元、支持其他海洋渔业生产 5.39 亿元，有力支持了连江县海洋经济发展。

10.4 小结

福建农信联社一直以来致力于培养造就一支懂农业、爱农村、爱农民、有情怀、有责任、有担当的农信金融服务队伍，在服务乡村的实践中，强化党建引领，发挥基层党组织的先锋模范作用。福建农信联社根据各地区的产业发展特色及各地山、海、林、湖、地等资源禀赋，积极顺应农村资源变资产、资金变股金、农民变股东"三变"的农村改革需要，不断开发创新金融产品，推出林权、海域使用权、土地承包经营权、农房（宅基地）抵押贷款等产品，有效盘活农村资源，破解了农民、林农、渔民的贷款难、担保难等瓶颈，为农户融资打开了新的通道。福建农信联社在实践中优化服务机制、创新服务模式、深化双基联动，持续创新推广金融产品和服务，不断为"三农"工作注入强大活力。

11

乡村振兴战略下农户融资创新研究

11.1 乡村振兴与农村金融的关系

乡村振兴战略是十九大报告提出的新时代做好"三农"工作的总纲领和总抓手。乡村振兴战略不仅为深化农村金融改革提供了发展契机，更为农村金融服务"三农"提供了更广阔的平台。

当前我国社会发展的主要矛盾是人民日益增长的美好生活需要和不平衡不充分的发展之间的矛盾，而这个矛盾在乡村最为突出。实施乡村振兴战略，是解决人民日益增长的美好生活需要和不平衡不充分的发展之间矛盾的必然要求，是实现"两个一百年"奋斗目标的必然要求，是实现全体人民共同富裕的必然要求。

《乡村振兴战略规划（2018—2022 年）》和 2019 年的中央一号文件都提出，要通过完善金融支农组织体系、强化金融服务产品和方式创新、完善金融支农激励政策，切实降低"三农"信贷担保服务门槛，鼓励银行业金融机构加大对乡村振兴和脱贫攻坚中长期信贷支持力度，把更多金融资源配置到农村经济社会发展的重点领域和薄弱环节，满足乡村振兴多样化金融需求。

农村金融的发展，从供给端上，可以缓解资金约束，促进农村产业发展的现代化。从需求端上，通过消费和投资两个渠道促进农村经济发展和农民收入水平提升。在风险管理方面，农村保险机构的发展可以确保农村产业发展的稳定性，最大限度减小农民收入的损失（张婷婷、李政，2019）。

但是，金融机构在进入乡土社会时，会遭遇到与分散细碎的小农经济之间，经济交易费用、社会交往成本和组织动员成本过高的多元制度成本困境（温铁军，2018），这也是农村金融机构管理职能屡次调整的重要原因。金融机构参与乡村振兴金融供给仍然面临信息障碍和成本障碍（何广文、刘甜，2018）。在农业领域很难满足金融机构对利润的追求，原因在于农业的低收益和高风险性。农业生产面对三重风险：一是周期长容易受到自然灾害的影响。二是市场流通环节损耗大，价格扭曲。三是面对发达国家规模化种植的低价竞争。这三种风险只有通过提高农业经营收益才能弥补风险损失。而这必然会推高金融机构对高收益率的预期，然而这与农业的低收入、慢周转又形成了一对不可协调的矛盾。农村金融服务供给只能靠政策性银行逆向配置，而商业性银行逐步退出农村市场，这也为以"高利贷"为主的非正规金融填补正规金融机构让出的市场空间提供了机会，加重了"三农"领域的金融负担和风险。而从我国2013~2017年金融机构本外币涉农贷款余额来看，我国涉农贷款余额和农村贷款余额占总贷款余额的比重出现下降，这与日益增长的新型农业经营主体数量及其融资需求很不相称（张林、温涛，2019）。

实施乡村振兴战略，需要资本要素在农村合理有效的配置，需要改变农村金融机构以往不愿意涉足"三农"领域的局面，全面提升服务乡村振兴的金融服务能力。乡村振兴战略的实施，对农村金融机构提高金融服务水平，创新金融产品起到倒逼作用，为自身可持续发展奠定了良好的基础。

乡村振兴战略的总要求是实现乡村产业兴旺、生态宜居、乡风文明、治理有效、生活富裕，这些目标的实现离不开金融的支撑。金融对乡村振兴的支持可以通过对农户的个体行为的支持来实现。农户是乡村振兴的具体实践者，如何通过金融支持激发农户推动乡村振兴的内生动力，是农村金融发展的应有考虑。习近平总书记指出："要尊重广大农民意愿，激发广大农民积极性、主动性、创造性，激活乡村振兴内生动力，让广大农民在乡村振兴中有更多获得感、幸福感和安全感。"农户在获得金融服务时，会通过个体经济行为带来家庭经济效益的提高。比如，获得的贷款，可以帮助家庭成员获得更多的受教育时间，提高家庭劳动力的人力资本水平，从而显著提高家庭的生产效率和收入水平。农户素质的提升也会改善乡村金融生态，提高诚信意识。低收入的农户获得较高频率的贷款次数，可以改善其消费层次和提高收入。较高收入的农户若能便利地获取银行贷款，不仅可以扩大生产经营规模，还可以使得资产投资更加合理化，降低投资风险。可见，为不同特征的农户提供个性化的金融服务，有助于提高农户的福利，实现增产增收。

11.2 乡村振兴战略下农村金融需求的新变化

11.2.1 新型农业经营主体成为农村金融需求主体

乡村振兴，是一项复杂的系统性工程。农民是乡村振兴的主体力量，是乡村振兴最直接的利益相关者。要实现乡村振兴，必须坚持以农民为主体的基本原则，要充分发掘农民内生的发展动力，调动农民的积极性和主动性。

随着农业产业化的发展和产业结构的调整，农村新涌现出种养殖大户、家庭农场、农民合作社、乡村旅游业主、农村电商户、农家乐业主、田园综合体建设主体等新型农业经营主体，这些新型经营主体大多是规模化经营，小规模的信贷已经不能满足其发展的需求。根据农业农村部的统计，到2018年6月底，全国各级农业部门认定的家庭农场48.5万户，依法注册登记的农民合作社204.4万家，全国各级农业产业化龙头企业13万家，农业社会化服务组织29万家，开展托管服务的组织22.7万个。[①] 所以，要研究乡村振兴战略下的农村金融需求，首先要了解新型农业经营主体的金融需求的变化。

在传统的农村发展模式下，农业的经营主体是单个独立且分散的小农

---

① 何广文、刘甜：《基于乡村振兴视角的农村金融困境与创新选择》，《学术界》2018年第10期，第5页。

户，其金融需求多为生存型的消费需求。而在乡村振兴时期，新型农业经营主体成为现代农业的主要践行者和推动者。现代农业规模化、产业化的生产模式，需要新型农业经营主体加大资金投入、扩大生产规模。这使得新型农业经营主体对金融的需求呈现规模化、长期化的特征。而在发展过程中获得的贷款规模和贷款期限远远无法满足实际需求。在当前，新型农业经营主体的信贷资金严重不足成为其扩大再生产的瓶颈。比如，缺乏金融支持的家庭农场，获得的融资不仅期限短、利率高，手续还繁杂，严重制约了家庭农场的发展。

实施乡村振兴战略时期，面对新型农业经营主体呈现的新特点和差异性，农村金融机构要不断创新金融产品，简化审批手续，破除融资障碍，加大对新型农业经营主体的金融支持力度，提高新型农业经营主体的融资满足度。这也是乡村振兴的必然要求。

11.2.2　农村信贷需求呈现大额化、长期化的趋势

当前，专业种养殖大户、家庭农场、农业龙头企业及农民专业合作社等新型农业经营主体的大量出现，带来农业生产的组织化、规模化、专业化水平显著提高。作为农村发展的中坚力量，新型农业经营主体的经营理念、经营方式都发生了根本性的变化，对农村金融产品和服务的需求也呈现新的特征。

第一，融资需求金额大额化的趋势。主要有两个原因：一是随着农业一二三产业的融合发展，农业经营主体在农产品加工、商贸流通、休闲观光及相关的配套服务上投入越来越多，这就需要金融机构提供较大规模的生产性融资。二是产业化规模化的生产种养殖大户在扩大生产过程中需要不断加大生产要素的投入。比如引进先进的农业技术、建造农业设施、支付土地租金等费用，这些方面的投入需要较大规模的资金，而这就需要农村金融机构为其提供更大额度的资金融通。

第二，融资需求长期化趋势。随着乡村振兴战略的深入实施，新型农业经营主体产生了更多的中长期融资需求。比如：农业龙头企业需要中长期信贷资金用来扩大生产规模、增加仓储物流设施、更新技术设备；种养殖大户、家庭农场、农民合作社需要中长期资金来不断

改良土壤地肥力、建造标准化棚舍、购置大型地农用机械等。再加上农业生长周期的长期性，使得农村信贷需求的大额化、长期性的趋势越来越明显。这种中长期的资金需求，一方面对农村金融机构的金融服务能力和水平提出了更高要求，迫切需要农村金融机构进行服务和产品创新，为新型农业经营主体提供更多的资金支持；另一方面对农村金融机构的实力和抗风险能力提出了挑战，迫切需要农村金融机构提升中长期的融资供给能力。

11.2.3 农户对金融产品和服务需求更加多样化

乡村振兴战略的深入实施为农业农村的大发展提供了前所未有的大机遇，农户的经营也日益多元化，不断分化的农户对金融产品的要求变得越来越丰富。当前，农户对金融服务的需求已经不仅局限于传统的单一融资贷款需求。从金融产品上看，除了传统的信贷满足和账户管理等金融需求，新型农业经营主体还需要获取市场资讯、保险和期货、投资理财等金融服务。比如：农业龙头企业需要金融机构提供上市辅导服务；农民合作社和种养殖大户需要金融机构提供保险、期货等金融服务来抵御自然或市场风险；农产品出口需要金融机构提供信用证等担保服务；农业经营主体在经营周转过程中，需要金融机构提供投资理财咨询服务等。

从服务方式上看，农户不仅需要传统的线下金融服务，还需要便捷的线上金融服务以及农业生产一线驻点金融服务。乡村振兴战略背景下，传统的农村融资模式交易费用高、效率较低，迫切需要发展农村智慧金融，借助互联网、大数据和云计算等金融科技手段，实现金融产品和服务的智慧化。

互联网金融在降低交易成本和拓宽金融服务可获得性方面作用显著。以互联网为代表的现代信息科技，特别是移动支付、社交网络、搜索引擎和云计算等，将对人类金融模式产生颠覆性影响（谢平，2012）。互联网金融创新将极大地缓解地理金融排斥，促进农村金融普惠（马九杰、吴本健，2014）。互联网技术在农村金融领域的应用，将在重构农村社会诚信体系、降低信息不对称、降低交易成本、提高农户融资可获得性、完善农村金融基础设施、提升农村互联网金融覆盖程度等方面发挥重要作用（李敏，2015；朱迎、刘海二、高见，2015）。陈红川（2015）也认为"互联网+农业"的发展离不开对农村金融的改造。

从服务手段上看，农村金融机构的业务办理模式仍以"柜员操作为主"，但是由于网点布局和服务人员素质的局限，服务效率较低。农村的种养殖业受季节性影响，农户对资金的需求比较迫切，需要农村金融机构能够利用互联网和智能终端，提供网上存贷款等即时化、实时化的服务。而且，受农业弱质性的影响，为了控制农村信贷风险，农村金融机构也需要建立一套包含用户数据采集、实时计算引擎、数据挖掘平台、自动决策引擎结合人工辅助审批的智能化风险防控系统。

11.3 乡村振兴战略下农村金融面临的问题

乡村振兴需要健康的金融生态环境作为基础。近年来，为了更好地发挥农村金融对乡村振兴战略的支持作用，我国在农村金融和财政支农方面颁布并实施了一系列重要政策。但是，农村金融体制的改革仍面临着很多问题。

11.3.1 支持乡村振兴的农村金融机构能力不足

乡村振兴战略的实施离不开金融政策的支持。目前，我国农村的金融机构主要分为四类：第一类是商业银行，主要以农业银行、邮政储蓄银行为主；第二类是政策性银行，主要是农业发展银行、国家开发银行等；第三类是农村合作金融机构，主要以农村信用社联合社、农村商业银行和农村合作银行等为主；第四类是新型农村金融机构，主要是村镇银行、资金互助社和小额贷款公司等。其中，邮政储蓄银行、农业发展银行和国家开发银行等只有一部分业务涉及涉农贷款，这类金融机构并不是真正意义上的农村金融机构。农村金融机构主要包括农村信用社联合社、农村商业银行、农村合作银行以及村镇银行、资金互助社和小额贷款公司等。这些农村金融机构具有小、散、弱的特征，支持乡村振兴战略的能力不足。

一是资产规模小。截至 2017 年末：全国农村信用社系统（含农村商业银行和农村合作银行）金融机构总数为2260家，资产总额32.82万亿元，平均每家资产为145.22亿元；村镇银行机构数量为1601家，资产总额为1.4万亿元，平均每家资产规模仅为8.74亿元。农村金融机构规模过小，无法提供大额的信贷需求，难以适应乡村振兴对融资需求大额化的要求。

二是机构布局高度分散。无论是农村信用社类机构还是村镇银行类机构，均分散在全国各个县、乡（镇）区域，呈现高度离散化的特征。截至2018年末，农村地区银行网点数量12.66万个，每万人拥有的银行网点数量为1.31个，县均银行网点56.41个，乡均银行网点3.95个，村均银行网点0.24个。以村镇银行为例，截至2017年末，1601家村镇银行分布在全国31个省份的1247个县（市、区），多数机构设在乡镇，金融服务点未能深入行政村。过于分散的金融机构，难以形成合力，影响着其金融功能的发挥。

三是市场竞争力弱。服务农村金融的主要机构如农村信用社联合社和村镇银行与大型的金融机构相比较，都面临资产规模较小、员工素质偏低和运用的科技水平相对落后等问题，市场竞争力明显处于劣势。尤其在当前经济下行的压力下，农村金融机构在服务"三农"过程中，面临更多的金融风险，经营较为困难。

四是改制面临多重困境。农村信用社联合社是农村最主要的合作金融机构，但是随着农村金融需求的扩大，农村信用社联合社商业化的改制方向使得产权制度发生了质变。多元化的股权结构和多层次的利益相关者导致产权主体虚置，广大股份小且占股分散的社员无法行使管理权。因此，农村信用社联合社经营改革面临着多重困境。而乡村振兴战略的实施要求涉农金融机构在机构设置、政策保障、服务方向上都能向"三农"倾斜。但现有的农村金融供应主体、需求主体不能实现有效对接，农村金融风险承担和分散主体的抵质押担保及保险机制还不健全，农村金融的诚信法治环境还有待改善。这些方面严重阻碍乡村振兴战略的推进，成为农村发展的阻力。

五是创新激励不足。银行类金融占据绝对主导的农村金融市场，其战略定位同质，未能充分发挥各自优势形成差异化发展战略。农村金融机构普遍存在这几个问题：第一，目标客户同质，未能立足于市场需求形成分类分层服务体系。第二，业务种类同质，未能通过精细分工针对性加强服务创新能力。第三，由于经营理念和管理方式整体比较落后，加之金融服务创新的激励严重不足，现有农村金融产品与服务品种不仅不能适应乡村振兴需求，而且抵御风险的能力不强。

11.3.2 支持乡村振兴的农村金融服务体系不健全

为"三农"服务是农村金融工作的重心。建立满足乡村振兴多样化、多层次金融需求的农村金融服务体系，是当前深化农村金融改革的一项重要任务。但是，当前的农村金融服务体系在一定程度制约了乡村振兴的进程。

一是农村金融服务手段相对滞后。科技的发展改变了人们的生活方式。网络信息技术在金融领域的运用，能够极大地提高金融机构的管理效能、服务水平和竞争能力。但在一些农村地区，居住和生活环境比较差，采用先进的信息网络技术面临较多的困难，当地的农村金融仍采用传统和单一的服务手段。农村金融机构与大型商业银行相比，机构规模较小，现有的科技人员技术水平较低，较少具备独立开发新系统新技术的能力，同时在引进和购买先进金融设备上投入相对不足，导致机构运行的效率较低。

二是农村金融风险化解机制不健全。农村金融机构与城市金融机构相比承受较大的金融风险，表现在农村金融机构服务的对象为高风险、低收益的弱质产业。农业生产具有周期性长和高风险性的特点，且农户普遍缺乏抵押和担保物品，而农村金融机构在放贷过程中又缺乏风险分担和化解机制，造成普遍惜贷，"去农化"的倾向严重，这也不利于乡村振兴战略的推进。

三是农村信用支持体系建设滞后。良好的信用环境是农村金融发展的必要条件。但在我国农村，信用体系建设一直是薄弱环节。具体体现在农村经营主体法制观念比较淡薄，逃债违约现象大量存在。大部分农户借贷金额较小，讨债追债的交易费用较高，金融机构缺乏对农村违约主体的惩戒机制而无能为力。另外，农村信用制度建设面临的较大的难度，主要是农户居住相对分散，可查询的交易记录较少，能收集的信息内容不全，难以建立起完善的个人征信体系，因而对农户的违约行为难以进行有效的监督。

四是农民投资理财满足度低。目前，存贷款仍是农村金融机构传统的基础性资金业务，根据农户的特点并在农村市场开发的投资理财、保险等产品较少，甚至在有些乡镇，信用卡类及支付结算类的产品都处于空白状态。随着农民收入的增加，富裕起来的农民对农产品期货投资、基金债券等理财产品的需求也日益增加。虽然我国农村金融产品不断创新，农村金融的基本服务也得到了改善，但是我国农村金融市场上理财产品还比较单一，严重滞后于农民对理财产品的需求，这也制约了农民金融投资的积极性。

11.3.3 支持乡村振兴的政策性金融供给不足

金融是农村发展的血液。农业发展、农村繁荣和农民增收是乡村振兴战略的目标，要实现这个目标离不开农村金融的强有力支持。由于农业生产受自然生态环境等客观因素影响较大，并且种养殖的周期较长，农产品又是易腐烂不易储存的物品，商业银行在开展农村金融业务时往往面临更大的经营风险，放贷的成本高、风险大且回报率较低。商业性金融机构出于自身盈利的目的，服务农业和农村的内生动力明显不足。乡村振兴战略下农户对中长期信贷资金的需求日益增长，要获得金融支持，仅仅依赖商业性银行难以有效满足。而这必须要求政府提供更多的政策性金融支持，实现农村普惠金融发展。

在当前我国农村金融体系中，农业发展银行和国家开发银行属于政策性银行，主要为农业和农村的发展提供中长期的信贷支持。但事实上，农业发展银行和国家开发银行为农村提供的金融支持明显不足。2017年，农业发展银行发放涉农贷款40144亿元，占全部涉农贷款的14.2%，国家开发银行发放涉农贷款12572亿元，占全部涉农贷款的4.5%，二者合计占比18.7%。而在2017年，农村信用社系统发放的涉农贷款为81902亿元，占全部涉农贷款的29%，将近1/3。可以看出，国家政策性银行对农村的金融支持力度明显不足，农村信用社成为农村金融的主力军。但是，农村信用社商业银行的性质随着商业化改革的日益深入将越来越突出，让农信联社等机构承担更多支持农业和农村发展的任务难度加大。

11.3.4　支持乡村振兴的金融监管越位与缺位并存

农村金融市场的发育是一个市场化的过程，而政府作为市场规则的维护者，其工作中往往存在监管越位、缺位或错位等现象。当前，我国农村金融体制的制度变迁主要是政府主导，具有强制性和外生性。政府出于维护农村金融市场的秩序和保障"三农"资金的投入，对农村金融市场进行严格监管，其主要体现在以下几个方面：

一是对农村市场利率的管制。农村金融监管部门为了实现金融的普惠发展，对涉农金融利率水平进行限制，导致农村金融利率不能由金融市场来决定它的水平。农村金融利率管制的结果是很多农村金融机构贷款的利率无法弥补成本，加上农村信贷多为小额分散的资金，金融机构承担较大的金融风险，经营多陷入困境。

二是强调资金的区域管理。金融监管部门对农村金融机构的资金使用范围实行严格限制，农村金融机构资金的经营管理以本地为主，"贷款不能出县，资金不能出省"。而商业银行总是在保持安全性、流动性的前提下，追求最大限度的利润。农村金融机构与商业银行相比在资金使用的灵活性上受到限制。

三是对金融机构经营方式的限制。政府对农信联社和村镇银行的定位就是满足当地的农业、农民和农村的资金需求，服务"三农"。因此监管部门严格限制农村金融机构的跨区联合兼并。这也使得农村金融机构无法做强做大，发挥规模经济效应。同时，政府在金融监管中，也存在缺位的问题。要实现乡村振兴，应当发挥好政策性金融的主导作用，这就需要完善我国农村政策性银行的立法监管。但我国至今没有针对农村政策性银行的专门立法，也没有针对合作金融的专门立法。[①] 这些法律上的空白导致无法对这些农村金融机构进行有效监管。

---

① 唐晓旺、张翼飞：《乡村振兴战略下农村金融创新的思路与对策》，《中州学刊》2018年第12期，第9页。

11.3.5 支持乡村振兴的金融机构仍面临抵押担保障碍

乡村振兴战略的推进，必然要求各地农村金融均衡发展。农户借贷可获得性较差的关键原因就是金融机构与农户之间存在严重的信息不对称，这表现在这两个方面：一是许多农户居住地分散，金融机构对农户的信用信息积累不足，要获取农户的信贷信息、设计信贷合约、履行信贷合约需要付出较高的成本。二是尽管互联网、大数据、云计算的运用为农村金融机构降低运行成本、扩大服务覆盖面提供了可能性，但是由于地理空间障碍、农村金融信息技术人才的缺乏以及农村金融机构在创新实践中对信息技术的重视不够等，难以完全改变这种现状。以上这两个原因导致农户在借贷过程中难以消除逆向选择和道德风险。而金融机构出于降低和减小经营风险及绩效考核机制带来的压力，一般不愿意提供该类信贷服务。在对农户提供信贷服务时，较多金融机构均存在"唯抵押是贷"的现象。而要缓解上述的信贷约束，农户必须提供金融机构认可的合格抵押担保物品。但实际上大部分农户经营规模较小，农村的宅基地和土地经营权要成为抵押物还有一定的障碍，加上资本积累较差，缺乏法律意义上规范的抵押品，因此，农户面临较严重的信贷配给问题。

11.4 创新农户融资模式，助力乡村振兴

传统的农村金融借贷模式是建立在抵押、担保和现金流等分析基础上。农户居住在地域广阔的农村，经营又较分散，金融机构要获取农户的经济信息和信用情况往往要花费较多的精力和成本，而这又与农户贷款金额小、抵押能力较差的实际不相匹配，因而从成本收益的角度，农村金融机构往往不愿意给农户提供贷款。农村互联网金融突破以往高风险、高成本的难题且没有地理限制，为农户融资创新提供了新路径。其特点为：互联网金融不受交易场所限制，在交易时间上具有瞬时性和便利性，在交易空间上可跨越地理的边界，在人员设置上可以打破网点和地域的限制，有利于降低农户借贷的交易费用（冯兴元，2018）。

互联网金融融资模式基本上被概括为金融互联网化、移动支付和第三方支付、互联网货币、基于大数据的征信和网络贷款、P2P网络贷款、众筹融资六大模式（罗明雄等，2013；谢平等，2014）。随着大数据、云计算在农业领域的应用，互联网通过改造传统农业产业链，必将催发农村金融的新模式（李国英，2015）。而农村"互联网+产业链"是一种典型的内生性金融创新模式，并通过大数据征信和产业链金融控制等手段大大降低了借贷双方的信息不对称，因而该模式创新主体的创新意愿极高（吴玉宇等，2015）。

11.4.1 "农业价值链+电商平台"模式

当前，我国小农户数量众多，规模小，分布零散。要促进小农户与现代农业衔接，就要发挥好新型农业经营主体对小农户的带动作用，引导小农户参与多种形式的联合和合作，与现代农业有机衔接。要提升小农户的组织化程度，就要让小农户以"公司+农户""公司+合作社+农户""合作社+农户""社会化服务组织+合作社+农户"等产业联合体方式参与到现代农业的产业链条上来。

农业价值链把供应商、制造商、分销商、零售商及终端的用户联结在一起，并最终实现资金、信息、物流的统一。传统的农村融资模式只能对单个融资主体进行授信，而无法解决农户融资的三大困境，即"交易成本高、信息不对称、抵押物不足"。"电商平台+农业价值链"融资模式的运用，可以全方位地为价值链上的节点企业和农户提供融资服务，而且随着农业价值链的完善和不断增值，惠及的农户将会更多，将会成为未来农村金融发展的方向和重点。

电商平台具有大数据优势，大数据是农村电商平台运行的基石。一些大型电商平台在信贷流程方面的做法是：首先，构建大数据系统。通过电商平台交易的历史数据和农村服务点等收集的其他外部数据，构建大数据系统。其次，进行大数据分析。通过云计算等互联网技术进行大数据分析，对客户进行信用评估与风险控制等。最后，提供线上信贷支持。利用上述数据信息，农村电商平台为在平台上交易的客户（包括小微涉农企业、其他拥有平台账户的农村用户）提供线上信贷支持。还有一种是通过电商平台预售产品的形式。电商平台拿到消费者的预付款，就可以向农业价值链传导。农业价值链上的企业或农户若是有资金需求，就可以预借一部分的资金，这样农户就可以缓解生产的资金压力，也可以及时调整生产规模，提高生产的效率，并降低生产的市场风险。

比如，京东金融出台的"先锋京农贷"，就是利用种业巨头杜邦先锋在国内种业市场基础良好、经销体系完善的优势来满足农户农资购买环节的生产资料信贷需求。农产品的生产、收购、加工、销售等多个环节，会产生大量的资金需求。比如：生产资料采购端，农民需要买种子、化肥等农资，相应地就产生了赊销、信贷等需求；产品销售端，农产品企业也需要通过信贷、众筹等多种方式周转资金，保证农产品的生产和销售。然而，由于信用无法评估，农民难以从传统金融机构获得信用贷款。杜邦先锋和京东金融合作，可以借助互联网平台的数据、渠道等多项优势，给农户在购买农资的时候提供融资，帮助农民降低成本、解决销路、增加收益，完成资金流和商品流的闭环循环。其运作方式是：京东金融与杜邦种业合作，购买先锋种业的农户可向京东金融申请贷款；京东金融根据杜邦种业提供的农户以往订单的信用情况给农户授信，京东金融通过审批后，将贷款资金打给杜邦先锋经销商；经销商与农户交接，完成代付、代收。申请"先锋京农贷"的农户可先拿种子，丰收后再还款，利息低且额度高，最高额度达到 30 万元，满足农户和种植大户在生产中的资金需求。除此之外，阿里巴巴的蚂蚁金服为农产品交易提供的"花呗""借呗"和其他金融服务也属于这种模式。

我们一方面要看到"农业价值链+电商平台"为农户带来的融资便利，另一方面也要重视农业供应链互联网金融业务的风险防范问题。选择发展成熟、信用良好的龙头企业为核心的农业供应链提供信贷服务是防止金融风险的关键。

11.4.2 "农业价值链+'三农'服务商"模式

传统的农业产业链金融模式是由产业化龙头企业或是政府主导的农业合作社作为核心组织，在控制生产和市场风险、降低经营成本、提高管理水平上具有一定优势，但是这种模式也使得单个农户缺乏生产经营自主权，受龙头企业和合作社控制，在产业链上处于弱势地位。而互联网与农业价值链的结合，创新了传统农业产业链金融的运行模式，使得产业链上各交易主体处于相对平等的地位，从而克服传统农业产业链金融模式中因交易主体不对等带来的问题。

"农业价值链+三农服务商"融资模式依托"三农"服务商强大的价值链汇集上下游客户的信息，通过数据收集、分析、挖掘和交叉认证，真实掌握农户或小微企业的物流、信息流和资金流信息，从而在线为其提供小额融资，有效地缓解了农业生产资金融通这一难题。这种融资模式，依靠核心企业的信息化建设，能够有效查询上下产业链条的企业或农户的历史交易信息，有效解决了传统信贷方式中客户信息不透明、获取成本高的问题。在这种融资模式下，农户可以获得两种融资需求的满足：一是企业提供内部融资需求。即农业价值链中的核心企业通过为种养殖户或合作社提供种子或幼仔、技术以及相关补贴，并在线上为企业上下游客户提供实物和现金形式的资金支持；二是企业帮助农户获得价值链外的融资。即农户或合作社向银行申请贷款时，核心企业向银行提供担保。其主要原因在于：一方面，"三农"服务商的核心企业拥有较高信誉，能在银行取得较高额度的授信来满足一般农户的融资需求，也可通过其雄厚的资金实力来为农户提供银行的信贷担保；另一方面，"三农"服务商在农业生产领域深耕多年，产业链上下游客户量巨大，其分支机构积累了丰富的线上和线下销售网点，这些分支机构与数以百万计的农户建立了联系，并积累了丰富的农户销售和信用信息，从而形成了较为广泛的农村网络化组织。

大北农是农业价值链上服务"三农"的龙头企业，利用合作伙伴和种养殖户积累的信用数据，建立起行业内第一个以农村信用为核心、集商业可持续性的和普惠性质于一身的农村金融服务新体系。其农村金融业务设计思想是：通过猪管网提高农户养猪效率，掌控养殖业大数据；在掌握生猪、猪农大数据的基础上，发展农资交易平台及生猪交易平台，提高农业交易效率；在财务体系输出和大数据征信的基础上开展农村金融业务，提高农村融资效率;① 依托旗下的北京农信互联科技有限公司作为大数据征信平台,通过互联网端的"农信网"入口以及移动端的"智农通"手机App,构成了从 PC 端到手机端的完整农业金融生态圈,为客户提供包括资信评估、小额贷款、支付结算和投资理财等在内的多种金融服务。

农信互联通过互联网平台先后推出经销贷、养猪贷、收猪贷等小额贷款产品。在 2016 年上半年、下半年及 2017 年上半年三个时期内,"经销贷"贷款笔数平均增长了 198%,"收猪贷"贷款笔数增长了 246%,"养猪贷"贷款笔数增长了 343%,贷款总额平均增长率为 195%。解决了大批生猪产业链生产经营主体的资金需求,促进了生猪产业的有序发展。

11.4.3　农产品消费信托创新模式

农产品消费信托,是指消费者(委托人)出资设立信托项目并委托信托公司进行指定消费采购的事务服务。农业处于产业链的最低端,农户较少接触市场和销售渠道,无法掌握市场的定价权,经常会出现"丰产不丰收"的情况。

比如"耕地宝"是由阿里巴巴聚划算平台联合安徽农民、浙江兴合电子商务有限公司推出的"首个互联网定制私人农场"。"耕地宝"发挥电商对生产要素的聚合效应,运用众筹的方式种地,弥补了传统农业在资金上的短板,把网民的散钱聚合起来投入农业。投资者可以获得私人农场一年四季的无公害蔬菜,在生产过程中,可以亲自去考察产地和种植,还可获得当地旅游的免费门票和住宿等。农户在种植前农产品就被预定,省去了销售的烦恼。

可以看出农产品消费信托模式有以下几个优势:一是利用互联网技术及金融机构的推荐,消除农户与客户之间的信息不对称及不信任,帮助优质农户与最终用户实现直接对接,降低农产品价格,减少中间商损耗。二是通过采取远期化、周期化的消费模式,有效减少了农户盲目生产,合理配置生产投入,真正实现订单农业。三是将农产品开发成金融产品,通过

---

① 王刚贞、何睿:《基于旺农贷的"农业价值链+电商平台"的融资模式研究》,《齐齐哈尔大学学报》(哲学社会科学版)2017 年第 8 期,第 76~79 页。

互联网预售，农户有了订单数据和现金流，银行等信贷机构可以为需要资金的农户授信，解决了传统农业生产模式下农户难以获得信贷资金支持的困境。农户将预售数据提供给银行，银行根据数据授信，降低了经营风险，提高了经营效益。此外，银行也可以销售基于农产品的信托产品，扩大银行柜台业务，帮助银行进行业务转型。农产品消费信托消除了农户与客户之间的信息不对称及不信任，有效减少了农户盲目生产，增加了金融机构对农户的授信，并且由于专业金融机构、管理团队参与，要求涉农企业标准化生产，并提高农产品安全，增加农民收入，能有效促进我国农业现代化。

11.4.4 "金融机构+互联网"农户网络融资模式

农村金融机构利用互联网的技术优势，深入挖掘和分析农户多维数据信息，针对不同类型农户及其生产经营特点，研发设计差异化的授信模型，采取线上、线下相结合的方式，支持系统化、智能化、自动化匹配授信额度，降低信贷成本，提高服务效率，实现农户贷款简便、快速、有效投放。比如中国农业银行专门为农民设计了一款农户网络融资产品（惠农e贷），根据数据来源和利用方式的差异可以分为惠农便捷贷、信用村信用户、特色产业、电商平台、政府增信等典型模式。[①]

（1）惠农便捷贷模式。主要是依托金融机构内部系统数据支撑，针对在银行有金融资产、有房贷、有农户贷款记录的存量农户，研发授信模型，实现从白名单生成、审核、提交到授信额度测算等全流程线上化操作。宁夏分行率先在全国农行系统内推出了"惠农便捷贷"产品，以"金融科技+"对传统农户贷款模式进行改造，累计投放惠农e贷近3亿元。

（2）信用村信用户模式。主要是以农村信用环境建设为契机，针对地方政府、监管部门、金融机构等评定的信用村、信用户，采取外部对接、线下调查等方式获取农户信息，建立村民信用档案，根据村民信用评价结果、家庭资产、收入、交易等数据，筛选客户，发放贷款。信用村信用户

---

① 黄迈、马九杰：《农户网络贷款服务模式及其创新发展》，《改革》2019年第3期，第9页。

模式在浙江等 9 家分行开办，截至 2019 年 9 月末，浙江分行惠农 e 贷增量 191 亿元，总量达 403 亿元，该行已为 268 万农户建立"信贷档案"，占浙江省农户总数的 44%以上。

（3）特色产业模式。主要针对具有一定种养殖规模的特色产业，通过与地方政府农林牧渔等主管部门以及供销、烟草、农资等单位合作，批量获取农户经营规模、成本投入、经营收入等数据，筛选客户，开发授信模型，发放贷款。截至 2019 年，特色产业模式在福建等 29 家分行作为重点模式推广，已开展惠农 e 贷业务的有茶叶、烟草、水果、蔬菜等特色产业。

（4）电商平台模式。主要是依托农行自有电商平台或与信誉良好、运营稳定、管理规范的第三方涉农电商平台合作，根据商品流通领域中的物流、资金流、信息流，以供应链上下游的交易流水、订单、客户行为和商品评价等交易数据为基础，筛选客户，建立信贷模型，发放贷款。

（5）政府增信模式。主要是与地方政府财政、农业、扶贫、金融办等主管部门合作，获取粮食直补、建档立卡贫困户等相关数据，对纳入政府风险补偿基金、政策性担保公司、财政直补等增信机制的农户发放贷款。

11.4.5 "政府支持+保险保障"融资模式

当前，一些地方探索以保险保单为融资增信的融资新模式以缓解农户的信贷约束。2015 年底中国保监会同意中国人保集团开展"保险+融资"试点，开创"政府支持+融资支农+保险保障"的"政融保"金融扶贫新模式，保险机构在提供农业保险产品的同时叠加开展融资业务，满足农业经营主体对融资和化解风险两方面的需求。2016 年 6 月，"政融保"模式在河北阜平首次推出，政府提供产业规划和贴息、贴保等政策，中国人保财险提供农业保险保障，募集资金为新型农业经营主体提供融资支持，融资用途涉及农作物种植，畜禽养殖，农产品加工、储存、运输、销售等领域，重点支持带动脱贫的新型农业经营主体，采取"干部推荐+融资支农+保险保障"的运行模式，需要获得融资支持的帮扶对象须经驻村第一书记或机关帮扶干部推荐，并向中国人保财险公司购买农业保险、信用保证保险等相关产品，以化解农业生产经营中存在的风险。"政融保"既为新型农业经营主体提供农业保险，又直接提供融资支持，是保险支农与融资增信的结合。

"财银保"和"政银保"融资模式都是通过政府设立贷款保证专项风险补偿金，引导保险机构与银行开展合作的农业贷款模式。该模式以保险公司提供保证保险，银行提供贷款，政府提供保费补贴、贴息补贴和风险补偿支持，帮助新型农业经营主体缓解融资困境。

新型农业经营主体在申请贷款时，先向保险公司投保，银行以保单作为担保的方式发放贷款，当借款人不能按合同约定进行还贷时，由保险公司承担贷款损失赔偿责任。这一模式通过创新政策支持方式，有效整合各方力量，实现对新型农业经营主体的融资增信。

以上"政府主导"的融资模式既有优势，也存在一些弊端。农户、新型农业经营主体等融资主体自身力量发挥不够，容易发生政府过度干预。政府主导的融资增信模式需要大量的财政投入用于设立风险补偿基金，也需要实施利息补贴，还需要实施税收优惠，财政压力很大，而市场化可持续的资金投入机制、担保损失代偿机制还不够完善，对新型农业经营主体自有资金和社会资金投入的引导也缺乏长效机制。

11.4.6　创新农地金融融资模式

以承包地经营权等农村综合产权抵押贷款的融资模式，经过几年的地方探索实践，基本呈现以下几种模式。

1. 土地金融公司为主导的模式

土地金融公司为主导的模式主要以贵州湄潭为代表。贵州湄潭是我国第一批推行农地承包经营权抵押融资的地区，成立了国内第一个土地金融公司，向土地经营者提供农地经营权抵押贷款。实际运作方式是：土地金融公司通过集股方式扩大资金储备，对土地使用权进行集中发放整治、开发中长期贷款，并受政府委托办理贴息贷款；对抵押后无力赎回的土地进行土地使用权出租、拍卖；协助政府连片整治开发土地资源。在这种模式中，政府直接介入土地金融公司的管理，容易导致公司经营中心偏移。土地金融公司的主要资金来源于财政补助、缴纳土地使用费、信托投资公司的支持，缺乏可持续的资金来源。另外，缺乏第三方监管体制和成熟的经济环境，容易导致出现大量资金和土地承包经营权无法回收的现象。

2. 土地信用社主导模式

土地信用社主导模式的代表是宁夏同心县。土地信用社主导模式是一种联保和土地抵押相结合的土地融资模式。在政府引导和农户自发组织成立土地承包经营权抵押协会。农户采用土地承包经营权入股方式成为会员，有借款需求的会员采用协会内多户联保形式，以协会名义签订土地承包经营权抵押协议，信用社发放贷款实现资金融通。如果存在贷款未偿还的情况，则由担保人还贷，并获得相应的土地承包经营权。土地信用社主导模式的特点是农户的土地经营权只在土地信用社所在集体组织内部流转。农户获得的土地承包经营权抵押贷款是以土地信用社的名义实现的，土地信用社充当的是一种信用中介。在这一模式中，政府只是作为整个机制的监督机构，没有直接参与土地流转融资，政府职能相对较弱。

3. 政府直接担保模式

政府直接担保模式以湖北天门为代表。天门模式是一种由政府集中审核确权的土地抵押贷款模式。贷款流程为：土地流转—政府颁证—交易双方自行土地评估—申请贷款—审核资质—贷款办理。村委会负责土地流转及价格公正；行业主管部门负责核发农村土地经营权证，组建担保公司；市经管局负责处理贷款纠纷和仲裁；财政部门负责对金融机构进行风险补偿。在这一模式下，政府总领全局，作为担保方降低了银行的操作风险，提高了金融机构的放贷积极性。

4. 农村产权交易中心（农交所）担保模式

农交所担保模式也是一种传统政府集中担保模式，是将传统分散于各分管政府部门的职能部分集中于一个专业机构——农交所，实现由农交所发现、引导、促成、监督土地流转抵押融资全过程。与金融公司不同的是，农交所通过颁发土地鉴证凭证间接促成贷款发放。其与土地信用社担保模式的区别是农交所不出面与银行交涉，实际贷款申请主体仍为土地流入方。

比如四川绵阳涪城区为了增加农业规模化经营的中长期资金投入，破解新型农业经营主体发展的瓶颈问题，创新农村产权抵押融资，有效盘活农村的资源。具体流程是：首先，涪城区在全区所有乡镇设立产权流转交易服务站，在村（社区）设立产权流转交易信息收集点，并建立农村资产抵押登记信息统一台账。其次，农业经营者提供营业执照、土地流转经营权证、企业及个人征信报告、银行流水等反映经营相关的资料向涪城区农村产权交易中心提出申请贷款。最后，绵阳农信联社审查审批通过预审、评估后的贷款材料。符合条件者，最快3个工作日可获得贷款。在绵阳的涪城区，农户可将农村土地承包经营权、林权、大中型农机具、农村小型水利设施、农民对集体资产股份占有权等作为抵押品向区农信联社申请贷款。

以上几种模式各有优劣。土地金融公司主导模式由于试点地区产权市场化程度较低，配套服务性中介不足，最终失败。土地信用社主导模式是一种由下至上的自发形成的土地抵押担保融通模式，土地信用社仅仅作为土地抵押贷款运行机制中的担保中介，中介功能较少，形式单一。政府直接担保模式由政府直接介入土地抵押贷款会增加政府工作负担，要深化后续中介机制职能较为困难。农村产权交易中心模式不否认传统金融机构、村集体、政府机关的监督保障功能，而是将基础性中介机构、服务性中介机构专业化，形成高效的产权流转市场，是当下较为成功的一种农村土地抵押贷款模式。

11.4.7 "三位一体"农村合作金融模式

所谓"三位一体"，就是将农民专业合作社、供销合作社、信用合作社三类组织结为一体，发挥生产合作社的组织农业生产优势，发挥供销合作社的农产品销售优势，发挥信用合作社的资金优势，建设面向"三农"的功能完备的农村新型合作体系。2006年，时任浙江省委书记的习近平同志在浙江省农村工作会议上就首次提出"积极探索建立农民专业合作、供销合作、信用合作'三位一体'的农村新型合作体系"，并在浙江瑞安等地先行试点。瑞安是浙江"三位一体"综合合作体系的发源地和浙江省首批7个组建"三位一体"农民合作经济组织体系建设试点单位之一。十九大报告中的"乡村振兴战略"也提出"健全农业社会化服务体系，实现小农户和现代农业发展有机衔接"，当以合作组织为本。大力发展合作金融，也是解决农民融资难、融资贵、融资效率低的重要手段。

瑞安开展"三位一体"农村合作金融模式的具体做法为：在农民合作经济组织联合会（简称"农合联"）这个平台上，社员可以进行内源性融资和外源性融资。当社员需要的资金额较小，首先可以选择通过资金互助社,以资金互助的方式进行内源性融资,同时可以通过保险互助社为农业生产、农产品流通等环节提供风险保障。如果社员需要的资金额较大,则可以以农权抵押、社员联保互保、合作社或资金互助社担保、农信担保公司担保、保险互助社小额贷款保证保险、商业保险公司信用保证保险等方式进行信用增进,或者直接以合作社或资金互助社的名义,向农商行等金融机构获取外源性融资,农商行直接向社员或者以合作社或互助社的名义进行整体授信,以此撬动比原有体量大得多的金融资源。

农合联重塑了"三位一体"新型农村合作金融体系:以信用为纽带,横向通过"农合联+合作社+互助社+金融机构"实现跨机构、跨部门信用合作,纵向通过"农合联+基层合作社+合作联社+合作基金"实现跨领域、跨地域信用合作,在"三位一体"合作框架内构建起一张立体式的信用合作网。

11.5 小结

农村金融服务乡村振兴是一项复杂的系统工程。如何实现农户融资创新助力乡村振兴,构建服务乡村振兴的农村金融体制机制,是习近平新时代特色社会主义亟须考虑的问题。

(1) 提高新型农业经营主体组织化合作化的程度。单个农业经营主体的借贷需求受资信、资产和抵押物的限制,在贷款期限和贷款额度上很难得到满足。但是,新型农业经营主体如果能够实现联合与合作,就能克服正规金融机构在服务新型农业经营主体时所面临的信息不对称问题,不仅能提高其信贷的可获得性,还能增加贷款规模和延长贷款期限。

(2) 提升新型农业经营主体的金融素养。农户尤其新型农业经营主体的金融素养直接影响金融服务水平的提升。目前,我国农村正规金融机构对农户的金融教育供给不足,覆盖人群较少。农户了解金融知识的渠道也停留在收看电视、阅读业务宣传单等。大部分农民受经济条件限制,主观上金融意识比较淡薄。而农户金融素养能力不足是目前农村金融创新的拦路虎。建议有的放矢地加大对农户的金融知识的普及和教育,将金融知识普及的典型经验和服务模式进行标准化和规范化,做好宣传和推广。培养农村金融知识宣传队和志愿者,建立农村金融教育的长效机制。对于农户这个生产经营主体而言,要主动转变思路,在国家政策和产业环境的推动下,积极学习互联网金融知识,提升自身综合素质,实现与现代农业发展的有机衔接。

(3) 借助互联网倒逼农村金融机构改革创新。

一是互联网正对农业产业链进行全面的解构与重塑。这些都将带来农村金融的改革创新。与传统小农生产相比,规模化经营需要大量周转资金,"新农人"的大量出现将大幅改善农村市场的人才层次,并带动农业互联网的发展,这些改变都刺激以互联网为媒介的农村金融,在农户和银行之间提供精确、动态、科学的全方位信息服务。

二是互联网金融可以突破时空局限,通过网络,自行完成信息甄别、匹配、定价和交易,直接面向客户,能较好地解决农村普惠金融发展中面临的成本高、收益低、风险大的问题。利用互联网等现代科技手段,构建投融资网络服务平台、创新农户借贷模式,有助于提高农村金融服务的覆盖面,实现农村普惠金融。

三是互联网助推农户融资模式创新是我国农村金融改革创新的重要方面。传统农村金融机构由于存在门槛和制度约束等问题,存在业务模式固化、创新动力不足等问题。以互联网为媒介创新农户融资模式,有助于实现资源跨界融合,让资金流、信息流、物流等都参与到农村金融市场,倒逼农村金融机构充分利用互联网技术平台,加快创新金融产品和服务方式,提高农村金融服务的可获得性。借助数字技术,减少信息不对称,打造"滴灌工程",精准服务农户。农户通过数字支付产生的大数据,包括行为数据、信用记录,为金融机构对其评级、线上授信提供了可能。

农村金融与互联网的结合,已经成为未来农村金融发展的主要趋势,创新农村互联网金融也已经成为农村金融体系的重要内容(何婧、郭沛、周雨晴,2018)。农村互联网金融降低了借贷双方的信息搜寻成本,有助于弱化逆向选择与道德风险,能够有效缓解农户的融资约束。但是由于法律和监管的缺失,一些农村互联网金融模式出现异化,非法集资等违法行为屡禁不止。农户通过互联网借贷的风险主要来自信息不对称和缺乏担保两方面。而法制的不健全、监管的不到位和网络借贷平台建设的不完善,直接导致了网络借贷风险的发生。因此,完善互联网金融相关的法律体系,加强行业自律、社会监督和政府监管,构建新型的互联网金融治理体系非常重要。

(4)构建农村金融风险分担和补偿机制。由于农村金融机构相比城镇金融机构承担更高的金融风险,因此构建农村金融风险分担和补偿机制才能保证农村金融机构可持续性服务"三农",推动乡村振兴战略顺利实施。尤其是要发挥政府的中介作用,实现农村金融机构和农户的有效对接。建立起政府扶持、社会多方参与和市场运作的农村信用担保体系。有实力的地方政府要通过财政扶持发展一批专业性的农村信用担保机构,同时以市场化运行的方式设立专门的农村信贷担保基金,切实解决农户贷款担保难的问题。在推进乡村振兴战略中要积极探索社会多方合作联合担保的机制。农业的产业化发展要求,使得农业生产经营中的农民、专业合作社、银行与农资供应商以及龙头企业等形成密切的利益关系,可以探索建立相关利益主体的新型贷款担保链,在乡村振兴战略推进中形成生产经营利益共享、贷款风险各自分散共担的体制机制。同时政府部门还要积极建立健全抵押担保物品的评估、管理和处置机制,根据乡村的特点扩大农村有效担保物范围。

(5)建立农村支农贷款与保险相结合的金融机制。在乡村振兴战略推进中,要引导建立由农民、农村经济组织自愿出资形成的非营利性的互助保险组织,政府要规范并加强监管。对农业、农村现代化建设中的政策性农业保险和商业性涉农保险以及互助性保险和一般性商业保险实行差别化管理,有效分散乡村振兴战略推进中农业保险的经营风险所带来的负担。

(6)建立多方信用联动评价机制。农村信用评价滞后是制约农户获得金融支持的一大瓶颈。以农合联为依托实施信用评价,既可以将分散的农户信用整合成集体信用,又可以发挥各政府部门的信用优势,避免了信用的重复采集、多头评价,充分发挥了合作组织在解决信心不对称的优势。因此,依托"三位一体"农合联这一综合服务平台,组建第三方信用评级委员会,适时引入社会信用服务机构,形成多方信用联动评价的格局。此外,要加大对信用评定成果在"三位一体"框架内的应用力度,建立信用合作长效机制,让参与主体真正享受到"三位一体"信用合作带来的实惠与利益,激发各方持续参与的热情。

12

降低交易费用提高农户融资能力的对策建议

实施乡村振兴战略，是新时代"三农"工作的总抓手。而乡村金融的"血脉"是否疏通，直接影响到乡村振兴战略的实施进程。

福建省农村总体经济发展水平高于全国平均水平，农户在社会经济发展过程中已经呈现多样化的特征，福建省农户对生产型借贷的需求非常强烈，且小额贷款已经逐渐不能满足他们对资金的需求，当前福建农村金融市场对农户借贷需求的满足率与当地经济发展水平还不大匹配，较高的交易费用是制约农村金融发展的一大关键因素。在此背景下，我们通过探讨农户借贷中交易费用产生的根源、作用机制和影响因素，进一步掌握福建省农户借贷行为特征，为建立符合农户借贷特点、满足农户借贷需求的农村金融服务体系提供政策思路。我们结合本章研究的主要结果，从降低农户借贷的交易费用出发，提出提高农户融资能力的政策建议。

12.1 改善农户人力资本特征

从我们的研究可以看出，福建省农户的个人教育、身体健康等状况会影响其借贷行为。文化水平和专业技能越高的农户，不仅会主动获取还会更理解相关金融信息，因而越容易获得金融机构的贷款。因此，改善农户的人力资本状况，有利于降低其借贷的交易费用。

12.1.1 提高农户的金融意识

随着农村社会经济的发展，农户对资金的运用有了越来越多的要求。金融知识缺乏使得农户与农村金融机构的信息不对称也是导致农户贷款难、借贷交易费用高的一个重要原因。改善农户的人力资本特征可以从提高农户的金融意识出发，通过普及农村金融的相关知识，让更多的农户熟悉农村金融机构的产品和服务，增进农户与金融机构的相互了解，提高农户利用金融为生产生活服务的意识，拓宽农户的融资渠道。

一是要加大农村金融机构涉农经营业务、贷款种类及贷款方式等相关知识和政策的宣传力度。充分利用传单、手机信息、宣传栏、下乡宣传等各种途径宣传正规金融如农信联社的贷款原则、贷款流程及涉农金融新产品，加大与农业生产相关的金融知识在农村的普及力度，让更多的农户能够及时了解和熟知金融产品和金融服务，并能根据自己的需求做出适当的选择。

二是要为农户提供更多受教育和培训的机会。在普及九年义务教育基础上，在有条件的地区，政府或合作社通过开展与农业相关的专业技术、技能和管理经验等方面的培训，积极创造机会鼓励农户把先进的农业技术和管理经验运用到农业生产中去，使其在潜移默化中认识到金融对农业生产经营及收入增加的支持作用，进一步提高农户利用农村金融来发展生产的积极性和主动性，全面提升农民市场参与意识，造就一批懂金融、会管理的农民。

三是加强数字金融的宣讲。政府、金融机构和媒体要加大数字金融知识的普及和宣讲，提高农民对支付宝、微信支付等电子支付手段使用频率及蚂蚁金服、京东白条等金融平台的认识和了解。除此之外，还可以增加"一对一"专项金融服务，为农民贫困户、孤寡老人、返乡农民工等特殊群体开展普惠金融专项培训，帮助其运用网络金融工具，从而提高农村人口对数字金融的了解和应用水平。要强化农村金融安全教育，采取下村宣讲、手机推送、平台发布等方式宣传预防网络金融诈骗的各类知识，提高广大农民的金融安全识和金融风险防范能力。

12.1.2 提高农村生活保障

普及和贯彻农村养老保险和医疗保险，不断加大和执行对农村的各项帮扶政策，从根本上保障农户的基本生存条件，确实减轻农户生活和财务负担。让农民在不断完善的保障体系下增强发展生产的信心和培养创收的能力，这样才能从根本上降低农户的违约率，提高金融机构向农户发放信贷的信心，真正发挥正规金融机构服务"三农"的作用，从而优化农村金融的生态环境。

12.1.3 提高农业项目的回报率

商业性银行的本性是"嫌贫爱富"，破解农户贷款难的根本手段就是大力发展农村经济，只有让农民富裕起来，金融机构才会真正降低放贷的风险和成本。要大力发展农村经济，提高农业项目的回报率，不仅仅要在农业基础设施建设上加大投入，更要积极发挥农业龙头企业的示范和带动作用，因地制宜地发展适度规模经营，提高农业的投资回报率。

要实现农户的收入稳步增长，首先要降低农业生产的不确定性带来的经营风险。农户要在当地政府的帮助下，以自有土地、劳动力等加盟当地龙头农业企业，实现小农户与现代农业的结合，在龙头企业的带动下增加收入。实现乡村振兴要在龙头企业和农户之间构建长效、稳定的利益联结机制。当前，农户在与龙头企业签订合作协议时，通常处于弱势地位，毫无议价权，农户的利益难以得到有效保障。政府可以和金融机构共同参与长效利益联结机制的构建，对于切实履行利益联结协议的龙头企业和农户，金融机构可以提高信用级别，为农户提供更加便利和优惠的金融服务。农户也可以结合当地的资源优势发展第三产业，比如通过发展民宿经济、农家乐等形式实现增收。除此之外，还要实现农业产业的延伸和农业功能的拓展。

农业除了发展传统的种养殖业外，还要延伸产业链，多发展农产品精加工、深加工，农产品物流商贸业，农村休闲旅游产业，等等，实现农业的经济功能、生态功能、文化功能的拓展，带动农民获得更多的收入。

12.2 改善农户实物资产特征

12.2.1 加大生产性补贴力度

2019年中央一号文件明确提出"强化高质量绿色发展导向，加快构建新型农业补贴政策体系"。要加快现代农业建设的步伐，首要的要激发农民从事农业生产的积极性。农业先天的弱质性和风险性要求政府为农民提供更多的生产性补贴以降低生产风险。

首先，提高补贴的导向性和效能，要完善当前的种粮补贴政策，把当下粮食直补按面积分摊改为按实际耕作面积支付农业补贴的办法。一些外出打工的农民没有种植也能获得补贴，不利于激发农民生产种植的积极性。

其次，加大补贴购买农业生产资料农户的力度。对购买良种、农机具等农业生产资料的农户和新型农业经营主体实行良种和农机具购置补贴政策。针对农民农用设备落后的现状，鼓励农民更新农用生产设备，比如更新节水灌溉设备，并提供相应的设备补贴。

最后，地方政府通过加大对现代化、规模化农业基础设施建设的投入来降低农户投资农业的成本。比如，帮助建设机耕道、灌溉渠，打眼井，配置储物仓，等等。

12.2.2 创新抵押担保模式

一是扩大农村金融抵押担保范围，创新农村抵押担保模式。探索并开展以大型农用机械设备，运输工具，土地承包收益权、使用权，水域滩涂养殖权，林木所有权，林地使用权，农产品订单，知识产权等为标的的新型抵质押担保方式，积极推动农村抵押担保制度的创新发展。

二是完善农户贷款担保机制。健全农村贷款担保机制是提高农户融资水平的必要措施。为了提高竞争力和效率，要鼓励多种信用担保机构进入农村市场，在条件成熟的地区设立政策性担保机构，还可与"龙头企业"

"合作社"等联合，探索实施"公司+农户""合作社+农户""协会+农户"的担保方式来为农户提供担保服务。另外，针对农户个体的差异，探索多元化、差异化的担保方式。对农户小额的信贷需求，可以采用降低门槛，突出便利性，采用信用担保，以自助可循环方式发放。对规模经营的新型农业经营主体的大额、长期的贷款需求，突出安全性，可以采用土地经营权抵押、农机具和农副产品质押、房地产抵押、法人保证担保等担保方式。为了突出贷款的农业支持作用，可以根据他们的生产周期和资金周转情况，适当延长贷款期限。对于家庭农场或专业大户中的优质客户，政府可以和融资担保公司进行战略合作，以政府信用为支撑，解决他们大额度、长期性但缺乏有效担保的融资需求，助推动当地农业产业的发展。

三是针对抵押担保不足的农户，积极推进农户联保贷款，发挥联保贷款的优势，以增加其贷款满足程度。福建省农村信用社联合社把农户手中"沉睡"的生产要素转化为促进生产的金融资源，推出"福田贷""农房贷""能人贷""渔船贷""海抵贷"等创新产品，为农户融资减少了抵押约束。

四是完善农村土地和住宅产权市场。要实现农村抵押担保机制的创新，归根结底是实现农村土地的自由流转。建立完善的农村土地和住宅二级市场，才能真正实现土地和住宅产权的确权、登记、定价和交易等诸项功能，让土地发挥应有的资本属性，让农户从土地中获得更多的经营价值。

12.3　改善农户的社会资本特征

12.3.1　发挥农民合作社的作用

农民合作社是农户可利用的重要社会资源。2015年11月中共中央办公厅、国务院办公厅印发的《深化农村改革综合性实施方案》提出"以具备条件的农民合作社为依托，稳妥开展农民合作社内部资金互助试点，引导其向'生产经营合作+信用合作'延伸"。发挥农民合作社的作用来提高农户融资能力也是今后农村金融发展的一大趋势。

一是采用"专业合作+资金合作"形式。将合作社的闲置资金和社员的闲散资金聚集起来，在社员内部开展互助性借贷。借贷资金的用途只能用于合作社农产品的生产经营活动。积极开展农村合作金融试验，有条件的地区可以进行农村资金互助合作社试点，利用农村资金互助合作社的信用筛选功能可以帮助正规金融机构降低贷款的运行成本和风险。利用农村资金互助合作社的信用联保功能可以帮助农户解决个人申贷能力不足、贷款难的问题。除此之外，还可以通过资金互助合作组织来承接财政支农资金的再贷款发放或转贷，从而保证农民基本信贷需求。

二是采用"专业合作+担保合作"形式。由于合作社根植于本乡本土，具有成员之间彼此相互了解和熟悉的信息优势，可以有效解决借贷双方信息不对称导致的高交易费用问题。农民专业合作社可以利用联保、担保基金和风险保证金等联合增信方式，为加入合作社的农户提供担保，提高农户的融资能力和水平。

三是发挥农民专业合作社金融中介的作用，把合作社组织生产、储存、运输、销售的功能与提供金融服务相结合。可以在规模较大、运行良好的农民合作社设立信用部，负责连接农民和金融机构的关系，帮助农民办理农业信贷业务和落实政府的惠农政策。金融机构可以委托合作社信用部进行贷款，自己收取贷款利息，而合作社收取贷款手续费。信用部的放贷主要以生产性贷款为主，生活及其他贷款为辅，并配合政府提供的无息和低息农业贷款，使合作社会员可以长期获得低息的农业发展资金。

四是引入托管银行机制，开展资金融通合作。合作社可以确定一家银行作为互助资金存放、支付及结算的合作银行。其目的是在监管资金封闭运行的同时，承担资金融通功能。当地金融办、托管银行、合作社可以签订三方协议，托管银行可以按照归集资金总额的 3~5 倍向合作社整体授信，解决合作社及社员季节性和较大额度的用款要求。除此之外，托管银行还可以提供业务辅导。托管银行可以为农民合作社的信用互助业务提供业务指导、风险预警、社员资信、财务辅导等。

规范发展的农民合作社是信用互助业务开展的基石。因此完善农民合作社信用互助制度，是防范金融风险、确保信用互助业务持续健康发展的前提。一是明确准入门槛。开展信用互助业务的合作社必须要存续期 2 年以上，有扎实的产业基础，固定资产达到要求的规模；参与信用互助的社员入社时间要 1 年以上。二是要发挥资金使用评议小组的作用。资金使用评议小组每年对互助社员的出资情况、信用状况、资金需求和互助资金的借入和偿还等进行评议,确定其授信额度并予以公示。三要限定经营范围。信用互助服务仅限于合作社内部参与信用互助的社员之间,其业务经营地域一般不会超出合作社注册地所在乡镇甚至行政村,是建立在农村熟人区域的资金互助,从根本上解决了因地域范围过大带来的信息不对称风险。

12.3.2　加强农村诚信体系建设

正规金融机构与农户之间严重的信息不对称是交易费用产生的一个重要原因。金融机构对农户的个人信用、家庭信用、家庭收入、身体状况、兼业信息都不了解,无法评估农户违约的可能性,为减少风险和损失,银行对农户实行信贷配给政策,这种惜贷的现象直接增加了农户贷款的交易费用。只有让银行增进对农户的了解,银行才有可能对农户发放更多的贷款,从而银行与农户实现双赢。建议从以下两个方面着手。

第一,构建完备的农村社区网络。除了让农村金融机构在网点设置上尽量贴近农户,还要在农村基层组织的协助下通过频繁造访、小组机制多了解农户的背景和经营情况,来克服信息不对称问题。在农村金融机构和农户之间建立农村金融业务协管员机制,由协管员负责掌握辖区内农户的基本信息和金融服务需求情况,金融机构在此基础上实现对农户的授信。在农村成立村级"三农金融服务室",及时向农户提供金融服务。要依托金融机构的征信系统,增设新型农业经营主体、一般农户的征信模块,为信用评价成果的转化提供权威信息共享平台。

第二,建立农户信用奖惩机制。首先要广泛开展"信用户"、"信用村"和"信用乡镇"的评定工作,对相应的资信和信用进行打分、积分并电子存档,完善农村地区信用信息基础数据库,逐步建立起农村信用信息共享机制,尤其要强化信用评价结果的应用。对不同信用等级的农户建立相应的贷款激励机制,比如,按照信用等级来减少申贷手续并降低贷款利率,同时增加贷款额度和获贷的频率。其次要建立统一的失信惩罚机制。农户信用问题产生的根源是金融机构对失信行为的监督和惩罚不力。农户的失信行为会直接导致贷款的交易费用提高,并且产生"劣币驱逐良币"效应,对其他信用良好的农户产生负面影响。因此,地方政府、金融机构、农户之间要运用经济、法律手段，强化失信行为的惩戒力度，提高失信成本，共同建立对付失信行为的社会联防机制，维护正常的农村信用秩序。

第三，建立基于现代科技的信用体系。随着农村经济的发展，经济活动超越地区界限，机构信用也会有缺陷。机构再大，也会有信任边界。我们需要利用大数据、云计算、区块链、人工智能、互联网等一系列最新科学技术，在农村建立起一个一个既彼此独立，又互相叠加、点网相连的社区。这个社区的边界可以无限扩展，社区成员可以不受限制展开交流互动又相互信任。这个圈子如果充分利用，可以帮助农村建立一个新型的信用社会（李扬，2018）。截至2019年一季度末，全国累计建立信用档案农户数1.88亿户，占全国农户81.74%，累计已有约9714万农户获得银行贷款，贷款金额达3.4万亿元。建立新型农业经营主体信息直报系统，为新型农业经营主体全方位、点对点对接信贷、保险、培训等多项服务。截至2019年一季度末，直报系统注册用户已达到13.7万家，认证主体已达到4.8万家，国家级、省级、市县级示范类主体占比超过50%。

第四，完善农村信用体系的相关法律法规。要健全农村信用体系，就要制定和完善相关的法律法规，明确农村信用体系建设各方主体的权利、义务和法律责任，使农户信息的采集、管理、评价结果及应用有法可依、有章可循，为农村信用评价机制提供法律支撑。

12.3.3 建立农业保险和再保险机制

农户借贷的不确定性来源于农业的高风险性。从这方面开展相关工作有利于减少借贷的不确定性，降低农户借贷的交易费用。

农业是效率低、风险高的弱质产业。农村金融市场的健全程度与农村金融保险的服务力度密切相关。农村政策性金融体系是由农业政策性信贷与农业政策性保险组成，因而要降低农村金融机构的放贷风险，还需要健全农业保险和再保险机制，以做相应的支持。

第一，鼓励涉农保险公司扩大承保范围。为了降低农户从事农业生产的经营风险，要积极鼓励政策性保险和商业化保险相结合，加大对涉农保险公司在经营费用或赔偿费用等方面的补贴力度，推动涉农保险公司不断扩大农业承保范围，强化理赔服务。比如把粮食或大宗农产品生产、农房、农机具、设施农业等纳入保险范围，适当提高保额标准和保费补贴比例。针对农业项目的高风险性，建立农业再保险机制来转移和分散基础农业生产的风险。设立农业巨灾风险基金来稳定农业保险经营，多出台各种补贴农业生产的政策措施来维护农业生产者发展农业生产的积极性。建立完善的疫情、病虫害防范体系和农产品价格稳定机制，让农民安心从事农业生产。

第二，针对特色产业形成规模化经营的地区，设立"特色农业保险"或"区域优势品种保险"，将特色农业产业纳入"特色农业保险"。为了保障该产业的发展并分担风险，可以让农户、当地政府和银行各按一定比例出资投保，而当该产业遭遇严重的自然和市场风险时，农户、银行可以分获一定比例的赔偿款。这样农户在农业歉收时也有能力偿还贷款，进而降低了银行信贷风险。

第三，针对农业发展的特殊性，建立农业保险补贴金制度。为提高农户和金融机构的风险承受能力，可以分别对农户和金融机构进行补贴。针对农户的农业生产型贷款，给予贴息补贴或建立保险补贴金制度，以鼓励扩大农业生产；针对金融机构发放的涉农贷款建立涉农贷款风险补偿制度，用以补偿其可能的信贷损失，从而解除金融机构的后顾之忧。

第四，在实施乡村振兴战略中健全农业担保和再保险市场体系。积极组建农业担保公司。要根据农业农村现代化建设的特点，逐步建立以国家政策性保险公司为主、以市场商业性保险公司为辅的可持续发展的农业保险担保模式。

第五，将普惠农业保险纳入普惠金融体系建设。依托互联网技术、大数据平台、区块链和人工智能等科技手段，建立普惠农业保险信息平台和共享机制。通过大数据深入挖掘潜在农村客户资源，尝试提供基于场景的定制化农业保险产品和服务。积极开通掌上保险、电话保险、电子保单等业务实现农业投保方式便捷化，确保普惠农业保险村镇级服务网络全覆盖，打通普惠农业保险惠民"最后一公里"。

12.3.4 完善社会保障和帮扶机制

对于农村的贫困农户尤其要重视改善其社会资本，要充分发挥社会网络对农户借贷的正向作用。除了农户自身努力改善外，政府可以通过相应的措施支持贫困农户发展社会关系网络，缩小与其他农户的收入差距。

首先，要改善贫困农户的社会资本，最重要的是提高贫困农户的收入水平。政府可以通过完善农村的社会保障体系和扶贫帮扶机制来保障贫困农户的基本生活需求。

其次，引导贫困户与现代农业有效衔接，建立稳定有效的利益联结机制，这对于促进乡村产业兴旺、农户增收致富至关重要。加大对贫困农户的技术和技能培训，发展农村特色产业和工商业来增加贫困农户的就业机会。比如，福建省龙岩市自 2017 年以来，从激发脱贫内生动力出发，扶贫与扶志、扶智相结合，探索激励性扶贫机制，采取"政府+合作社、种植大户+贫困户"模式，各乡镇梳理出特色农业项目，向贫困户公示并由他们自主选择。每个激励性扶贫项目都有一个项目牵头人，他们是当地种养大户或农业企业。政府用扶贫资金从牵头人处购买种苗、幼崽等发放给贫困户，牵头人负责日常的技术指导，并和贫困户签订回购合同，保证销路，使贫困户通过自身努力实现稳定脱贫。

最后，农村金融机构也要基于乡土社会的特点，利用农户社会关系网络的相互信任、相互约束机制，加大金融创新。

12.4 加强农村金融市场建设

12.4.1 规范正规金融机构的借贷制度

农户在正规金融机构借贷之所以面临较高的交易费用，与金融机构繁杂的贷款手续和冗长的审批流程有很大关系。而这些交易费用会导致较高的时间成本，可能会使借款农户不仅错过了资金的最佳使用时机，还会降低其扩大生产的积极性。因此，要降低这些隐性费用：

首先，农村金融机构应该积极创新贷款技术，简化贷款程序，改进借贷合约，使农户贷款的流程更加科学、合理、透明。

其次，为降低农户借贷的时间成本，正规金融机构在控制风险的前提下，按照农户贷款额度的差异实行不同的贷款程序。对于大额贷款实行标准化和商业化的贷款手续，而对于小额贷款或扶贫贷款尽量简化农户贷款程序，缩短审批时间，同时规范银行服务收费行为，杜绝乱收费现象。

最后，为减少或避免正规金融机构从业人员的寻租行为，要加强对银行从业人员的监管和教育培训，完善行业自律机制，从而降低农户借贷的隐性费用。

12.4.2　创新农村金融产品和服务方式

创新和开发多样化的金融产品和服务，不仅可以满足农户对正规借贷的需求，促进农村经济发展，而且有助于金融机构提高经济效益，实现双赢。

一是适当增加和开发满足农民消费性需求的贷款产品。如针对农户的购房建房、购买耐用消费品等需求，开发购房建房、耐用消费品等贷款项目，刺激和拉动农村消费市场发展。

二是设计出适应农业产业链不同环节的风险和收益特点的金融产品和服务。随着农业产业化的发展，银行给农业产业链上的这些客户发放贷款是有利可图的。银行可以利用农业产业链上下游之间的关系尤其是合约关系，来设计相关的金融产品，并起到监督和管理信贷风险的作用。区别农村种养大户在贷款需求上的差别，重点支持具有一定规模的农业生产经营者。根据农产品属性和产业链条的特点不断创新农村信贷产品，如开展"公司+农户""订单农业"等贷款项目，即建立农户与公司利益相连的利益机制，金融机构向农户发放贷款时，让涉农公司成为农户贷款的担保人。

三是在防范风险的前提下开展现金流支持农业信贷模式。如针对农村种养大户面临的高市场风险、缺乏抵押担保的状况，通过金融机构与农业主管部门、涉农保险公司及农户四方进行协商，把农户的财政补贴及保险赔偿存入农户贷款银行所在的存款账户，当出现自然和市场经营风险时，银行直接可以划转农户所获得的政府补贴和保险赔偿。通过这种方式，金融机构不但可以减少贷款损失，还可以降低风险，同时还能扩大对农户的信用贷款额度。

四是针对异质性规模农户设计出不同金融产品。种粮大户和家庭农产都是以家庭为单位，在进行融资时，通常还会存在缺乏抵押物的问题，因此他们在贷款时希望能扩大抵押物范围，推广养殖类抵押贷款、农机具抵押贷款、林业贷款、农业知识产权抵质押贷款、农地经营权抵押贷款等多种产权抵押贷款，希望金融机构能多设计综合产权抵押贷款产品。而专业合作社和龙头企业是一个规模型的组织，经营的范围广、资金需求量更大，更希望能获得农产品套期保值贷款、特色产业基地建设贷款、科技农业生产推广贷款、特色资源开发贷款、农业生产资料购买贷款等农业产业化发展类贷款。针对个体小农户一般的生活性资金需求，金融机构要保障扶贫贷款、联保贷款等传统贷款的投放水平。

五是发展绿色金融，支持生态农业发展。党的十九大报告提出要树立和践行"绿水青山就是金山银山"的绿色发展理念。金融机构可以制定"绿色信贷"目录，对绿色可持续发展的农业项目，如休闲农业、低碳农业、循环农业、乡村旅游等新业态要扩大授信额度、实行差异化信贷政策，增加绿色生产从业者的信贷可获得性。积极探索农村绿色债券、绿色保险、绿色证券等金融工具，为农业生产者提供融资服务，降低融资成本。

12.4.3 改善金融服务的地理可及性

金融机构的地理位置专用性直接影响着农户金融服务的可及性。

一是改善农村金融机构的地理位置专用性，截至2019年一季度末，我国还有1.68%的行政村未实现金融网点覆盖，主要集中在老少边穷地区，消除金融空白乡镇的任务还很艰巨。要提高农村金融的覆盖面，做到金融服务到村。对设有金融机构的乡镇要多配备信贷人员，为农户提供理财投资、保险、借贷等金融服务，满足广大农户的金融需求，解决"一公里难题"。对金融机构设置的空白乡镇，要增加营业网点设置，完善当地金融服务基础设施建设。同时提高农村地区POS机、自动存取款机、多媒体自助查询机等金融自助服务机具的覆盖率。为提高农村金融机构在落后和偏远地区提供金融服务的积极性，还要制定相应的补贴办法。

二是可以大力推广互联网金融模式。与传统直接融资模式相比，互联网金融具有信息量大、交易费用低、效率更高的特点。在传统的金融服模式下，金融机构无法高效率地满足农户的金融需求，会导致一些农户出现金融排斥。而在互联网金融模式下，农户可以突破地域限制，获取金融资源，缓解金融排斥。而金融机构也可以通过互联网搜集信息，在网络平台上全面了解农户的财力和信用状况，完成信息甄别、匹配、定价和交易，从而省去中间环节，降低信息不对称。因此，互联网金融模式不但可以有效地降低金融机构网点布局的成本和不便性，更可以降低农户信贷的交易费用。充分利用电脑、电话、手机等通信终端在农村的普及，逐步推广基于互联网金融的支付转账、小额信贷、消费信贷、投资理财等自助金融产品，从而降低农户获取农村金融服务的交通和人力成本，引导金融机构进一步扩大在农村的金融服务覆盖面。

12.4.4 实施差异化利率

实行差异化的利率是金融市场对风险进行溢价补偿的基本定价原理的体现[1]，并能提高银行向农村提供金融服务的积极性。在农村金融中，农户主要是中小额贷款，而银行对每一笔中小额贷款付出与大额贷款相同的管理成本。在利率管制下，银行放贷的额外风险和管理成本不能有效地计入利息成本中，这也意味着银行在给农户发放中小额贷款时不仅不能获得额外的收益，反而要承担更大的风险，因此银行没有动力贷款给高风险的农户。这样反而会导致农村贷款市场的逆向选择与信贷约束，不利于农村金融市场的可持续发展。建议央行放宽对农村贷款利率的管制，金融机构可以根据农户的贷款资金用途、贷款规模及自身资信情况而让利率在一定幅度内上下浮动。这不仅符合当前农户分化所带来的资金需求的变化，更是农村经济发展的必然要求。当然，对于一些关系国计民生但收益率低、风险性大的农业项目，政府要提供政策性倾斜和财政补贴，这样才能获得银行融资的支持。尤其对于从事该类项目的农户实施优惠利率或者贴息政策、在贷款额度和期限等方面也给予优惠。这样才能保证农户对这类关系到国计民生的农业项目的生产积极性，从而保障农业安全。

---

[1] 黄颂文：《普惠金融与贫困减缓》，中国经济出版社，2014，第246页。

12.4.5 培育新型农村金融组织

农户贷款交易费用高与当前农村金融市场信贷资源不足有重要的关系。要想打破农村信用社在农村金融市场占据垄断地位，只有引入新的竞争机制，才能提升农村金融服务质量。以小额贷款公司和村镇银行、农村资金互助社等为代表的农村新型金融组织，是补齐农村金融短板的重要力量。中共中央、国务院印发的《乡村振兴战略规划（2018—2022年）》中提出"引导农民合作金融健康有序发展"，并将其放在加大金融支农力度的章节中，可以看出新型农村合作金融仍大有可为。通过大力培育多元、竞合、新型的农村金融组织，为农户创造多途径融资渠道，扩大金融服务的范围，真正形成基于竞争效率的多元化的农村金融组织结构。农村合作金融组织具有社区性、封闭性、民主性和公益性等特征，对于缓解农户借贷的有效需求不足和信贷约束，具有明显的优势。对农民资金互助社这样的草根型金融组织，要加大财税上的支持，创新监管模式，节约监管成本。发挥村镇银行密切联系社区和农户的优势，建立与农户的信任机制，为农户提供丰富多元且使得的金融服务。鼓励小额贷款公司坚持"小额、分散"的原则，向农户和小微企业提供信贷服务。

13

研究结论及展望

  本书选取福建省农户作为研究对象,通过对比农户在正规金融和非正规金融借贷市场上交易费用的差别,探讨交易费用对农户借贷的作用机理,分析交易费用对农户借贷的可获得性、借贷渠道、借贷资金规模的影响,主要形成以下研究结论。

  1. 通过比较农户在正规金融和非正规金融市场上借贷的交易费用,我们可以看出,农户在正规金融借贷虽然拥有较低的利率优势,但是受正规金融机构贷款程序、服务手续、网点设置等方面的约束,产生了较高的信息搜集成本、议价和决策成本、交通和时间成本等。而非正规金融除了以互助为目的的无息借贷外,借贷利率水平普遍高于正规金融贷款利率。但是由于非正规金融手续简单、抵押担保灵活,基本对农户难以产生其他交易费用。可以看出,农户借贷产生的交易费用的高低对农户贷款渠道的选择会产生较大影响。如果农户想获得正规金融较低的借贷利率,那么他必须想办法降低借贷过程中高昂的交易费用,比如提供合适的抵押担保品、请客送礼或寻租等方式。如果农户不能接受这么高的交易费用,那只能被动地选择非正规金融借贷,承受较高的利息成本。

  2. 小农家庭制度带来的小规模生产经营,以及农业的弱质性和风险性使得农户借贷具有小额需求、季节性、借贷用途不明等特征。农户、农业和农户借贷的特征决定了农户在借贷过程中不可避免地面临着较高的交易费用。而交易费用又受到交易频率、资产专用性和不确定性等维度的影响。因此通过改善农户的人力、实物和地理资产专用性,降低影响农户借贷的市场和自然等不确定性因素，有助于降低交易费用，提高借贷的交易频率，增加农户获贷的机会。

3. 福建省农户大多数受过初高中教育，农户的家庭年收入普遍偏高，收入来源呈现多元化趋势，外出打工和工资性收入在农户收入的比重逐渐增加。在社会资本方面，福建省农户参加农村资金互助社、农业合作社及联保贷款等社团性组织的比例比较低。福建省农村金融基础设施建设还相对落后，成为农户获取农村金融服务的一大瓶颈。福建省农户没有获得过正规金融机构贷款的比重较高，大部分农户获得多次贷款的频率较低。从贷款用途来看，主要以生产性借款为主，而生活性借款的比重较低。福建省农户获得贷款的资金规模普遍较高，但是贷款的期限较短。获得贷款花费的时间较长。农户为了获得贷款还存在请客送礼的现象，这无形中增加了借贷的交易费用。

4. 从研究结果来看，对农户贷款的可获得性有显著反向影响的因素有人力资本特征中的户主年龄、家庭兼业类型2个变量。对农户贷款的可获得性有显著正向影响的因素共有8个，其中包括人力资本中的户主受教育程度、家庭人口数，实物资产中的拥有牲畜的价值，社会资本中的是否村干部和是否有联保或担保人以及交易费用中的利率水平、从申请到获得贷款洽谈的次数和其他各项花费。而地理位置对农户贷款的可获得性没有显著影响。因而改善农户的人力和实物资产、增加农户的社会资本、完善金融机构的贷款机制可以显著提高农户贷款的可获得性。

5. 从福建省农户的问卷调查结果，可以看出农户家庭人口数、年龄、学历、身体状况对农户贷款渠道的选择有重要影响。农户拥有的社会资本也影响着农户贷款渠道。拥有社会资本越多的农户选择正规金融渠道的比例略高于选择非正规金融渠道。期望享受较低的利率是农户选择正规金融机构借款的重要因素。但是，从福建省农户的调查结果来看，正规金融机构借款的期限较短，而且获得贷款需要洽谈的次数、所花的时间、所花的交通费用及请客送礼等额外的交易费用高于非正规金融。因而，农户在非正规金融借贷的频率明显高于在正规金融借贷。

6. 对福建省农户贷款资金规模具有正向影响的变量有：人力资本特征的户主受教育程度变量；实物资产特征中有拥有的生产性固定资产价值和年末住房价值两个变量；地理位置特征中有到最近的金融机构的距离变

量；社会资本特征中有是否有抵押或担保人一个变量；借贷历史中有贷款的期限一个变量；交易费用特征中有利率水平、从申请到获得贷款所花的时间和最近三年获得贷款的次数三个变量。对农户贷款资金规模具有反向影响的变量有实物资产中的拥有牲畜价值、用什么做抵押和借贷历史中的贷款资金用途。

7. 基于以上的研究结论，提出降低交易费用提高农户融资水平的政策建议。认为当前福建省应该：通过增加农户培训学习的机会、健全农业的生产性补贴制度等措施来改善农户人力资本和实物资产特征；通过增加金融网点和发展互联网金融等措施来改善金融服务的地理位置可及性；通过健全农业的保险制度、加大对金融机构的补贴和激励机制等方式减少农户借贷的不确定性因素；通过发挥农村合作社信息监督优势、完善农户信用体系建设等措施来增加农户的社会资本，提高农户的融资水平。

由于时间和精力有限，加上个人知识的局限性，该书还存在一定的不足。由于对交易费用的研究仍较多地停留在理论层面，笔者针对农户借贷行为中的交易费用所提出的测度方法和变量选取还有待专家学者和实践的检验。有些数据在问卷调查中无法获得，也在一定程度上影响数据分析的结果。此外，在乡村振兴战略背景下，如何基于农户分化的视角探究不同类型的农户借贷行为的差异性，尤其是规模化的新型农业经营主体和小农户之间的差异及影响因素，对其还需要进一步的深入研究，这也是本书不足之处，将在后续研究中予以关注。

参考文献

[1] Akram, W., Hussain, Z., Sial, M. H. and Hussain, 2008, "Agricultural Credit Constraints and Borrowing Behavior of Farmers in Rural Punjab," *European Journal of Scientific Research* 23 (2): 294-304.

[2] Alchian, Armen; Demsetz, Harold. 1972, Production, Information costs and Economic Organization, American Economic Review 62: 777-795.

[3] Baron, R. M. and D. A. Kenny. 1986, The Moderator-Mediator Variable Distinction in Social Psychological Research: Conceptual, Strategic and Statistical Considerations. Journal of Personality and Social Psychology, 51 (6): 1173-1821.

[4] Bentley, J. 1987. Economic and Ecological Approaches to Land Fragmentation: In Deference of Much-aligned Phenomenon. Annual Review of Anthropology, 16: 31-67

[5] Coase, R. H. 1937, The Nature of the Firm. Economica, 4 (3): 386-405

[6] Coase, R. H. 1960, The Problem of Social Cost. Journal of Law and Economics, 3: 1-44

[7] Fleisher, B. M and Yunhua, Liu, 1992. Economies of Scale, Plot size, Humancapital and Productivity in Chinese Agriculture. Quarterly Review of Economics and Finance, 32 (3): 112-123

[8] Ghatak, M. 1999. Group Lending, Local Information and Peer Se-

lection. Journal of Development Economics, 11 (60): 27-50.

[9] Hoff, K. and J. Stieglitz. 1990. A Theory of Imperfect Competition and Rural Credit Markets in Developing Countries. Working Paper, Institute for Poilicy Reform.

[10] Joshi, Mukta Gajanan. 2005. Access to Credit by Hawkers: What is Missing? Theory and Evidence from India, Ph. D. Dissertation, Ohio State University.

[11] Kempson E. , Whyley C, 1999. Kept out or Opted out Understanding and Combating Financial Exclusion. London: The Polity Press, Combridge.

[12] Kevin Ryan, 2007. Social Exclusion and the Politics of Order, the New Poverty, the Under Class and Social Exclusion. [M]. Manchester University Press, 21-25.

[13] Lori Lynch and Sabrina J. Lovell. 2003, Combing Spatial and Survey Data to Explain Participation in Agricultural Land Participation Programs. Land Economics, 79 (2): 259-276.

[14] Ladman, J. R. 1981. the Costs of Credit Delivery, the Institutional Structures of Rural Financial Markets and Policies to Reach More Small Farmers with Credit Programs, Tempe, Arizona: Center for Latin American Studies, Arizona State University.

[15] Milde, H. , and John G. Riley. 1988. Signaling in Credit Markets, the Quarterly Journal of Economics. Vol. 103, No. 1: 101-129.

[16] Munoz, J. A. 1994. Rural Credit Markets and Informal Contracts in the Cochabamba Valleys, Bolivia. Ph. D. Dissertation, the Food Research Institute, Stanford University.

[17] Nagarajan, G. 1992. Informal Credit Markets in Philippine Rice Growing Areas, Unpublished Ph. D. Dissertation, Columbus, Ohio: The Ohio State University.

[18] Ravi, S. 2003, Borrowing Behavior of Rural Households, October 7.

[19] Sanchez-Schwarz, Susana, 1996. Assertive Matching of Borrowers

and Lenders: Evidence from Rural Mexico, Ph. D. Dissertation, The Ohio State University.

［20］Stiglitz J. , and A. Weiss, 1981. Credit Rationing in Markets with Imperfect Information. American Economic Review, Vol. 71 (3): 393-410.

［21］Williamson, O. E. 1971, The Vertical Integration of Production: Market Failure Considerations. American Economic Review, 61: 112-23

［22］Williamson, O. E. 1975, Markets and Hierarchies: Analysis and Antitrust Implications. New York: Free Press.

［23］Williamson, O. E. 1979, Transaction Cost Economics: The Governance of Contractual Reflection . Journal of Law and Economics, 22: 233~261.

［24］Williamson, O. E. 1983. "Credible Commitments: Using Hostages to Support Exchange," American Economic Review, 73, (September): 519540.

［25］Williamson, O. E. , 1985, The Economic Institutions of Capitalism. New York: The Free Press.

［26］Williamson, O. E. 1991, Comparative Economic Organization: The Analysis of Discrete Structural Alternatives. Administrative Science Quarterly, 36: 269-296.

［27］Wan, G. H. and Cheng, E. J. 2001, Effects of Land Fragmentation and Returns to Scale in the Chinese Farming Sector. Applied Economics, 33: 183-194.

［28］Yaron, Jacob, 1992. Successful Rural Finance Institutions, World Bank Discussion Paper, Washington D. C.

［29］蔡靓:《土地资源"活起来""贷"动乡村旺起来》,《中华合作时报》2018年4月27日。

［30］蔡靓、贾丹丹:《268名金融助理的"红色情怀"》,《中华合作时报》2019年6月7日。

［31］蔡平:《农户借贷行为分析及政策建议》,《中国经贸导刊》2010年第10期,第35~36页。

［32］蔡荣、祁春节:《农业产业化组织形式变迁——基于交易费用与

契约选择的分析》，《经济问题探索》2007 年第 3 期，第 28~31 页。

[33] 陈放：《乡村振兴进程中农村金融体制改革面临的问题与制度构建》，《探索》，2018，No. 201（03）：165-171。

[34] 程恩江、褚保金等：《我国农村信用社经营状况、补贴及其政策含义：以江苏为例》，《金融研究》2003 年第 3 期，第 98~104 页。

[35] 程恩江等：《信贷需求：小额信贷覆盖率的决定因素之一——来自中国北方四县调查的证据》，《经济学》（季刊）2008 年第 7 期，第 1391~1414 页。

[36] 程杨、刘清华、吴锟：《城乡一体化背景下中国西部地区农户金融需求及其影响因素研究》，《世界农业》2014 年第 5 期，第 194~199 页。

[37] 程中海、罗芳：《少数民族农户借贷影响因素实证研究》，《农业经济》2013 年第 5 期，第 81~83 页。

[38] 褚保金、卢亚娟、张龙耀：《信贷配给下农户借贷的福利效果分析》，《中国农村经济》2009 年第 6 期，第 51~61 页。

[39] 邓大才：《制度安排、交易成本与农地流转价格》，《中州学刊》2009 年第 2 期，第 58~61 页。

[40] 邓俊淼：《农民专业合作组织推动农户融资模式研究——基于河南省社旗"农民专业合作社+农村信用社"模式的考察》，《农村经济》2010 年第 9 期，第 58~61 页。

[41] 丁廉业：《互联网金融助推农业供给侧结构性改革的路径研究》，《西南金融》，2018，No. 442（05）：39-45。

[42] 范香梅、张晓云：《农户贷款中抵押与声誉机制的作用差异及贷款合约的设计》，《财经论丛》2013 年第 7 期，第 42~49 页。

[43] 冯春艳、吕德宏：《农民专业合作社参与农户贷款担保的优势、运作模式及政策研究》，《南方金融》2013 年第 9 期，第 52~55 页。

[44] 冯道杰、程恩富：《从"塘约经验"看乡村振兴战略的内生实施路径》，《中国社会科学院研究生院学报》2018 年第 1 期。

[45] 冯兴元：《"三农"互联网金融创新、风险与监管》，《社会科学战线》2018 年第 1 期，第 58~65 页。

[46] 高沛星、王修华：《我国农村金融排斥的区域差异与影响因素——基于省际数据的实证分析》，《农业技术经济》2011 年第 4 期，第

93~102页。

［47］官建强、张兵：《农户借贷对其收入影响的实证分析——基于江苏农户调查的经验数据》，《江苏社会科学》2008年第3期，第223~227页。

［48］巩云华：《农村金融服务体系协调发展研究》，中国时代经济出版社，2009。

［49］官兵、朱凯：《社区信任、社会资本与社区金融组织》，《河南金融管理干部学院学报》2007年第4期，第15~20页。

［50］郭连强、祝国平：《中国农村金融改革40年：历程、特征与方向》，《社会科学战线》2017年第12期，第39~51页。

［51］郭田勇、朱颖：《因地制宜提高农村金融服务效率》，《中国农村金融》2012年第6期，第13~15页。

［52］何广文：《从农村居民资金借贷行为看农村金融抑制与金融深化》，《中国农村经济》1999年第10期，第42~48页。

［53］何广文、冯兴元、李莉莉：《农村信用社制度创新模式评析》，《中国农村经济》2003年第10期，第31~32。

［54］何广文、李莉莉：《农村小额信贷市场空间分析》，《银行家》2005年第11期，第108~111页。

［55］何广文、刘甜：《基于乡村振兴视角的农村金融困境与创新选择》，《学术界》2018年第245（10）期，第46~55页。

［56］何婧、郭沛、周雨晴：《农业供给侧改革背景下的农村金融改革与发展——第十一届中国农村金融发展论坛会议综述》，《农业经济问题》2018年第1期，第127~131页。

［57］何一鸣、罗必良：《农地流转、交易费用与产权管制：理论范式与博弈分析》，《农村经济》2012年第1期，第8~12页。

［58］贺莎莎：《农户借贷行为及其影响因素分析——以湖南省花岩溪村为例》，《中国农村观察》2008年第1期，第39~50页。

［59］胡国晖、郑萌：《农业供应链金融的运作模式及收益分配探讨》，《农村经济》2013年第5期，第45~49页。

［60］胡浩志：《交易费用计量研究述评》，《中南财经政法大学学报》2007年第4期，第20~26页。

[61] 华中农业大学课题组:《小额信贷对农户福利影响的实证分析》,《金融发展研究》2012年第3期,第20~23页。

[62] 黄惠春、褚保金、张龙耀:《农村金融市场结构和农村信用社绩效关系研究——基于江苏省农村区域经济差异的视角》,《农业经济问题》2010年第2期,第81~87页。

[63] 黄家明、方卫东:《交易费用理论:从科斯到威廉姆森》,《合肥工业大学学报》(社会科学版)2000年第1期,第33~36页。

[64] 黄颂文:《普惠金融与贫困减缓》,中国经济出版社,2014。

[65] 黄晓红:《基于信号传递的农户声誉对农户借贷结果影响的实证研究》,《经济经纬》2009年第3期,第108~111页。

[66] 霍学喜、屈小博:《西部传统农业区域农户资金借贷需求与供给分析——对陕西渭北地区农户资金借贷的调查与思考》,《中国农村经济》2005年第8期,第58~67页。

[67] 纪志耿:《农户借贷动机的演进路径研究——基于三大/小农命题的分析》,《经济体制改革》2007年第6期,第95~99页。

[68] 姜松:《农业价值链金融创新的现实困境与化解之策——以重庆为例》,《农业经济问题》2018年第9期。

[69] 姜松、喻卓:《农业价值链金融支持乡村振兴路径研究》,《农业经济与管理》2019年第3期。

[70] 蒋海燕:《关于农户借贷行为的调查研究——以江苏省海门市四甲镇为例》,《农业经济》2014年第5期,第101~103页。

[71] 蒋永穆、纪志耿:《农户借贷过程中的非正式制度研究》,《福建论坛》2006年第1期,第18~22页。

[72] 蒋远胜:《中国农村金融创新的贫困瞄准机制评述》,《西南民族大学学报》(人文社会科学版)2017年第2期,第11~17页。

[73] 金烨、李宏彬:《非正规金融与农户借贷行为》,《金融研究》2009年第4期,第63~79页。

[74] 〔美〕柯武刚、史漫飞:《制度经济学:社会制度与公共政策》,韩朝华译,商务印书馆,2000。

[75] 黎翠梅、陈巧玲:《传统农区农户借贷行为影响因素的实证分析——基于湖南省华容县和安乡县农户借贷行为的调查》,《农业技术经

济》2007 年第 5 期，第 44~48 页。

［76］李爱喜：《农户金融合作行为的影响因素研究》，《农业技术经济》2012 年第 11 期，第 19~28 页。

［77］李创、吴国清：《乡村振兴视角下农村金融精准扶贫思路探究》，《西南金融》，2018，No.443（06）：30-36。

［78］李春：《农户借贷行为演变趋势比较研究——以 1986~2002 年浙江 10 村固定跟踪观察农户为例》，《农业经济问题》2005 年第 9 期，第 16~22 页。

［79］李菲雅：《NGO 小额信贷对农户借款决策、借款额度影响因素的实证分析——基于河北省 7 县 822 个农户的调查》，《经济经纬》2014 年第 2 期，第 38~43 页。

［80］李金亚、李秉龙：《贫困村互助资金瞄准贫困户了吗——来自全国互助资金试点的农户抽样调查证据》，《农业技术经济》2013 年第 6 期，第 96~105 页。

［81］李孔岳：《农地专用性资产与交易的不确定性对农地流转交易费用的影响》，《管理世界》2009 年第 3 期，第 92~98 页。

［82］李锐、李宁辉：《农户借贷行为及其福利效果分析》，《经济研究》2004 年第 12 期，第 96~104 页。

［83］李晓明、何宗干：《传统农区农户借贷行为的实证分析——基于安徽省农户借贷行为的调查》，《农业经济问题》2006 年第 6 期，第 36~38 页。

［84］李延敏：《不同类型农户借贷行为特征》，《财经科学》2008 年第 7 期，第 23~29 页。

［85］李延敏、罗剑朝：《农户借贷行为区域差异分析及金融对策》，《农村经济》2006 年第 11 期，第 60~63 页。

［86］李岩、兰庆高、赵翠霞：《农户贷款行为的发展规律及其影响因素——基于山东省 573 户农户 6 年追踪数据》，《南开经济研究》2014 年第 7 期，第 52~63 页。

［87］李怡忻、孟繁瑜：《农村金融创新中土地经营权抵押融资问题研究》，《金融理论与实践》2016 年第 6 期，第 113~118 页。

［88］李子君、宋光明：《农村中小金融机构在乡村振兴战略中的机

遇、困境和对策》,《农业经济》2019 年第 381 (01) 期, 第 118~119 页。

[89] 林坚、马彦丽:《农业合作社和投资者所有企业的边界——基于交易费用和组织成本角度的分析》,《农业经济问题》2006 年第 3 期, 第 16~20 页。

[90] 林毅夫、孙希芳:《信息、非正规金融与中小企业融资》,《经济研究》2005 年第 7 期, 第 35~44 页。

[91] 刘纯彬、刘俊威:《中部较发达地区农户借贷需求的影响因素研究》,《经济经纬》2009 年第 5 期, 第 140~145 页。

[92] 刘东:《交易费用概念的内涵与外延》,《南京社会科学》2001 年第 3 期, 第 1~4 页。

[93] 刘荣茂、陈丹临:《江苏省农户贷款可获得性影响因素分析——基于正规金融与非正规金融对比分析的视角》,《东南大学学报》(哲学社会科学版) 2014 年第 1 期, 第 62~67 页。

[94] 刘松林、杜辉:《基于农户收入水平的借贷需求特征分析》,《统计与决策》2010 年第 8 期, 第 90~92 页。

[95] 刘锡良等:《中国转型期农村金融体系研究》, 中国金融出版社, 2006。

[96] 刘洋:《我国农村互联网金融运作模式、问题及转型》,《管理现代化》, 2018, v.38; No.217 (03): 16-18。

[97] 刘志铭、申建博:《交易费用的测度: 理论的发展及应用》,《财贸经济》2006 年第 10 期, 第 77~82 页。

[98] 卢新、万解秋:《抵押担保及其违约成本对借贷交易的影响研究》,《现代经济探索》2007 年第 4 期, 第 48~51 页。

[99] 栾相科、张自芳:《福建农信: 创新盘活资产资源》,《蓄力服务乡村振兴中国经济导报》2018 年 9 月 28 日。

[100] 罗必良:《交易费用的测量: 难点、进展与方向》,《学术研究》2006 年第 9 期, 第 32~37 页。

[101] 罗必良:《农业性质、制度含义及其经济组织形式》,《中国农村观察》1999 年第 5 期, 第 8~16 页。

[102] 罗必良、李尚蒲:《农地流转的交易费用: 威廉姆森分析范式及广东的证据》,《农业经济问题》2010 年第 12 期, 第 30~39 页。

[103] 罗必良、刘成香等：《资产专用性、专业化生产与农户的市场风险》，《农业经济问题》2008 年第 7 期，第 11~15 页。

[104] 马九杰：《农村金融：多元竞争与互补合作》，《中国农村信用合作》2006 年第 2 期，第 10~12 页。

[105] 马九杰、李永升、李歆：《中国农村金融改革发展 60 年》，《中国农村科技》2009 年第 10 期，第 66~69 页。

[106] 马九杰、沈杰：《中国农村金融排斥态势与金融普惠策略分析》，《农村金融研究》2010 年第 5 期，第 5~10 页。

[107] 米运生、廖祥乐、吴怡：《农业转型升级、信贷可得性与农户融资渠道正规化：基于农地流转的背景》，《华中农业大学学报》（社会科学版），2018，No.136（04）：67-76+174-175。

[108] 聂辉华：《交易费用经济学：过去、现在和未来——兼评威廉姆森〈资本主义经济制度〉》，《管理世界》2004 年第 2 期，第 146~152 页。

[109] 牛荣、罗剑朝、张珩：《陕西省农户借贷行为研究》，《农业技术经济》2012 年第 4 期，第 24~30 页。

[110] 彭澎、吕开宇：《农户正规信贷交易成本配给识别及其影响因素——来自浙江省和黑龙江省 466 户农户调查数据分析》，《财贸研究》2017 年第 3 期，第 39~49 页。

[111] 钱水土、姚耀军：《中国农村金融服务体系创新研究》，中国经济出版社，2010。

[112] 钱永坤、张红兵：《对江苏省农村金融与农民收入之间关系的实证分析》，《特区经济》2007 年第 1 期，第 50~52 页。

[113] 邵传林：《农村非正规金融的微观机理与政策测度：国外文献评述》，《经济评论》2011 年第 4 期，第 150~159 页。

[114] 盛勇炜：《城市性还是农村性：农村信用社的运行特征和改革的理性选择》，《金融研究》2001 年第 5 期，第 119~127 页。

[115] 石成华、赵记涛：《农村信贷与农户收入关系的实证分析》，《安徽农业科学》2007 年第 7 期，第 35 页。

[116] 宋时飞：《福建农信：当好乡村振兴金融主力军》，《中国经济导报》2018 年 9 月 28 日。

［117］孙若梅：《小额信贷与农民收入——理论与来自扶贫合作社的经验数据》，中国经济出版社，2006。

［118］田霖：《城乡统筹视角下的金融排斥》，《工业技术经济》2007年第7期，第136~137页。

［119］田霖：《我国城乡金融排斥二元性的空间差异与演变趋势（1978~2009）》，《金融理论与实践》2011年第3期，第27~30页。

［120］童馨乐、褚保金、杨向阳：《社会资本对农户借贷行为影响的实证研究——基于八省1003个农户的调查数据》，《金融研究》2011年第12期，第177~191页。

［121］万江红、张远芝：《农户借贷行为的调查与特征分析》，《农村经济》2006年第7期，第80~81页。

［122］王国刚：《从金融功能看融资、普惠和服务"三农"》，《中国农村经济》2018年第3期。

［123］王吉鹏、肖琴、李建平：《新型农业经营主体融资：困境、成因及对策——基于131个农业综合开发产业化发展贷款贴息项目的调查》，《农业经济问题》2018年第2期，第71~77页。

［124］王姣：《互联网金融助力中国农村金融创新发展研究》，《农业经济》，2018，No. 377（09）：109-111。

［125］王磊玲、罗剑朝：《农户借贷需求调查与分析：以陕西省为例》，《开发研究》2012年第1期，第77~81页。

［126］王丽萍、霍学喜：《西部地区农户借贷行为及其制约因素分析》，《商业研究》2007年第1期，第25~29页。

［127］王曙光：《金融减贫——中国农村微型金融发展的掌政模式》，中国发展出版社，2012。

［128］王曙光等：《农村金融与新农村建设》，华夏出版社，2006。

［129］王晓峰：《浅析农村金融借贷机制——基于交易成本经济学视角的分析》，《科学·经济·社会》2006年第4期，第14~16页。

［130］王修华、邱兆祥：《农村金融发展对城乡收入差距的影响机理与实证研究》，《经济学动态》2011年第2期，第71~75页。

［131］温涛等：《中国金融发展与农民收入增长》，《经济研究》2005年第9期，第30~42页。

[132] 吴东武：《抵押贷款、社会资本与农户贷款可得性的实证研究——基于电白县农户的调查数据》，《当代财经》2014年第7期。

[133] 吴刘杰、张金清：《乡村振兴战略下农村信用社改革目标与实施路径》，《江淮论坛》2018，No.289（03）：53-58+195。

[134] 肖燕飞、刘寒波等：《农村金融发展对收入分配的机制分析与实证研究》，《财经理论与实践》2011年第5期，第26~30页。

[135] 谢平、徐忠、沈明高：《农村信用社改革绩效评价》，《金融研究》2006年第1期，第23~39页。

[136] 谢设清、刘士谦、卓鹏：《贷款对农户收入影响的调查》，《金融理论与实践》2002年第3期，第15~17页。

[137] 谢志忠：《农村金融理论与实践》，北京大学出版社，2011。

[138] 熊学萍、阮红新、易法海：《农户金融行为、融资需求及其融资制度需求指向研究——基于湖北省天门市的农户调查》，《金融研究》2007年第8期，第167~181页。

[139] 许月丽、伍凤华、张晓倩：《二元转型、信息流动变异与农村借贷合约的激励设计》，《财经研究》2014年第3期，第85~93页。

[140] 闫文收、吕德宏：《农户小额信贷投入对农户收入的影响——基于协整方法的时间序列分析》，《广东农业科学》2011年第13期，第186~188页。

[141] 杨小玲：《中国农村金融改革的制度变迁》，中国金融出版社，2011。

[142] 姚耀军：《中国农村金融发展水平及其金融结构分析》，《中国软科学》2004年第11期，第36~41页。

[143] 叶静怡、刘逸：《欠发达地区农户借贷行为及福利效果分析——来自云南省彝良县的调查数据》，《中央财经大学学报》2011年第2期，第51~55页。

[144] 易法敏、耿蔓一：《农户电商融资选择行为分析》，《华南农业大学学报》（社会科学版），2018，v.17；No.65（1）：94-103。

[145] 易小兰、钟甫宁：《农户贷款利率改革的福利分析——以江苏、河南与甘肃农村信用社为例》，《农业经济问题》2011年第4期，第42~48页。

［146］殷孟波、翁舟杰：《从交易费用看农村信用社的制度选择——为合作制正名》，《财经科学》2005年第（05）期，第28~32页。

［147］于玲燕：《乡村振兴战略视野下互联网金融发展与农村金融生态体系的构建》，《农业经济》，2018，No.374（06）：111-113。

［148］岳意定：《改革和完善农村金融服务体系》，中国财政经济出版社，2008。

［149］曾学文、张帅：《我国农户借贷需求影响因素及差异性的实证分析》，《统计研究》2009年第11期，第83~86页。

［150］张兵、周翔、韩树枫：《农村信用社改革绩效评价——基于江苏省调查数据的分析》，《农村经济》2009年第4期，第60~63页。

［151］张博：《农户借贷行为分析——以中部传统农区为例》，《浙江金融》2009年第11期，第36~37页。

［152］张弘、章元：《谁获得了银行贷款？——对中国农户信贷市场的调查》，《上海金融》2006年第10期，第69~73页。

［153］张军：《河南省农户资金借贷现状实证分析——基于河南省704户农户的问卷调查》，《开发研究》2013年第2期，第129~133页。

［154］张军、罗剑朝、韩建刚：《农户信用、正规金融机构与交易合约》，《开发研究》2006年第3期，第108~112页。

［155］张科：《支持订单农业发展的农村金融创新管理策略》，《农业经济》2016年第8期，第121~122页。

［156］张林、温涛：《农村金融发展的现实困境、模式创新与政策协同——基于产业融合视角》，《财经问题研究》2019年第423（02）期，第55~64页。

［157］张树基：《经济较发达地区农户借贷行为的实证分析》，《浙江金融》2006年第9期，第45~46页。

［158］张翔：《民间金融、实体经济与制度环境——从交易费用角度对改革后温州民间金融的一种解释》，《金融科学》2000年第4期，第41~43页。

［159］张影强：《"互联网+金融创新"破解"三农"难题》，《经济研究参考》2017年第12期，第5~6页。

［160］周鸿卫、田璐：《农村金融机构信贷技术的选择与优化——基

于信息不对称与交易成本的视角》,《农业经济问题》2019年第5期。

[161] 周立:《农村金融市场四大问题及其演化逻辑》,《财贸经济》2007年第2期,第56~63页。

[162] 周立、胡鞍钢:《中国金融发展的地区差距状况》,《清华大学学报》(哲学社会科学版)2002年第17(2)期,第61~74页。

[163] 周脉伏、徐进前:《信息成本、不完全契约与农村金融机构设置——从农户融资视角的分析》,《中国农村观察》2004年第5期,第38~43页。

[164] 周天芸、李杰:《农户借贷行为与中国农村二元金融结构的经验研究》,《世界经济》2005年第11期,第19~25页。

[165] 周小斌、耿洁、李秉龙:《影响中国农户借贷需求的因素分析》,《中国农村经济》2004年第8期,第26~30页。

[166] 周月书、班丝蒌等:《正规与非正规金融下农户借贷选择行为研究——基于南京与徐州农户的调查》,《农业经济与管理》2013年第6期,第52~58页。

[167] 周振等:《农村金融的诱致性制度变迁改善农户福利了吗?——以农村资金互助社为例的实证研究》,《农村经济》2011年第7期,第60~64页。

[168] 朱泓宇、李扬、蒋远胜:《发展村社型合作金融组织推动乡村振兴》,《农村经济》2018。

[169] 朱喜:《农户借贷的福利影响》,《统计与决策》2006年第10期,第41~43页。

[170] 朱喜、李子奈:《我国农村正式金融机构对农户的信贷配给——一个联立离散选择模型的实证分析》,《数量经济技术经济研究》2006年第3期,第37~49页。

[171] 朱粤伟:《农村金融交易成本分析——以岳阳市农村信用社为例》,《武汉金融》2007年第9期,第48~49页。

[172] 祝国平、刘吉舫:《基于现金流支持的农户信贷模式研究——以吉林省农户"直补资金担保贷款"为例》,《当代经济研究》2013年第4期,第70~75页。

附录
福建省农村金融服务调查问卷

您好！

  感谢您在百忙之中抽出时间接受我们的调查访问，本问卷是向您了解目前农户对农村金融服务的需求和获取金融服务的渠道，为进一步改进对农户的金融服务提供决策参考。调查将严格遵循《中华人民共和国统计法》，调查信息将严格保密，请您和您的家人放心协助调查。为了保证研究的真实性和有效性，请您如实客观作答。谢谢您的合作！

课题组

2014 年 4 月

调查地点：＿＿＿＿＿县（市、区）＿＿＿＿＿镇＿＿＿＿＿村

一、您和您家庭的相关情况（请在正确选项下面打√）

1. 户主性别：①男　②女

2. 户主年龄：①25 岁及以下　②26~35 岁　③36~45 岁　④46~60 岁　⑤60 岁以上

3. 您家有几口人？①3 人及以下　②4~5 人　③6~8 人　④8 人以上

4. 户主受教育程度：①小学及以下　②初中　③高中或中专　④大专及以上

5. 家庭成员中最高学历：①小学及以下　②初中　③高中或中专　④大专及以上

6. 您家主要从事：①农业生产　②非农业生产

7. 如果您家主要从事农业生产，那么主要是以下哪种农业生产经营活动？

①农作物种植　　　　　　　　②畜牧

③渔业　　　　　　　　　　　④林业

⑤其他

8. 您经营该项农业活动的年限是多少？

①1年及以下　　　　　　　　②2~5年（含）

③5~10年（含）　　　　　　④10~20年（含）

⑤20年以上

9. 您经营该项农业活动的面积有多少亩？

①0~1亩（含）　　　　　　　②1~3亩（含）

③3~5亩（含）　　　　　　　④5~10亩（含）

⑤10~20亩（含）　　　　　　⑥20亩以上

10. 如果您家主要从事非农业生产，那么主要是以下哪类非农业生产经营活动？

①采矿业　　　　　　　　　　②制造业

③电力、燃气、水生产及供应业　④建筑业

⑤交通运输、仓储及邮政业　　⑥批发零售业

⑦住宿餐饮业　　　　　　　　⑧居民服务及其他服务业

⑨其他行业　　　　　　　　　⑩没有

11. 您家的家禽、牲畜大概值多少钱？

①1000元及以下　　　　　　 ②1000~5000元（含）

③5000~10000元（含）　　　 ④10000元以上

12. 您家住房大概值多少钱？

①5万元及以下　　　　　　　②5万~10万元（含）

③10万~20万元（含）　　　　④20万元以上

13. 您家其他自有资产（除住房）大概值多少钱？（如家电、农用机械设备、厂房、汽车等）

①5000元及以下　　　　　　 ②5000~10000元（含）

③10000~50000元（含）　　　④50000元以上

14. 您家经济收入的主要来源是什么？

①种植养殖收入　②外出打工收入　③工资性收入　④个体工商户营业收入　⑤其他，请注明_____

15. 您家庭年纯收入是多少？

①2 万元及以下　　　　　　　　②2 万~5 万元（含）

③5 万~10 万元（含）　　　　　④10 万元以上

16. 您家每年看病大概花多少钱？

①1000 元及以下　　　　　　　②1000~2000 元（含）

③2000~5000 元（含）　　　　 ④5000 元以上

二、您的社会关系情况

17. 您现在或者曾经是否村干部？①是　　②否

18. 您是否中共党员？①是　　②否

19. 您有没有加入农村资金互助组织？①有　　②没有

20. 您有没有加入农业合作社？①有　　②没有

21. 您是否农村信用社联合社的社员？①是　　②否

22. 您有没有亲戚朋友在政府或银行工作？①有　　②没有

23. 您是否联保小组成员？①是　　②否

三、当地金融网点设置情况

24. 在您村是否有银行业务网点（如农信联社）？①有　　②没有

25. 从您家到最近的银行（如农信联社）有多少公里？

①1 公里及以内　　　　　　　　②1~2 公里（含）

③2~5 公里（含）　　　　　　　④5~10 公里（含）

⑤10 公里以上

26. 从您家到乡镇集市的距离有多少公里？

①1 公里及以内　　　　　　　　②1~2 公里（含）

③2~5 公里（含）　　　　　　　④5~10 公里（含）

⑤10 公里以上

27. 从您家到最近的火车站有多少公里？

①1 公里及以内　　　　　　　　②1~2 公里（含）

③2~5 公里（含）　　　　　　　④5~10 公里（含）

⑤10 公里以上

28. 从您家到最近的汽车站有多少公里？

①1 公里及以内　　　　　　　②1~2 公里（含）

③2~5 公里（含）　　　　　　④5~10 公里（含）

⑤10 公里以上

四、您的贷款意愿和贷款需求情况

29. 您是否想贷款？①想　　②不想

30. 您是否有申请过贷款？①有　　②没有

31. 您有没有获得过贷款？①有　　②没有

32. 您获得过哪家银行的贷款？（可多选）

①农村信用联合社　②工商银行　③农业银行　④中国银行　⑤建设银行　⑥邮储银行　⑦村镇银行　⑧贷款公司　⑨其他银行，请注明_____

33. 您获得贷款是否有抵押？①有　　②没有

34. 您通常是用什么做抵押？

①家庭财产中的大件（如冰箱等）　②牲畜　③房屋　④土地　⑤现金存折　⑥林地　⑦订单　⑧其他_____

35. 您获得贷款有没有联保或担保人？①有　　②没有

36. 您采用的是哪种形式的担保？①个人担保　　②企业担保

37. 您获得贷款有没有通过中间人？①有　　②没有

38. 您有没有获得过联保贷款？①有　　②没有

39. 您如果不愿意参加联保贷款的话，原因是：（可多选）

①联保小组太难组织，耽误贷款时间

②担心联保小组的人不讲信用连累自己

③单独申请贷款比较容易没必要参加

④其他

40. 您获得贷款的钱主要是用来？（可多选）

①发展工商业　　　　　　　②购置农机

③购买农资　　　　　　　　④购买家禽

⑤建房　　　　　　　　　　⑥外出打工

⑦红白喜事　　　　　　　　⑧孩子学杂费

⑨看病　　　　　　　　　　⑩归还其他借款

⑪其他

41. 您没有获得过贷款的原因是什么？（可多选）

①金融机构太远 ②表格多，手续多，太麻烦

③缺少联保或担保人 ④缺少抵押质押品

⑤金融机构没有熟人 ⑥得不到相关金融信息

⑦不喜欢借钱压力大 ⑧借了怕还不上

⑨利率太高 ⑩其他原因

42. 您没有申请过贷款的原因是什么？（可多选）

①自有资金已经满足 ②没有好的项目

③还有贷款没有归还 ④已有其他融资渠道

43. 如果您不从银行贷款，您会从其他哪种渠道贷款？（可多选）

①亲朋好友 ②工商业主

③资金互助社（合会、摇会和标会） ④地下钱庄

⑤私人放贷人（包括高利贷） ⑥典当铺

⑦其他

44. 您最近一笔借款来源于？

①非正规金融（如题43的选项） ②正规金融（如题32选项）

五、您获得贷款的相关成本情况

45. 您最高一次获得贷款资金金额为多少元？

①500元及以下 ②500~1000元（含）

③1000~5000元（含） ④5000~10000元（含）

⑤1万~5万元（含） ⑥5万元以上

46. 您已获贷款的最长期限是多少？

①6个月及以内 ②6个月~1年（含）

③1~2年（含） ④2~3年（含）

⑤3~5年（含） ⑥5年以上

47. 您最近一次获得贷款的利率是多少？（指年率）

①5%及以下 ②5%~7%（含）

③7%~10%（含） ④10%~15%（含）

⑤15%以上

48. 您从申请到获得贷款共花费了多长时间？

①7天及以内（含） ②7~15天（含）

③15~30 天（含）　　　　　　　④1~3 个月（含）

⑤3~6 个月（含）　　　　　　　⑥半年以上

49. 您从申请到获得贷款到银行去过几趟？

①1 趟　　　　　　　　　　　　②2 趟

③3 趟　　　　　　　　　　　　④4 趟

⑤5 趟　　　　　　　　　　　　⑥5 趟以上

50. 您平均每趟花了多长时间？

①半个小时及以内　　　　　　　②0.5~1 小时（含）

③1~2 小时（含）　　　　　　　④2~3 小时（含）

⑤3~4 小时（含）　　　　　　　⑥4 小时以上

51. 您平均每笔贷款所花费的请客送礼费用是多少元？

①0 元　　　　　　　　　　　　②0~100 元（含）

③100~300 元（含）　　　　　　④300~500 元（含）

⑤500~1000 元（含）　　　　　 ⑥1000 元以上

52. 您平均每笔贷款花了多少元交通费用？

①0 元　　　　　　　　　　　　②0~10 元（含）

③10~20 元（含）　　　　　　　④20~30 元（含）

⑤30~40 元（含）　　　　　　　⑥40~50 元（含）

⑦50 元以上

53. 您最近 3 年有获得几次贷款？

①0 次　　　　　　　　　　　　②1 次

③2 次　　　　　　　　　　　　④3 次

⑤3 次以上

再次感谢您的配合和支持！

图书在版编目(CIP)数据

交易费用、农户借贷与乡村振兴/江振娜著.--北京：社会科学文献出版社，2020.12
（海西求是文库）
ISBN 978-7-5201-7003-1

Ⅰ.①交… Ⅱ.①江… Ⅲ.①农村金融-研究-中国 Ⅳ.①F832.35

中国版本图书馆 CIP 数据核字（2020）第 140803 号

·海西求是文库·

交易费用、农户借贷与乡村振兴

著　　者 / 江振娜

出 版 人 / 王利民
责任编辑 / 孙燕生　张建中

出　　版 / 社会科学文献出版社·政法传媒分社（010）59367156
　　　　　 地址：北京市北三环中路甲29号院华龙大厦　邮编：100029
　　　　　 网址：www.ssap.com.cn

发　　行 / 市场营销中心（010）59367081　59367083
印　　装 / 三河市龙林印务有限公司

规　　格 / 开　本：787mm×1092mm　1/16
　　　　　 印　张：15.5　字　数：252千字

版　　次 / 2020年12月第1版　2020年12月第1次印刷
书　　号 / ISBN 978-7-5201-7003-1
定　　价 / 85.00元

本书如有印装质量问题，请与读者服务中心（010-59367028）联系

▲ 版权所有 翻印必究